번역투의 유혹

일본어가 우리말을 잡아먹었다고?

번역투의 유혹

일본어가 우리말을 잡아먹었다고?

지은이 / 오경순
펴낸이 / 강동권
펴낸곳 / (주)이학사

1판 1쇄 발행 / 2010년 7월 31일
1판 5쇄 발행 / 2017년 10월 31일

등록 / 1996년 2월 2일 (등록번호 제 03-948호)
주소 / 서울시 종로구 윤보선길 65(안국동 17-1) 우03061
전화 / 02-720-4572 · 팩스 / 02-720-4573
홈페이지/ ehaksa.kr
이메일/ ehaksa1996@gmail.com
페이스북 / facebook.com/ehaksa · 트위터 / twitter.com/ehaksa

ⓒ 오경순, 2010. Printed in Seoul, Korea.

ISBN 978-89-6147-134-3-93700

이 책의 저작권은 저자가 가지고 있습니다.
저작권법에 의해 보호를 받는 저작물이므로 이 책 내용의 일부 또는 전부를 재사용하려면
저작권자와 (주)이학사 양측의 동의를 얻어야 합니다.

* 책값은 뒤표지에 표시되어 있습니다.

> 이 도서의 국립중앙도서관 출판시도서목록(CIP)은 e-CIP 홈페이지
> (http://www.nl.go.kr/cip.php)에서 이용하실 수 있습니다.
> (CIP제어번호: CIP2010002472)

번역투의 유혹

오경순 지음

일본어가
우리말을 잡아먹었다고?

이학사

【일러두기】

1. 일본어의 한글 표기는 외래어표기법을 따르는 것을 원칙으로 하였으나 인용의 경우는 인용 자료의 표기를 따른다.
2. 모든 예문의 밑줄은 이 책의 지은이가 표시한 것이다.
3. ⇨는 지은이의 대안 번역, ≠는 번역투 번역, *는 비문非文을 나타낸다.
4. 「5장 일한 번역 연습」의 ABC 그룹별 번역 사례는 띄어쓰기나 맞춤법 등의 교정을 보지 않고 실험자의 번역을 그대로를 제시한 것이다.
5. 일한대역문고에서 일어 원문과 번역문을 함께 인용한 경우 번역문 뒤에 해당 출전을 표기했다.
6. 부호의 쓰임은 다음과 같다.
   『　』: 서명, 신문명
   「　」: 단편, 논문명, 기사명
   〈　〉: 음악명, TV 프로그램명
   [　] : 같은 뜻의 한자 병기, 인용문에서의 이 책 지은이의 부연 설명

| 머리말 |

오역을 넘어 번역투로 번역은 진화한다

나는 늘 일한 번역과 우리말 글쓰기에 관심을 가지고 있었다. 그래서 나는 '일한 번역투' 문제를 주제로 박사 학위논문을 썼다.

내가 번역투 문제를 다룬 것은 우선 번역하는 내게 도움이 되고 번역가를 꿈꾸는 후배들이나 번역에 관심이 많고 번역을 좋아하는, 내가 가르치는 학생들에게 당장 도움이 되었으면 하는 바람 때문이었다. 나는 번역투 문제를 해결하기 위해 여기저기를 기웃거리며 오랜 시간을 보냈고 많은 노력을 했지만, 번역에 관심이 있거나 책을 쓰고 편집하는 사람들에게는 그런 시간과 노력을 줄여주고 싶었다. 그래서 나는 학위 논문을 바탕으로 일반 독자와 호흡하기 위해 이 책을 새로 썼다.

번역은 지난한 과정이다.

쉽게 쓰지 못해 어렵게들 쓴다고 하는 말의 뜻을 이 책을 쓰면서 새록새록 실감했다. 꽤 어려운 말과 글도 누구나가 이해하기 쉽게 쓰고 전달할 줄 아는 것이야말로 대단한 능력이며 실력이다. 번역의 경우도 마찬가지이다. 원문이 아무리 까다롭고 난해하더라도 독자가 이해하기 쉽고 읽기 편하게 옮길 수 있는 언어 구사 능력이 번역 능력이며 번역가의 가장 으뜸가는 자질이라 생각한다.

십여 년간 늘 번역을 가까이하며 온몸으로 깨달은 사실 하나—역시

질 좋은 번역은 뛰어난 외국어 실력보다는 한국어 실력으로 판가름 난다—는 예전이나 지금이나 변함이 없다.

나는 번역을 해오면서 나의 보잘것없는 우리말 지식, 형편없는 우리말 실력을 일찌감치 알아차리고 입말과 글말, 번역투에 늘 관심을 갖고 우리말 공부에서 손을 놓지 않았다. 따라서 이 책은 작지만, 그동안 내가 나름대로 고민하며 살아온 흔적의 결과물인 셈이다.

번역에는 왕도가 없다.

누구나가 번역을 할 수 있다. 그러나 누구도 제대로 된 완벽한 번역을 하기란 불가능하다. 제대로 된 완벽한 번역 이론 또한 있을 수 없으며 번역은 번역자가 실제 번역 작업을 해나가면서 끊임없이 어휘를 선택하고 다듬어가는 지난한 과정이다. 아무리 번역 이론을 많이 안다고 해도 직접 번역을 하면서 실천하지 않으면 아무런 소용이 없다. 그저 많이 읽고 많이 번역하는 것이 제일 좋은 방법이다.

문화와 언어와 사고가 다른 두 언어 사이의 틈새를 줄여나갈 수 있도록 오랜 시간 꾸준히 번역하면서 번역자가 부단히 고민하고 공부하는 수밖에 없는 것이다.

번역은 언어생활이다.

언어생활의 목적은 원활한 의사소통과 정확한 의미 전달이다. 의사소통과 의미 전달이 되지 않는 말과 글은 좋은 말, 좋은 글이라 할 수 없다. 번역문의 경우도 마찬가지이다. 번역자는 번역문 독자가 번역문의 정확한 뜻을 이해하는 데 방해받는 요인이 무엇인지를 파악하여 그 요인을 제거하고, 그 뜻을 전달할 수 있는 다양한 표현을 모색해야 한다.

이러한 노력이 독자의 기대치에 부응하는 올바른 번역[正譯]을 위한 작은 발걸음이라고 생각한다.

　이러한 관점에서 이 책은 원문 독자의 반응과 언어 효과와 감동을 그대로 번역문 독자의 반응과 언어 효과와 감동으로 전달할 수 있는 대안으로서 번역투의 문제를 집중 조명하였다. 번역의 시작은 번역자가 하지만 끝은 독자가 맺는다는 번역자의 작업 의식과 자세의 중요성을 염두에 두고 쓴 책이기도 하다.

　나는 인생의 모든 면에서 늦깎이이다.
　어느 날 느닷없이 일본으로 건너가 살게 되면서 일상생활의 절실한 필요로 일본어를 처음 대한 시기도 늦었고, 대학원 입학에서부터 박사과정을 시작한 것도, 번역 일을 시작한 것도, 대학에서 학생들을 가르치게 된 것도 늦었다. 남들보다 한참 늦게 시작을 했기에 결실 또한 그만큼 더디리라.
　그러나 곰곰 생각해보면 우리의 인생 어느 것 하나 대충대충 어설픈 사고로 완성되는 건 없는 것 같다. 오랫동안 늘 마음을 쓰고 노력하다 보면 조금씩 조금씩 완성되어가는 게 아닐까. 남들보다 훨씬 더디고 느린 인생의 완성 과정을 나는 진심으로 감사하고 싶다. 뒤늦은 시작 덕분에 남들 따분해하고 무료해질 즈음에 나는 사회에 첫발을 내딛은 신입 사원처럼 설레는 마음으로 긴장하고 조심하며 겸손하게 살아갈 수 있기에.
　무럭무럭 잘 자란 푸르른 미나리보다 오그라들고 땅바닥에 바싹 달라붙은듯한 미나리가 더욱 향기롭다는 것은 어쩌면 사람의 경우에도 해당되지 않을까. 항상 푸르지는 못할지언정 오래도록 향기를 머금은 그런 사람이고 싶다.

지난 십여 년간 낯선 오지의 배낭 여행자처럼 혼자 물어물어 돌아가는 길에서 길을 잃고 헤맬 때 나의 무거운 가방을 들어주며 가슴으로 따뜻하게 맞아주던 아름다운 많은 이를 나는 잊을 수가 없다. 길지도 짧지도 않았던 그 길에서 만나고 헤어지며 함께 웃고 울며 호흡했던 그들과의 소중한 인연에 감사하고 또 감사한다.

늘 푸근한 둥지에 머무르지 않고 새로운 세상을 향해 날갯짓하는, 둥지를 떠난 새처럼 오늘은 두렵고 불안하지만 기대와 꿈으로 부푼 내일이 있어 살아가는지도 모른다. 세상과의 소통을 위한 이 작은 날갯짓이 자칫 내 학문의 부족함을 드러낼 것 같아 두려움이 앞서기도 하지만, 세상과 번역 사이에 다리를 놓으려는 번역을 사랑하는 사람의 용기 있는 첫 걸음마로 너그러이 보듬어 안아주기를 바란다.

2010년 5월
오경순

머리말·5
서론: 번역은 문화의 힘·13

••• 1장 번역투와 가독성·23
　1. 번역투란·23
　　1) 번역투의 개념·23
　　2) 번역투의 기능·33
　2. 가독성·36

••• 2장 알쏭달쏭 가짜 동족어·42
　1. 헷갈리는 한일 한자어·46
　2. 모여라 가짜 동족어·47
　　1) 일한 번역문의 가짜 동족어·52
　　2) 한일 번역문의 가짜 동족어·58

••• 3장 번역투의 유혹·63
　1. 어휘의 유혹·64
　　1) 없어도 그만인 '~적的'·64
　　2) '망년회' 가지 말고 '송년회' 갑시다(일본식 한자어)·73
　　3) 일본 말을 찾아라(음역 차용어)·82
　　4) 내 이름을 불러줘 대명사·94

    5) 더부살이가 좋은 조사 · 97
    6) 줄여 쓰면 좋은 말(일본식 후치사) · 107
    7) 적당히 '들' 씁시다(복수 표지 '들') · 118
  2. 표현의 유혹 · 123
    1) 결혼하고 있습니까?('~고 있다' 표현) · 124
    2) 소심한 피동문 · 129
    3) 사동문 길들이기 · 137
    4) 동사 중심 한국어 명사 중심 일본어 · 145
    5) 이중부정 꼬리 다듬기 · 156
    6) 접속사 군살 빼기 · 161
    7) 그 밖의 표현 · 165

••• **4장 어문규범** · 174
  1. 인용 부호 · 175
  2. '오뎅' 아니고요 '오덴' 맞습니다(표기법) · 179

••• **5장 일한 번역 연습** · 189

| 서론 |

번역은 문화의 힘

번역학이 하나의 독립된 학문으로 자리 잡게 된 역사는 그리 길지 않다. 번역학은 번역 문화가 가장 발달한 서유럽에서도 1970년대 이후에야 학문으로 인정받기 시작한 신생 학문이다. 그러나 21세기 들어 남미, 아시아, 아프리카 등 전 세계에서 활발하게 번역학 연구가 진행되고 있고, 주제의 범위도 다양해져 언어학, 사회학, 인류학, 민속학 등 실로 여러 분야와 연계되고 있다. 현대 지식사회에서 번역을 문화의 힘으로 보는 인식이 확산되고 있는 것이다.

번역이 자국어와 자국 문화를 지켜내는 힘이 된다는 사실은 이웃 나라 일본의 메이지유신明治維新(1868~1912)만 봐도 잘 알 수 있다. 당시 일본의 선각자들은 국가 생존 전략의 첫 단계로 번역을 내세웠던 것이다. 번역은 단순히 정보 전달 수단이 아니라 문화의 이질성에 대해 자각하고 서구 문화를 자국 문화와의 비교를 통해 이해하고 수용하는 창구 역할을 했다. 메이지 정부는 1872년 정부 기관에 '번역국翻訳局'을 설치하고 국가 차원에서 번역 사업을 주도하였다. '번역의 홍수'라 할 만큼 수많은 번역서가 쏟아져 나와 번역서를 읽기 위한 안내 책자인 『역서독법訳書読法』(야노 후미오矢野文雄, 1883)까지 등장할 정도였다. 일본의 근대화 과정은 선진 문화의 번역 과정이라 할만하다.

더욱이 21세기에 접어들면서 전 세계는 교통 통신의 급속한 발달로 다문화·다인종·다언어 사회인 소위 지구촌 사회로 탈바꿈하였고, 그 결과 국가 간의 관계 및 교류가 한층 밀접해지고 광범위해졌다. 이러한 시대의 흐름 속에서 번역의 중요성이 재인식되고 번역 교육의 필요성이 강조되는 것은 자연스런 결과이다.

올바른 문화로 이어지는 올바른 번역을 위한 첫 단계로 나는 번역투와 가독성의 문제에 주목하였고 그러한 문제를 해결하는 방법론을 기술하는 데 이 책의 대부분을 할애하였다.

이 책에서 다루는 번역투翻譯套translationese는 국내외에서 아직 본격적으로 연구되지 않은 미개척 연구 분야이다. 나는 번역투라는 용어를 편의상 일본어로는 '翻訳スタイル(번역 스타일)'로 번역하여 쓰고 있지만 아직 일본에는 '번역투'라는 용어가 없다. 그러나 이 책에서는 번역은 문화의 힘이라는 관점에서 번역학의 특성에 맞게 다양한 주제와 분야를 아우르는 접근 방법을 시도하면서 학문의 경계를 뛰어넘는 학제간interdisciplinary 연구로서 일한 번역의 번역투와 가독성 문제를 다룬다.

우리나라 출판 시장에서 번역 도서가 차지하는 비중은 대단히 크다. 연간 총 발행되는 신간 도서 가운데 번역 도서의 비율은 1996년까지만 해도 15%였던 것이 해마다 늘어나 2008년에는 31%로, 10년 사이에 무려 두 배 가까이 늘었다.[1] 우리나라에서 출판되는 도서 세 권 중 한 권 정도가 번역 도서인 셈이다. 『뉴욕타임스』도 한국에서 발행되는 책 중 번역서 비율이 29%로 세계에서 번역서 출판 비율이 가장 높다고 보도한 바 있다.[2] 또한 우리나라 번역서의 출발 텍스트를 국가별로 살펴보면

---

1) 대한출판문화협회 홈페이지 자료 참조.
2) "베스트셀러 『다빈치 코드』는 한국어 번역본이 320만 부가 팔려 프랑스어 번역본(540만 부)에 이어 두 번째였고, 세계 7위 출판 시장을 가진 한국이 이제 번역에서도 대국이 되

2008년을 기준으로 일본어 텍스트가 34%로 가장 많았다.[3]

그런데 번역서의 양, 특히 일본어 번역서의 양은 이처럼 압도적으로 늘어나는 데 비해 번역의 질은 그 양을 따라가지 못한다는 데에 문제가 있다. 이러한 현실의 문제를 고려할 때 번역에 대한 체계적인 연구와 교육이 절실히 필요하지만, 번역 현장에서 활용할 수 있는 번역학 논문이나 번역 연구서, 번역 지침서 등은 거의 없는 실정이다. 실제 경험을 토대로 번역의 이론과 실제를 접목하려는 시도는 번역 작업을 위해서도 꼭 필요한 작업이다. 이러한 작업은 질 좋은 번역물 생산에 실질적으로 도움을 줌으로써 가독성 높은 양질의 번역을 바라는 독자의 요구와 기대치를 충족시켜줄 수 있어야 한다.

지금까지 나온 일어일문학계의 일한 번역 관련 논문들을 살펴보면 원문과 번역문을 대조 분석하여 오역 사례를 지적하고 오역을 유형별로 분류·정리하여 번역의 중요성을 제시한 논문이 대부분이며, 번역투와 관련된 연구는 거의 이루어지지 않았다. 번역투와 일본어투에 관한 기존의 일부 연구는 국어 전공자들이 국어 순화 및 국어 문체의 관점에서 접근한 것으로, 문제점을 제시한 성과는 있으나 구체적인 번역투 극복 방안을 제시하지 못한 한계점을 지니고 있다. 특히 일본어 전공자의 번역투 및 가독성 연구가 거의 이루어지지 않고 있는 현 상황에서 일본어 전공자의 번역투 문제 인식과 극복 방안에 대한 논의가 필요하다고 생

었다. 최근엔 외국어 원저와 한국어 번역본이 동시 출간되기도 한다."(「'번역대국' 한국」, 『조선일보』 2007. 4. 17)
[3] 전체 발행 종수 가운데 번역서가 차지하는 비중은 31%(13,391종)로 나타났다. 이중 아동도서가 3,586종 번역되어 가장 많았고, 문학(2,478종), 만화(2,472종), 사회과학(1,646종) 순으로 집계되었으며 언어권별로는 일본이 34%(4,592종)로 가장 높았고, 미국 30%(3,992종), 영국 8%(1,129종), 프랑스 6%(820종), 독일 4.5%(599종), 중국 4%(507종) 순이었다. (대한출판문화협회 홈페이지 자료 참조)

각된다.

질 좋은 번역에 대한 논의는 다양하고 활발하게 이루어져왔으나, 모든 번역에 적용할 수 있는 번역 이론과 번역 방법은 존재하지 않는다. 그러나 질이 좋지 않은 번역은 쉽게 선별할 수 있고 체계적인 번역 교육과 훈련을 통해 줄여나갈 수 있다. 질이 좋지 않은 번역은 오역誤譯이 아닐지라도 반복되다 보면 오역으로 이어지기 쉽다.

양질의 번역을 위한 번역자의 기본 요건은 다음과 같다.

첫째, 목표 언어Target Language에 대한 깊은 이해와 지식이 우선시되어야 한다.

둘째, 목표 언어 독자의 사고방식·문화·전통·가치관·상식에 맞게 번역해야 한다.

셋째, 많은 사람이 공감하고 이해하기 쉬운 일상 언어로 번역해야 한다.

넷째, 목표 언어 어법에 맞고 이해하기 쉬운 자연스러운 말로 옮겨야 한다.

다섯째, 출발 언어Source Language에 정통해야 하며 출발 언어권의 문화·역사·시대적 상황·정치·경제·지리적 여건 등에 대한 해박한 지식을 갖추어야 한다.

여섯째, 무엇보다 번역 작업에 애정과 긍지를 갖고 정성을 다해야 한다.

번역투란 문맥과 독자층을 고려하지 않고 판에 박은듯한 용어를 사용해 조건반사적으로 번역한 것을 말한다. 또한 번역한 우리말을 보면 원문인 일본어가 그대로 훤히 들여다보이는 듯한 직역투 표현 역시 대표적인 번역투라 할 수 있다. 일한 번역서뿐 아니라 일상생활에서 보고 듣고 읽는 많은 말과 글 속에서도 일본식 용어나 구문, 일본식 조어造語, 일본식 한자어를 그대로 직역해놓은 듯한 번역투 표현을 쉽게 발견할 수 있다. 예를 들면 다음과 같은 표현이다.

"<u>간절기</u> 패션으로 잘 나가는 상품이에요."(『한국일보』 2006. 10. 12)

간절기란 일본식 표현을 오역한 것이다. 일본어에는 환절기에 해당하는 한 단어로 된 용어가 없다. 그래서 일본어 사전에는 간절기라는 단어가 없다. 대신 '절기의 사이'라고 표현한다. 일본어로 표기하면 '節気の間'이다. '間(あいだ)'는 공간적·시간적 간격을 나타내는 용어다. 또는 '季節の変わり目'라고도 한다. 일본어를 번역하면서 무분별하게 오역한 것이 우리의 고유 단어를 밀어내고 마치 업계 전문용어인 양 대접받는 우리말의 현실을 대변해주는 예라 할 수 있다.

<u>왔다리 갔다리</u> 춤의 대가 남철 씨, 그는 농촌에 있었다.('새농이의 농수산식품 이야기' 블로그, 2006. 9. 20)

현대국어의 '왔다리 갔다리'의 '~다리'는 일본어 '行ったり来たり'에 보이는 형태 '~たり'의 차용으로 볼 수밖에 없다. 이러한 형태의 차용은 매우 희귀하지만 한일 언어 접촉에서는 가능했던 것으로 보인다.(정광, 1995: 93)

연기력이 뛰어나다는 평가를 받는 젊은 연기자 황정민의 수상 소감은 나문희의 존재 의미를 알 수 있는 단초를 제공한다.

"판사 테러의 단초는 12년 전 대학입시 수학 문제 오류에서 비롯된다."(『마이데일리』 2007. 1. 1)

중국 사람들은 획수가 많고 어려운 한자를 간체자로 고쳐 쓰고 있는데, 중국에서 '단서端緒'의 '緒'를 뜻이 통하면서 소리가 같은 '初'로 바꿔 '단초端初'로 쓰자 이를 일본에서도 쓰기 시작하였고, 우리도 이를 일본에서 들여와 쓰기 시작한 한자말이 단초端初이다. '단서端緒'라는 한자어를 쓰든가 쉬운 우리 토박이말인 '실마리'나 '계기'로 바꿔 쓰는 게 이해하기 쉽다.

강남 유명 병원 몇 달 전 예약 '끝', 기간 길어 '가슴 성형' 특히 많아 미혼들 "결혼 독촉 피해 일식이조"(『조선일보』 2006. 9. 16)

'일석이조一石二鳥'라는 말을 중국에서 만들어진 사자성어로 알고 쓰는 사람이 많으나 사실은 일본에서 영어 속담을 번역한 말이다. 원문은 'to kill two birds with one stone'인데 1862년에 간행된 『영화대역수진사전英和対訳袖珍辞書』에 '石一ツニテ鳥二ツヲ殺ス'로 되어 있는 것을 막부 말기의 한 학자가 '一石二鳥'라는 사자성어로 만들어낸 것이다. 우리가 쓰고 있는 '일석이조'도 일본 말 한자를 우리 발음으로 받아들인 것이다.(김한배, 2006)

'아빠의 비밀 번호'는 아빠의 신체 부위와 십팔번 등 아빠에 관련된 4가지 퀴즈를 풀고 그에 해당하는 비밀 번호를 맞추면 장학금이 주어진다.(『동아일보』 2000. 12. 14)

'십팔번'은 우리말로는 쉽게 '애창곡', '단골 노래', '단골 장기', '대표곡', '가장 즐겨 부르는 노래' 등으로 바꿔 쓸 수 있는 말이다.

"정말 힘들어요. 쿨비즈Cool-Biz한다고 하는데 넥타이만 풀고 다닐 수도 없고……." 지난달 초부터 롯데그룹이 쿨비즈를 시작하면서 그룹 내에서 터져 나온 하소연입니다. 지난달 신동빈 부회장은 여름철을 앞두고 쿨비즈를 강력하게 지시했습니다.(『조선일보』 2007. 7. 2)

정부에서 주최한 '쿨비즈 운동'이란 '간편한 옷차림을 함으로써 실내 냉방 온도를 높여 에너지를 절약하고 온실가스(이산화탄소) 발생량을 줄이자.'는 취지의 운동을 뜻하는데, '쿨비즈'란 말은 영어 사전에도 없는 말로 '일본식 축약법'에 따라 일본인이 편리하게 만든 용어, 즉 '일본식 변조 영어'이다. 우리는 대부분의 사람이 잘 모르며 뜻도 잘 통하지 않는 '쿨비즈'란 용어를 일본에서 그대로 들여와 쓰고 있는 것이다. '추우면 옷을 껴입고 과도하게 난방 기기에 의지하지 않는다.'는 일본식 축약어인 '웜비즈Warm Biz'의 경우도 마찬가지다.

또한 대학원생의 리포트나 판사의 판결문, 그리고 언론인, 교수, 기자, 문필가들이 쓴 글에도 번역투가 많이 보인다. 다시 말해 번역투가 단지 번역문에만 나타나는 것이 아니라 번역문의 영향으로 우리 사회의 지식인들이 쓰는 글 전반에 고루 침투되어 있다는 것을 알 수 있다.

다음은 판결문에 보이는 번역투 예이다.

원고가 학자적 양심으로 입시 문제의 오류를 지적하였는데 담당 재판부에서는 원고의 양심적인 행위를 도외시하고 기득권층인 대학 측을 옹호하여 원고에게 불리한 판결을 하였다는 말을 접하게 되었습니다.
……
또한 저희 재판부는 대리인이 선임되어 있지 않는 당사자에 대해서는 법률에 어긋나지 않는 범위 내에서 당사자에 대한 후견적 입장을 견지하여왔고, 그것은 소송대리인을 선임하지 않은 이 사건 원고에 대하여서도 마찬가지였습니다.(『노컷뉴스』 2007. 1. 17)

일본어투 용어나 일본식 구문을 직역한 번역투 표현이 비교적 많이 나타나는 법조문이나 판결문 등은 법률적 의미를 훼손하지 않는 범위 인에서 우리말 어법에 맞고 이해하기 쉬운 용어나 표현으로 고쳐나가려는 노력을 해야 할 것이다.

다음은 위에 제시한 판결문을 불필요한 일본어투 용어와 구문, 어려운 한자어, 번역투를 없애고 알기 쉽게 고쳐 쓴 문장이다.

⇨ 원고가 학자다운 양심으로 입시 문제의 오류를 지적하였는데 담당 재판부에서는 원고의 양심 행위를 도외시하고 기득권층인 대학 측을 옹호하여 원고에게 불리한 판결을 하였다는 말을 듣게 되었습니다.
……

또한 저희 재판부는 대리인을 선임하지 않은 당사자에게는 법률에 어긋나지 않는 범위 내에서 당사자를 돌봐주는 태도를 굳게 지켜왔고, 그것은 소송대리인을 선임하지 않은 이 사건 원고에게도 마찬가지였습니다.

번역 현실의 제반 문제를 인식하고 그 문제점의 해결 방안을 찾는 데 초점을 맞춘 이 책은 국내외에서 아직 본격적으로 연구되지 않은 번역투 문제를 번역학의 관점에서 다양한 실제 사례를 들어 분석하고, 한 걸음 더 나아가 번역투 전반의 흐름을 개관하고 지나친 번역투를 제거하기 위한 구체적 방안으로 대안 번역을 제시하는 실용적 연구의 첫 시도라 할 수 있다. 따라서 이 책은 번역투를 가능한 한 줄이거나 제거함으로써 독자의 요구와 기대에 걸맞은 질 좋은 번역 결과물을 생산하는 데 실질적으로 기여할 수 있을 것이며, 일한 번역 및 번역 교육 현장에서 대안 번역의 자료로 적극 활용될 수 있을 것이다.

1장 번역투와 가독성

1. 번역투란

1) 번역투의 개념

일상 대화에서 자주 사용하여 어법을 크게 벗어나지는 않지만 글로 표현할 때 어색하고 의미가 쉽게 전달되지 않는 문장들이 있다. 그런 문장에는 대개 번역투가 섞여 있다. 우리말에 남아 있는 부자연스러운 외국어의 흔적을 번역학[1]에서는 '번역투'라 부른다. 다시 말해서 어떤 글에서 원문original text이 아닌 번역문translated text이라는 흔적이 일정하게 반복적으로 출현하는 경우, 그러한 특성을 바로 번역투라고 한다.

예를 들어 '만나다', '모이다'라고 해야 할 것을 '만남을 가지다', '모

---

[1] 현대 이론 번역학의 기초는 유진 나이다Eugine Nida가 성서 번역을 중심으로 연구한 『번역 과학을 지향하며Toward a Science of Translation』(1964)에 두고 있다. '번역학Translation Studies'이라는 용어는 앙드레 르페브르André Lefevere가 루뱅대학에서 열린 학술회의 논문집 『문학과 번역에 관한 학술회의』(1976) 부록에 기고한 짧은 글에서 처음 사용하였다.(유명우, 2000: 231)

임을 가지다'라고 번역하는 경우는 영어의 'have+명사'를 직역한 번역투이다. '즐거운 시간을 가지시기 바랍니다.'는 'Have a good time.'을 직역한 번역투이며, '즐거운 시간 보내시기 바랍니다.'나 '즐겁게 보내시기 바랍니다.'가 자연스런 번역이다.

우리말에서 '투套'라고 하면 "편지투·한문투·소설투·비꼬는 말투처럼 말이나 글, 행동 따위에서 버릇처럼 일정하게 굳어진 본새나 방식"(『표준국어대사전』)을 의미한다. 번역투를 의미하는 영어 'translationese'는 'translation'에 '-ese'가 붙은 형태이다. '-ese'는 'journalese(신문 잡지 기사체, 신문 기사식 논조)', 'legalese(난해한 법률 문체, 법률 용어, 표현법)', 'Brooklynese(브루클린에서 쓰는 특징적인 말투나 사투리)', 'officialese(장황하고 난해한 관청 어법이나 말투)', 'pentagonese(군사 특수 용어, 미국의 국방부식 문체나 용어)', 'federalese(딱딱하고 거드름 피우는 문체, 관청 용어, 미 연방 정부 용어)'와 같이 특정 집단에서 사용하는 독특한 전문어나 문체, 강세를 일컫는 접미사로 기존에 없던 새로운 어휘를 만든다. 그러니 대개 이러한 신조어는 어렵고 까다로워 좋지 않게 인식되거나 조롱이나 멸시 등의 부정적인 의미를 내포하고 있다.

'번역투'는 이 책 전반에 걸쳐 언급되는 핵심 용어이자 중요한 개념이므로 먼저 국내외 학자들의 '번역투'에 대한 견해 및 개념 정의를 상세히 살펴보고자 한다.

김정우(2003: 143)는 번역투란 "직역의 번역 방법으로 산출된 번역문에 존재하는 원문 외국어 구조의 전이 흔적"이라 정의했으며, 박여성(2006: 87)은 "출발 언어의 통사, 의미, 화용, 문체론적 특성이 목표 언어로 재현되는 과정에서 나타나는 부정합不整合"이라 하였다. 이근희(2005)는 번역투란 "특정의 글에서 그 글이 원문이 아니라 번역문이라는 표지標識

가 일정하게 나타나는 방식"이며, "목표 언어(번역문)의 어휘적, 통사적, 화용적, 관용적인 용법과 맥락을 고려하지 않고 대표적인 사전적 의미로 일대일대응하는 데서 비롯되는 생소하거나 부적합한 표현"이라 정의하였다. 또한 고정욱(2004)은 번역투란 "외국어를 직역하는 과정에서 그들만의 독특한 문법 체계를 반영하다 보니 우리말을 왜곡한 결과로 굳어진 것"이라 했다.

한편 복거일(1998)은 "번역투는 우리 언어의 생장점의 한 측면으로 진화가 가장 활발하게 이루어지는 부분"이며 "서로 맞지 않는 두 개의 통로를 조화시켜 정보와 지식이 매끄럽게 흐르도록 만드는 도관 노릇을 한다."[2]고 했다. 그는 번역투를 부정적으로 보는 기존의 시각에서 벗어나 긍정적인 측면으로 접근하였고 번역투를 폄하하고 배척할 것이 아니라 '도관 노릇'을 잘할 수 있도록 우아하고 섬세하게 다듬어나가야 한다고 했다.

마크 셔틀워스Mark Shuttleworth와 머이라 카위Moira Cowie는 번역투 translationese/third language를 "두드러지게 원어의 특징에 의존한 탓에 번역어가 매우 부자연스럽고 이해하기 어려우며 우습게 여겨지기조차 할 때 사용하는 경멸조의 용어"라 정의하였다.(Shuttleworth & Cowie, 1999: 187) 그리고 차이Tsai는 다음과 같이 말했다.

번역투란 흔히 번역 과정에서 지나치게 축자적으로 접근하거나 목표 언어(번역어)에 대한 지식이 부정확한 데서(예를 들면 부적절한 용어 사용으로 인한 정반대의 번역에서) 발생하며, "번역 과정에서 출발

---

[2] 그러나 나는 '번역투'를 규정하면서 그가 전개한 논의, 사고, 의식에 전적으로 동의하지는 않는다.

언어는 퇴장하기를 꺼리는듯하며, 차라리 목표 언어로 환생하고자 한다."는 인식을 반영한다.(Tsai, 1995: 242)

한편 번역투와 가독성의 상관관계를 연구한 티나 푸어티넨Tiina Puurtinen은 번역투에 대해 다음과 같이 말했다.

번역투는 또한 목표 언어권에서 통상적으로 사용되지 않는 어휘, 문법구조 외에 의미, 문체, 화용적 기능도 포함한다. 번역투는 형식적으로 원문의 형태와 구조에 해당하는 번역문의 형태와 구조를 사용하도록 이끄는 원어 간섭의 결과일 것이다.(Puurtinen, 2003: 391)

요코이 다다오는 번역투를 "번역자의 특이한 말투"라 정의했는데, "그와 같은 번역은 '악역惡訳'이긴 하나 '오역誤訳'은 아닐지도 모른다. 그러나 '악역'과 '오역'의 관계는 교통사고에서 대물 사고와 인사 사고의 관계와 마찬가지여서 '악역'이 수차례 반복되다 보면 반드시 한 번은 '오역'이 생기기 마련"이라고 했다.(橫井忠夫, 1971)

한편 소냐 티르코넨－콘디트Sonja Tirkkonen-Condit는 원문과 번역문의 연구 결과, 원문의 특징을 다음과 같이 언급했다.

원문은 유창하고, 자연스럽고, 그 나라 말답고 전문가답다. 또한 원문은 가독성이 좋고 자연스럽게 들리는 대화문과 같다. 프랑스어의 어휘와 다채로운 심상은 역시 번역문보다는 원문에서 보다 잘 드러났다.(Tirkkonen-Condit, 2002)

원문의 이러한 일반적 특징은 번역문이 안고 있는 한계를 대변하는 동시에, 번역투 표현이 번역문의 가독성 및 제반 문제와 밀접하게 관련되어 있음을 시사하기도 한다.

이상 국내외 학자들이 정의한 번역투의 개념을 살펴보았는데, 이 책에서는 '번역투'를 다음과 같이 정의하고자 한다.

'원문 구조에 치우친 직역의 결과로 번역문에 나타나는 상투적이고 어색한 외국어식 표현'

그러면 번역투 예를 구체적으로 들어보기로 한다. 다음 예는 K대 대학원생(석사 2학기)의 번역 리포트의 일부분이다. 일본어 원문을 그대로 직역한 부분이 많아 쉽게 이해되지 않는 번역투 표현의 예이다. 줄친 부분이 번역투이고, 이를 가급적 번역투를 제거한 표현으로 가다듬어 보았다.

この主張の眼目は ＜純文学にして通俗小說＞ である ＜純粹小說＞ にある。より具體的には ＜四人稱＞ によりつつ、＜偶然性と感傷性とのリアリティ＞ を備えた ＜現代小說＞ の提言である ＜四人稱＞ の問題は、現代 ＜知識階級の＞ ＜一番に解決困難な自意識の問題＞ を解決する ＜新しいリアリズム＞ として提起されている。主人公即ち語り手という「私小說」の一人稱ではなく、主人公とは次元と異なる語り手の ＜人稱＞ をそれとして明確に設定しようということであり、それゆえ「私小說」すなわち「純文學」が問題とされた。
(『日本の文學を考える』, 228)

이 주장의 주안점은 〈순문학이면서 통속소설〉인 〈순수소설〉에 있는데, 이는 〈4인칭〉에 의하면서, 〈우연성과 감상성을 가진 리얼리티〉를 갖춘 〈현대소설〉을 말한다. 〈4인칭〉의 문제는 현대 '지식계급의', '가장 해결 곤란한 자의식의 문제'를 해결하는 '새로운 리얼리즘'으로서 제기되어 있다. 주인공, 즉 화자라는 '사소설'의 1인칭이 아닌, 주인공과는 차원이 다른 화자의 〈인칭〉을 그것으로서 명확히 설정하려는 것으로, 그렇기에 「사소설」, 즉 「순문학」이 문제가 되었다.

⇨ 이 주장의 주안점은 〈순문학이자 통속소설〉인 〈순수소설〉에 있는데, 명확하게 〈4인칭〉의 〈우연과 감상이 있고 현실감〉을 갖춘 〈현대소설〉을 말한다. 현대 〈지식계급〉이 〈가장 해결하기가 곤란한 자의식의 문제〉를 해결하는 〈새로운 사실주의〉로 〈4인칭〉의 문제를 제기했다. 주인공이 화자인 '사소설'의 일인칭이 아니라 주인공과는 차원이 다른 화자의 〈인칭〉을 4인칭으로 명확히 설정하려고 했으므로 '사소설', 즉 '순문학'이 문제가 되었다.

엄밀하게 말해 번역투는 오역은 아니다. 오역이란 출발 언어에 대한 언어 내·외적인[3] 이해, 지식 부족으로 원천 텍스트의 정확한 의미 전달에 실패한 번역을 말한다. 요컨대 오역이 번역의 정확성, 어감 전달의 적절성에 관련된 원문과 번역문과의 관계를 나타내는 개념이라면, 번역투는 우리말 표현의 적합성, 가독성과 관련된 번역문과 번역문 독자의 관

---

[3] 라이스(Reiss, 1971: 54~88)가 제시한 언어 내적, 외적 기준은 다음과 같다.
  (1) 언어 내적 기준intralinguistic criteria: 의미론적semantic, 어휘론적lexical, 문법적grammatical, 문체론적stylistic 특성.
  (2) 언어 외적 기준extralinguistic criteria: 상황situation, 주제 분야subject field, 시간time, 공간space, 수신자receiver, 발신자sender, 정서적 함의affective implications.

계를 나타내는 개념으로, 독자 중심 개념이라 할 수 있다.
다음은 번역투와 오역의 차이를 쉽게 알 수 있는 번역 예이다.

部屋中が<u>サンルーム</u>のように、光に満ちていた。甘やかな色の青空が果てしなく続いて見渡せて、まぶしかった。(『キッチン』, 27)
오역: 온 방 안이 <u>온실</u>처럼 빛으로 가득했다. 달큰한 푸른색 하늘이 끝없이 내다보여, 눈부셨다.(『키친』, 26)
⇨ 온 방 안이 <u>일광욕실</u>처럼 빛으로 가득했다.

彼の芝居の特徴は<u>いろんな物事</u>がぐしゃぐしゃに混乱して身動きがとれなくなってしまうことなんです。(『ノルウェイの森(下)』, 81)
오역: 그의 연극의 특징은, <u>모든 사람들</u>이 엉망으로 혼란에 빠져서 옴짝달싹할 수 없게 되어버리는 점입니다.(『상실의 시대』, 296)
⇨ <u>매사가</u> 엉망진창 혼란스러워

スペシャル。<u>ハンバーグ</u>作ってきたの。
오역: 스페셜 <u>햄버거</u>를 만들어 왔어.(李左知子, 2004: 59)
⇨ 스페셜 <u>햄버그스테이크</u>를 만들어 왔어.

위 예문에서 'サンルーム'는 '온실'이 아니라 '일광욕실'이며, 'いろんな物事'는 '사람들'이 아닌 '매사每事'나 '세상사'를 뜻한다. 또한 일본식 외래어 'ハンバーグ'는 우리말로 '햄버그스테이크'이며, 'ハンバーガー'는 우리말로 '햄버거'를 뜻한다. 따라서 'ハンバーグ'의 'グ'를 번역자가 'ガー'로 잘못 이해했다든가, 일본식 외래어에 대한 지식

부족으로 정확한 의미 전달에 실패한 번역이다.

 おれ、単細胞なんだよ。
 번역투: 맞아, 나 단세포야.(李左知子, 2004: 62)
  ⇨ 그래 난 단순한 사람(인간)이야.
  ⇨ 그래 난 단세포적인 사람(인간)이야.

 일본어 '単細胞'는 ① '단세포(単一の細胞)', ② '비유적으로 사고방식이 단순한 사람(転じて、考えの単純な人)'을 뜻한다. 그러나 일본어 '単細胞'를 글자 그대로 번역한 '단세포'는 우리말 어법에도 부자연스러운 번역투 표현이다.[4] '그래 난 단순한 사람이야.' 정도의 번역이 문맥의 느낌을 살린 자연스러운 번역이다.

 そうかそうか、OK. OK. 大OK。
 번역투: 그래? 알았어, OK. OK. 윙OK.(李左知子, 2004: 62)
  ⇨ 그래? 알았어, 오케이, 오케이, 잘 알았다구.

 스스럼없는 사이의 일본 젊은이들이 일상 대화에서 쓰는 말인 '大OK'의 '大'는 정도가 심한 것을 나타내는, 즉 'OK'를 강조한 말이라 할 수 있다. '大OK'를 직역한 '왕OK'는 번역투 표현이다. '잘 알았다구.' 정도가 자연스럽다고 하겠다.

---

4) 이사치코李左知子는 이 예문을 한국어답지 않은 표현 즉 오역의 관점에서 고찰했으나, 나는 오역보다는 번역투와 관련이 있다고 판단했다.

仕方ない。今夜は酔って眠ろう。

「水割りですか」

「さっき部屋で飲んだからなあ」

「じゃあ、カクテルなど」

「なにがいい？」

도리가 없다. 오늘 밤은 취해 자자.

"워터 위스키로 하시겠습니까?"

"아까 방에서 마셔서 말야."

"그럼 칵테일 같은 건요."

"뭐가 좋지?"(『기다리는 남자』, 104)

위 예문의 일본어 '水割り'는 '(위스키 등에) 물을 타서 묽게 만드는 것 또는 그렇게 만든 위스키'를 말한다. '워터 위스키'는 뜻도 분명치 않은 일본어 '水割り'를 직역한 번역투이다. 오히려 일본 술 종류의 하나인 '미즈와리'라는 고유명사를 그대로 쓰거나 '물을 탄 위스키' 혹은 '위스키에 물을 탈까요?' 정도로 풀어 번역하면 이해가 쉽다.

다음 세 가지 예는 일본어 원문을 그대로 직역한 번역투 표현 예이다. 번역투 표현을 없애고 자연스러운 우리말 표현으로 다시 고쳐보았다.

「社会の急所についての研究 をしているのは、わたしばかりでないのです」

"사회의 급소에 관한 연구를 하고 있는 것은 나뿐만이 아닙니다"(『중요한 부분』, 60)

⇨ "사회의 핵심 문제를 연구하는 사람은 나뿐만이 아닙니다."

周囲の車、前方の通りすぎる通行人、標識、信号、それらのすべてに注意を払わねばならぬのだから、<u>神経がつかれた</u>。
주위의 차, 전방을 지나가는 통행인, 표지, 신호, 그 모든 것에 주의를 기울여야 하므로 <u>신경이 피로했다</u>.(『유머 걸작선』, 40)
⇨ <u>신경 쓰느라 피곤했다</u>.

もっと満たされたい。まったく隙間なくこの体を埋め尽くしてもらいたい。……そういう欲望に<u>我を忘れた</u>。
더욱 채워지고 싶다. 전혀 빈틈없이 이 몸을 다 메워주었으면 좋겠다. …… 그러한 욕망에 <u>나를 잊었다</u>.(『중요한 부분』, 28)
⇨ <u>이성을 잃었다</u>.

　　외국어식 구문은 비문법적인 것이 아니라면 우리말 표현에 변화를 일으킬 수 있다는 점에서 그 공도 인정해야 할 것이다. 어차피 말이란 시대의 흐름에 따라 바뀌는 법이고 문법도 바뀔 수 있기 때문이다. 외국어식 구문은 우리말의 순수성을 저해하는 부정적인 면도 많지만 새로운 조어의 가능성 또는 표현의 다양성을 가져다주는 긍정적인 면도 있다.(황찬호, 1988) 일반적으로 외래어를 수용하는 데는 두 가지 유형이 있다. 하나는 어휘 체계의 공백을 메우기 위한 수용이고, 다른 하나는 학술, 문화, 문명의 개념에 대한 형태적, 의미적 수용이다. 따라서 외래어의 수용이 적절히 이루어지기만 하면 오히려 한 언어의 어휘 체계가 효율적으로 정비될 수도 있다.(송민, 1989)
　　우리말에 걸맞은 표현이 없거나 우리말에 두드러지게 어긋나지 않는 감당할만한 수준이라면 외래어나 번역투 문장을 써도 그다지 문제

될 것은 없다. 그러나 문제가 되는 것은 번역투 및 외래어의 남용과 오용이다.

번역투는 번역자가 원문 내용을 정확히 이해하지 못했거나 혹은 우리말 구사 능력이 부족하기 때문에 나타나게 된다. 그러므로 자연스럽고 아름다운 우리말 번역을 위해서는 우리말 표현 능력이 전제되어야 함은 물론, 번역자는 번역투의 문제를 사전에 충분히 인식하고 이를 가급적 줄여나가도록 노력해야 한다.

2) 번역투의 기능

번역투의 개념에서 살펴본 바와 같이 번역투에는 부정적인 점만 있는 것이 아니라 관점에 따라 중립적, 긍정적으로 평가할 수 있는 측면도 있다. 먼저 번역투의 순기능을 살펴보면, 번역투는 우리말에 없는 어휘나 문체, 구문을 보완하여 우리말을 풍요롭게 가꾸어나가는 데 도움이 된다. 원문에 존재하는 이국적 요소를 번역문에 그대로 옮겨 의도적으로 번역문의 독자가 낯선 경험을 하게 하는 슐라이어마허Schleiermacher '낯설게 하기Foreignizing Translation' 번역 전략을 활용할 수 있다. 예를 들어 일본어 '3K職種(汚い、きつい、危險)', 'こたつ', 'オタク' 등을 그대로 '3K 직종', '고타쓰', '오타쿠' 등으로 번역하는 것은 독자에게 이국적 정취를 느끼게 하거나 이국 문화를 강조할 경우의 번역 전략이다. 또한 번역투 용어나 문체, 구문 등은 번역 교육 현장에서 자연스럽고 올바른 우리말 번역을 위한 교재로 활용할 수 있다. 그리고 실제 원문이 존재하지 않음에도 독자에게 번역문인 것처럼 보이도록 번역투를 사용하는 이른바 '의사 번역pseudo translation' 방법도 번역투 전략으로 볼 수 있다.

다음 예문을 보면 'きしめん'은 '납작하게 뽑은 국수'를 의미하는데 번역서에는 '메밀국수'로 나와 있다. 'きしめん'은 'そば(소바)'가 아니므로 우리말로는 '국수'라고 번역하는 것이 무난하다.(물론 우리나라의 '국수'와는 차이가 있을 수 있다) 또한 그다음 예문의 'チンドン屋'도 번역서에서처럼 '친동야'5)로 번역하면 뒤에 달린 역주를 읽기 전까지는 우리말 독자가 이해하기 쉽지 않을 것이다. 이처럼 번역자는 우리 문화에 없는 이문화 요소를 번역할 때 이질적 요소를 최소화하여 번역문 독자가 쉽게 이해할 수 있는 '친숙하게 하기Domesticating Translation'로 번역할 것인지 원문에 충실한 '낯설게 하기'로 번역할 것인지를 고려해야 한다.

「話は何なの？」きしめんを食べながら私は切りだした。(『キッチン』, 127)

「무슨 얘긴데?」메밀국수를 먹으면서 내가 먼저 말을 꺼냈다.(『키친』, 112)

낯설게 하기 ⇨ "무슨 얘긴데?" 기시멘을 먹으면서 내가 먼저 말을 꺼냈다.

친숙하게 하기 ⇨ "무슨 얘긴데?" 국수를 먹으면서 내가 먼저 말을 꺼냈다.

「ねえ、私、やっぱり、どっちもやめて、チンドン屋さんになる!!」(『窓ぎわのトットちゃん』, 130)

---

5) 'チンドン屋(ちんどんや)'는 문교부 고시 제85-11호(1986. 1. 7)의 외래어표기법을 따르면 '진돈야'로 표기하는 것이 맞다.

"엄마! 나, 생각해봤는데, 양쪽 다 그만두고 그냥 친동야(이상한 복장을 하고 악기를 울리면서 거리를 돌아다니며 선전, 광고하는 사람—역주) 될래!"(『창가의 토토』, 13)

それから二人は改めて雛人形を飾った。博子の知っている雛人形に比べると、ここにあるのは見た目にもひとまわり大きく、デザインも古風だった。(『ラブレター』, 11)

그리고 두 사람은 그때부터 히나 인형*(*히나마츠리 날 히나 제단에 올려놓는 인형)을 놓기 시작하였다. 히로코가 알고 있는 히나 인형에 비하면 여기에 있는 것은 겉보기에도 훨씬 크고 디자인도 고풍스러웠다.(『러브레터』, 11)

한편 번역투의 역기능을 살펴보면 번역투는 본래 우리말이 아니거나 우리말 문법에 어긋나거나 우리말답지 않은 표현을 쓰는 탓에 가독성과 번역의 질이 떨어진다. 그리고 번역투가 굳어지면 표현이 늘 판에 박은 듯 획일화·상투화되어 우리말을 다양하게 표현할 수 있는 기회가 줄게 된다. 그리하여 우리말의 정상적인 발달을 저해하며 어휘 체계가 왜곡, 비속화되는 경우도 많다. 언어는 끊임없이 변화하고 소멸하며 또 생성된다. 우리말의 아름다움을 가꾸어나가려는 노력을 기울여야 하는 것은 우리말 속에 우리의 정신, 의식이 깃들어 있기 때문이다.

스피박Spivak은 제3세계 문학작품을 영어로 번역하면서 영어 중심의 언어 체계, 문화, 가치관을 반영하는 것을 비난하며 그에 따른 왜곡이 낳을 이데올로기적 파장을 우려하였다. 즉 권력 언어language power인 영어로 번역하는 것은 "정치적 약자의 위치에 있는 개인과 문화의 정체성을 말살"하는 것이며 그러한 경우 번역투 표현이 많다고 하였다.

> 영어로 대량 번역이 이루어지는 과정에서 민주주의적 이상이 강자의 법칙으로 변질되기도 한다. 이는 제3세계의 모든 문학이 일종의 최신 번역투로 옮겨질 때 발생하는 것으로, 결국에는 팔레스타인의 한 여성이 쓴 글의 문체나 느낌이 대만의 한 남성이 쓴 것과 닮은꼴이 되어버린다.(Munday, 2001: 133에서 재인용)

다음 〈표 1〉은 번역투의 순기능과 역기능을 정리한 것이다.

〈표 1〉 번역투의 순기능과 역기능

순기능	역기능
1. 목표 언어의 부족한 어휘 체계 보완 2. 목표 언어 문체의 다양화에 기여 3. '낯설게 하기' 번역 전략 4. 번역 교육의 살아 있는 자료	1. 목표 텍스트의 질 저하 2. 가독성 및 이해력 저하 3. 목표 언어의 다양한 표현 기회 저해 4. 목표 언어 어휘 체계 구조 왜곡, 비속화 5. 목표 언어의 정상적인 발달 저해 6. 언어 사대주의 의식 심화

2. 가독성

가독성readability이란 독자가 원문의 내용을 얼마나 쉽게 이해하느냐를 판단하는 용어이다. 다시 말해서 쉽게 읽고 이해할 수 있는 독자의 이해 정도를 가리키는 말이다.

번역투와 가독성이 관련되는 것은 번역투 표현은 우리말 어법에 맞지 않아 낯설고 어색하며 어려워서 가독성이 떨어지기 때문이다. 아무리 수준 높은 학술서도 쉽고 정확한 글로 표현하지 못하면 그만큼 가치가 떨어지듯, 어법에 맞고 이해하기 쉬운 자연스런 우리말로 옮기지 못한다면 그만큼 가치가 퇴색되기 마련이다.

다음 예는 일본어투 용어, 일본식 한자어, 잘못 쓰는 한자어, 뜻이 좋지 않은 한자어, 어려운 한자어, 즉 가독성이 낮은 표현들이다.

"국악인 신영희의 신토불이 건강법"(〈MBC 생방송 오늘 아침〉, 2007. 1. 30)

원래 '신토불이身土不二'는 '몸[身]과 땅[土]은 둘이 아니고 하나'라는 뜻으로 일본 사람들이 식생활 용어로 쓰는 말이다. 신토불이란 자기가 사는 땅에서 산출한 농산물이라야 체질에 잘 맞음을 이르는 말이므로 우리말로는 누구나 이해하기 쉬운 '우리 몸엔 우리 농산물'이라고 하면 족하다.

당신의 대통령 당선은 첫 여야 간 수평적 정권 교체로 정치 선진화의 한 획을 그은 것이었으며, 지역적으로 계층적으로 소외됐던 민초들의 한을 풀어주는 의미도 지녔었습니다.(『국민일보』 2009. 8. 21)

'민초民草'는 『표준국어대사전』에 '백성'을 질긴 생명력을 가진 잡초에 비유하여 이르는 말로 나와 있지만, 일본색이 짙은 용어라고 볼 수밖에 없다. 우리말은 '민서民庶' 또는 '서민庶民'이 맞다.

'신토불이'와 마찬가지로 '민초'가 우리 고유어가 아니라고 생각하는 사람은 아주 드물다. 똑같은 한자로 되어 있다 하더라도 중국에서 쓰는 말이 다르고 우리나라에서 쓰는 말이 다르며 일본에서 쓰는 말이 다르다. 말과 글의 밑바탕이 되는 역사와 문화가 제각기 다른 까닭이다.(『우리말 우리글 속 일본식 용어 999가지』, 501)

팽팽한 긴장감이 감도는 18번(파4) 홀. 세계 최정상의 자리를 다투는 선수들은 마지막 홀에서도 <u>진검승부</u>를 펼쳤다.(『디지털타임스』 2009. 8. 17)

'진검승부真劍勝負'는 그 옛날 일본의 무사들이 마주 서서 두 사람 중에 한 사람이 죽을 때까지 일본 칼로 겨루어 승패를 가르던, 그야말로 사생결단을 내던 야만스런 풍습을 가리키는 말이다. 우리말로는 '한판 붙다', '한판 겨루다', '결판내다'라고 다듬어 써야 맞다.

KBS 2TV '개그콘서트' 10주년 특집 녹화가 있던 지난 2일 심현섭 강성범 등 오랜만에 '개그콘시트' 무대로 돌아온 <u>기라성</u> 같은 선배들을 바라보는 3년 차 개그우먼 박지선의 눈빛에는 동경이 가득했다.(『세계일보』 2009. 9. 4)

일본 사전 『고지엔広辞苑』에 따르면, '綺羅星(きらぼし)'은 '綺羅、星の如く'(곱고 아름다운 비단옷, 별과 같다)에서 나온 말이며, '밤하늘에 반짝반짝 빛나는 무수한 별'을 뜻한다. 다시 말해서 '綺羅、星の如く'에서 실수로 쉼표를 빼고 '綺羅星の如く'로 잘못 쓴 데서 온 말로, '훌륭한 사람들 또는 위세 있는 사람들이 죽 늘어선 모습을 비유한다.'고 한다. 즉 '곱고 아름다운 비단옷'을 뜻하는 '기라綺羅'가 '별[星]과 같다'라는 말을 '기라보시綺羅星'와 같다고 잘못 쓴 데서 온 말이라는 것이다. 마치 일본어 'きらきら光る星'를 '반짝반짝 빛나는 별'이 아닌 '기라기라 빛나는 별'로 쓰는 것과 같은 셈이다. 국어사전에는 '기라성'을 '빛나는 별'로 순화해야 한다고 나와 있다. 요즘도 주로 신문, 방송 등 매스컴에서 '기라성 같은 인물', '기라성 같은 문단의 선배들', '기라성처럼 빛나는 배우들' 등의 표현으로 이 단어를 자주 언급하지만, 상황이나 문맥에 따라 '뛰어난', '두드러진', '우뚝 선', '우뚝한' 등과 같은 우리말로 바꾸어 쓰는 것이 바람직하다.

죽은 남편을 기리며 사재까지 털어 장학금으로 내놓던 <u>미망인</u> 등 이러한 소시민의 기부 문화가 더 빛나기도 했고 우리를 부끄럽게도 했다.(「데일리안 칼럼」, 2009. 8. 21)

'미망인未亡人'의 사전 풀이를 보면 아닐 '未', 죽을 '亡', 사람 '人', 즉 아직 따라 죽지 못한 사람이란 뜻으로 남편이 죽고 홀로 남은 여자를 이르는 말이다. 요컨대 '아직 남편을 따라 죽지 않은 사람'이란 뜻으로 요즘 시대에는 별로 좋은 느낌의 말이 아니다. '미망인'을 '부인'으로 써도 전혀 문제 될 것이 없으며 오히려 훨씬 점잖은 표현이다.

그는 문학이 삶을 담아내는 그릇이자, 그 안에 침전된 욕망이자, 그걸 뛰어넘는 <u>도저한</u> 깨달음이라고 한다.(「한국일보」 2006. 12. 31)

'도저到底하다'란 '학식이나 생각, 기술 따위가 아주 깊거나 행동이나 몸가짐이 빗나가지 않고 곧아서 훌륭하다.'란 뜻으로 '도저한 깨달음'은 '깊이 있는 깨달음'으로 쓰면 이해하기 훨씬 쉽다.

> 머리가 희끗해진 지금까지도 재봉 일로 생계를 꾸리시는 부모님, 편벽한 나를 이해해주는 언니와 동생 그리고 보인, 05학번 친구들, 도움을 주신 많은 분들, 오랫동안 나를 지켜봐준 친구들, 선해주신 심사위원님께 특별한 감사의 인사를 드리고 싶다.(『조선일보』 2007. 1. 1)

'편벽偏僻하다'는 '생각 따위가 한쪽으로 치우쳐 있다.' 또는 '정상에서 벗어날 정도로 지나치다.'의 뜻으로 '한쪽으로 치우친' 혹은 '비뚤어진'으로 쓰면 이해가 편하다.

일본어 잔재가 짙은 일본어투 용어나 일본식 한자어는 쉬운 우리말과 우리식 한자어로 쓰고, 참신한 표현을 지향하는 작가들이라 해도 어려운 한자어나 생경한 표현은 되도록 쉽고 편안한 말로 써야 전달도 잘 되고 이해도 빠르며 공감할 수 있는 좋은 글이 된다. 우리가 일상생활에서 알게 모르게 번역투를 접하다 보면 언어의 속성상 악화惡貨가 양화良貨를 구축하듯 아름다운 우리말이 한자어 및 번역투에 밀려 점점 사라지게 되고 번역투가 습관적으로 고착화될 위험성 또한 크다.

좋은 번역은 원문의 내용과 형식을 정확하게 이해하고 적절하게 번역하는 충실성과 우리말 구사 수준, 즉 가독성을 동시에 만족시켜야 한다. 따라서 번역어는 일차적으로는 원문의 언어 내적·외적 의미에 부합하는 정확한 어감 및 의미 전달을 목표로 해야 하며, 이차적으로는 우리말 체계에 적합하여 부자연스럽거나 생경하거나 번역투가 되지 않아야 한다.

우리말 표현의 적합성은 가독성의 범주에 해당하며, 번역문과 번역문 독자와의 관계 개념인 번역투의 문제와 관련이 깊다. 따라서 번역자는 가독성과 직결된 번역투 문제의 중요성을 새롭게 인식할 필요가 있다.

2장 알쏭달쏭 가짜 동족어
●●●

한국어와 일본어에는 한자어[1]가 많다. 특히 한국어와 일본어에는 의미가 같은 동일한 한자어도 많지만 의미가 다른 동일한 한자어도 많다. 따라서 한일 양국의 동일한 한자어 중 의미가 다른 한자어는 주의하지 않으면 오역을 하기가 쉽다.

이 장에서는 형태는 같지만 어의語義lexical meaning가 다른, 한일 동형 한자어同形漢字語이지만 어의가 다른 '가짜 동족어false friends/faux amis'를 번역과 관련지어 고찰하기로 한다.

다음은 '가짜 동족어'의 예이다.

まもなく、料理屋の<u>女中</u>が踊り子をむかえに来た。踊り子は衣装をつけて私に言った。「すぐもどって来ますから、待っていて続きを読

---

1) 이 책에서는 한국에서 사용하는 '일본식(일본제) 한어漢語'를 '한자어漢字語'라는 용어로 쓰고 있지만 일본에서는 '한자어'라는 용어를 쓰지 않고 '한어'라는 용어를 사용한다. 한편 중국에서는 '외국어에 대한 내국어'라는 의미로 '한어'라는 용어를 사용하므로, 한·중·일의 '한어' 용어에는 차이가 있다.

んでくださいね。」
얼마 후 요릿집의 하녀가 무희를 마중하러 왔다. 무희는 의상을 걸치고 나에게 말했다. "곧 돌아올 터이니까 기다리셨다가 이 뒷부분을 읽어주셔요."(『이즈의 무희』, 50)

여중[女中]을 나온 후 진학을 포기하고 집에서 노는 일 년 사이에 화순이는 완연한 처녀티가 사방에 배어 있었다.(『완장』, 14)

以前、九木は、愛人の立場にある女性から、彼とは人目のあるところには一度も出かけたことがないといって、嘆いていたのをきいたことがある。(『失楽園(上)』, 171)
언젠가 불륜 관계에 있던 한 여자가 탄식하던 말이 생각난다. '그 사람하고는 남들이 있는 곳에는 한 번도 동행한 적이 없어요.'(『실락원 1』, 179)

그댄 모르죠. 내게도 멋진 애인[愛人]이 있다는 걸
너무 소중해 꼭 숨겨두었죠.(이은미, 〈애인 있어요〉)

今年の冬は来日公演がおおいなあ…と思っていたら、スタートしました、来日ラッシュ！(http://www.pia.co.jp/feature/21/index.php)
⇨ 올해 겨울은 방일 공연이 많구나…… 하고 생각하던 차에 시작했습니다, 방일 러시!

오늘은 이만하고 내일[來日] 다시 시작합시다.

膵臓がんのため26日に56歳で亡くなった作家の栗本薫さんが、一作家が書いた小説では世界最長とも言われる代表作『グイン。サーガ』(早川書房刊、本編126巻)を130巻途中まで執筆していたことが分かった。(『読売新聞』2009. 5. 28)
⇨ 췌장암으로 26일 56세 나이로 사망한 작가 구리모토 가오루 씨가, 한 작가가 쓴 소설로는 세계 최장이라고도 일컬어지는 대표작『구인사가』(하야카와 책방 간행, 본편 126권)를 130권까지 집필하고 있었던 사실이 밝혀졌다.

저 여자는 자기 서방[書房]이 아파 고생이 이만저만이 아니라는군.
요즈음 정 서방[書房]은 회사 잘 다니니?

한국에서 '여중女中'은 '여자중학교'를 줄여서 이르는 말이지만, 일본어 '女中'는 하녀나 가정부 혹은 여관이나 요릿집의 여종업원을 가리키는 밀이다. 한편 '애인愛人'은 우리나라에서는 연인과 불륜 상대 두 가지 의미로 모두 쓰이지만, 일본어 '愛人'은 사랑하는 사람을 의미하기는 하나 연인보다는 불륜 상대에 가까운 의미다.

'내일來日'은 한국어로 '오늘의 바로 다음날'을 의미하지만, 일본어 '来日'은 일본 방문, 방일訪日을 의미하며, 한국에서 '서방書房'은 남편을 낮잡아 이르거나 성에 붙여 사위 등을 이르는 말이나, 일본에서는 책방을 의미한다.

이러한 한일 동형 한자어이지만 어의가 다른 '가짜 동족어'의 유사성 때문에 제2언어 학습자는 그 단어를 잘못 사용할 수 있으며 번역에서도 오류를 범할 수가 있다.

언어 간섭interference은 두 자연언어가 접촉contact했을 때, 그 효과로 한쪽 또는 양쪽 언어에서 일어나는 규범 이탈이나 규범 변경을 가리킨다. 언어 간섭은 가장 넓은 뜻으로 쓰일 때, 접촉한 두 자연언어의 한쪽 또는 양쪽에서 접촉의 효과로 일어나는 변화를 전부 가리키기도 한다. 이러한 뜻의 간섭은 그 외연이 차용과 거의 비슷하다. 자연언어들 사이에서 일어나는 차용의 가장 큰 부분은 어휘 형태의 직접적 차용이다. 그래서 한 언어가 다른 언어에 행사하는 간섭의 가장 큰 부분도 어휘 간섭이라고 할 수 있다. 두 언어의 격렬한 접촉은 양 언어에 이른바 '외래어'를 만들어낸다.(고종석, 2006)

외래어는 외국 문화, 외국 문물과의 접촉에서 생긴다. 외국 문화, 외국 문물과 접촉하다 보면 자연히 그와 관련되는 외국어가 따라 들어오기 마련인데, 이들 외국어가 일반화되면 외래어로 정착하게 된다. 외래어는 고유어와 함께 자국어의 일부이지만 외국어는 자국어의 일부가 아니라는 점에서 차이가 있다.[2] 외래어는 번역학의 입장에서 보면 외국어의 음성 번역phonetic translation이라 할 수 있다.

대조 분석 가설contrastive analysis hypothesis에서는 학습에 장애 요인이 되는 부정적 전이negative transfer를 더 중요시하는데, 부정적 전이는 일반

---

[2] 외래어에는 두 가지 특징이 있는데, 외래어는 국어에 본래부터 있던 어휘가 아니고 외국어에서 들어온 말이라는 특징과 이제는 외국어가 아니라 국어에 속한다는 특징이다.(김세중, 1998: 5)
외래어와 외국어의 구별 기준으로는 ① 동화의 정도, ② 국어 문장 속에서의 자연스러움의 정도, ③ 외국어 의식이 있는가 없는가, ④ 우리 사회에서 널리 쓰이는가 그렇지 않은가(송철의, 1998) 등을 들기도 하지만, 외래어인지 여부에 대한 판단을 어원 연구 결과에 기대어 하느냐, 일반인의 의식에 기대어 하느냐에 따라 외래어의 범위가 크게 달라지며(김세중, 1998), 각자의 입장에 따라 또 분야에 따라 일정하지 않을 수 있기 때문에 외래어와 외국어의 구별 기준은 그리 간단한 문제는 아니다.

적으로 간섭 현상으로 알려져 있으며 목표어에 대한 모국어의 학습 방해를 의미한다. 간섭의 종류는 언어 간interlingual 간섭과 언어 내 intralingual 간섭으로 나눌 수 있으며 언어 간 간섭 중 모국어에 없는 요소로 인하여 제2언어 학습 시 방해가 일어나는 것이 배제적 간섭이다.(박경자 외, 1994)

언어 간섭의 방향은 제2언어 습득 과정에서 주로 출발 언어인 모국어에서 목표 언어인 제2언어로 진행되는 것이 일반적이다. 그러나 언어 간섭 현상은 제2언어 습득 시에만 일어나는 것이 아니라 번역 과정에서도 일어난다. 특히 한국어와 일본어는 문법구조와 표현 구조, 어순 등 통사 구조 및 언어 운용 면에서 많은 유사성이 있는데 이러한 유사성으로 인해 자칫 오역을 할 가능성이 많다. 또한 한국어와 일본어가 같은 한자 문화권에 속해 있고 60% 이상 동일한 한자어를 사용하고 있기 때문에 (木村益夫, 1965: 75) 목표 언어가 한국어인 일한 번역의 경우나 목표 언어가 일본어인 한일 번역의 경우 양 방향으로 간섭 현상이 나타날 수 있다.

1. 헛갈리는 한일 한자어

風船(풍선), 確實(확실), 意識(의식), 學校(학교), 扇風機(선풍기), 敎科書(교과서), 主義(주의), 活動(활동), 以上(이상), 場所(장소), 各自(각자), 影響(영향), 科學(과학), 社會(사회) 등은 한일 양국에서 동일한 한자가 동일한 의미를 나타내는 한자어의 예들이다.

그러나 男便(남편)/夫,[3] 便紙(편지)/手紙, 去來(거래)/取引, 典當鋪(전당포)/質屋, 回答(대답)/返事, 準備(준비)/用意, 自己(자기)/自分, 換

節期(환절기)/季節の変わり目, 妨害(방해)/邪魔, 票(표)/切符, 感気(감기)/風邪, 親舊(친구)/友達, 顔面(안면)/面識, 複道(복도)/廊下, 沐浴(목욕)/風呂, 房(방)/部屋, 富者(부자)/金持, 果實(과실)/果物, 上衣(상의)/上着 등은 한일 양국에서 동일한 의미를 다른 한자어로 나타내는 예들이다.

2. 모여라 가짜 동족어

번역에서 나타나는 대표적인 언어 간섭 현상 중의 하나가 '가짜 동족어'[4]이다. 프랑스어와 영어 사이에도 이런 가짜 동족어가 많다. 예를 들어 영어 'advertisement(광고)'는 프랑스어 'avertissement(경고)'을 차용한 것이지만 그 뜻이 다르다. 15세기에 이 말이 프랑스어에서 영어로 차용되었을 때는 도버해협 양쪽에서 다 '경고'의 뜻이었지만, 그 뒤 영어에서는 의미가 변한 후 그대로 굳어졌다. 그래서 오늘날 프랑스어 'avertissement'에 해당하는 영어는 'warning'이고, 영어 'advertisement'에 해당하는 프랑스어는 'publicité'이다

또한 프랑스어 'librairie'는 '서점'(영어의 bookshop)을 뜻하지만 이 단어를 차용한 영어 'library'는 '도서관'(프랑스어의 bibliothèque)

---

3) '한국 한자어(한·일 양국의 의미)/일본 한자어' 순이다.
4) 우리말에는 'false friend'나 'faux amis'의 정확한 번역어가 아직 없다. 연구자에 따라 '나쁜 친구들false friends/faux amis/falsche freunde'(박여성, 2002a), '포자미false friends/faux amis'(조상은, 2004), '가짜 친구Faux amis'(고종석, 2006), '거짓 짝, 사이비 친구'(이희재, 2009) 등으로 달리 부르고 있다. 이 책에서는 '가짜 동족어false friends/faux amis'라 부르기로 한다.

을 뜻하고, 프랑스어 'licence'는 '학사 학위'(영어의 university degree)를 뜻하지만 이 단어를 차용한 영어 'license'는 '면허'(프랑스어의 permis)를 뜻한다.(고종석, 2006) 또한 프랑스어 'expérience'는 영어의 'experience'와 'experiment' 둘 다를 의미한다. 언어학에서는 'avertissement'과 'advertisement'처럼 모양은 닮았지만 의미가 다른 쌍들을 '가짜 동족어'라고 부른다. 가짜 동족어는 두 언어의 대조 분석을 통해서 밝혀질 수 있다.

다음 〈표 2〉의 가짜 동족어들은 형태는 같으나 의미가 전혀 다른 한자어를 중심으로 조사한 것이나, 어의語義의 폭에 차이가 있는 한자어들도 '가짜 동족어'에 포함시켰다. 이를테면 '內外'는 한일 양국에서 거의 같은 의미이나 일본어에는 없는 '부부'의 의미가 한국어에 추가된다. 즉 일본어보다 한국어의 어의 폭이 넓은 한자어에 해당된다. '大丈夫'는 한국어에는 없는 '안전하고 끄떡없음, 문제없음'의 의미가 일본어에 추가된다. 즉 한국어보다 일본어의 어의 폭이 넓은 한자어라 할 수 있다. '內外'나 '大丈夫'처럼 한일 양국에서 전혀 다른 의미가 추가되는 한자어의 경우, 그 추가되는 의미에는 ※로 표시하였다.[5]

---

[5] '가짜 동족어' 조사를 위해 사용한 한일 사전은 다음과 같다.
『표준국어대사전』(1999), 『연세한국어사전』(1998), 『동아새국어사전』(2004).
『広辞苑』(1987), 『新明解国語辞典』(1997), 『日本国語大辞典』(2003).

〈표 2〉 가짜 동족어

가짜 동족어	한국어 의미	일본어 의미
内外	안과 밖. 국내와 국외. (수량, 시간 따위에 이어) 그에 가까움. ※부부	안과 밖. 국내와 국외. 전후.
見物	단독으로 쓰이지 않고 '견물생심見物生心'으로 쓰임.	명소나 행사 등을 둘러봄.
天地	하늘과 땅. 세상. 우주. ※('~천지'의 꼴로) 무척 많음.	하늘과 땅. 세계. ※책이나 수화물 등의 위아래.
迷惑	무엇에 홀려 정신을 차리지 못함. 정신이 헷갈려 갈팡질팡 헤맴. 현혹眩惑.	타인으로 인해 겪게 되는 폐, 괴로움, 성가심.
生鮮	잡은 그대로의 신선한 물고기. 선어鮮魚.	신선하고 싱싱함.
長短	장점과 단점. ※리듬.	장점과 단점. 긴 것과 짧은 것. 길이.
女中	여자중학교의 약칭.	입주하여 취사, 청소 등을 하는 사람. 가정부.
大丈夫	건장하고 씩씩한 사내.	건장한 남자. ※안전하고 끄떡없음.
文句	글의 구절.	문구, 어구. ※상대에 대한 불평, 불만.
親子	친아들. 친자식.	어버이와 자식. 부모와 자식의 관계에 비유되는 두 가지 물건. 친척.
心中[6]	마음속.	마음속. ※서로 사랑하는 남녀가 동반 자살함. ※몸담고 있는 일이나 조직과 운명을 같이함.

[6] 일본어 '心中'를 '신추しんちゅう'로 읽으면 한국어와 같은 '마음속'이라는 의미이나, '신주しんじゅう'로 발음하면 한국어와는 전혀 다른 뜻이다. 원래 '신주しんじゅう'는 마음속에 품은 충성심이나 사랑을 확인한다는 의미였다. 그러던 것이 사랑을 이루지 못하게 된 두 남녀가 함께 동반 자살하는 것에도 '신주しんじゅう'라는 표현을 사용하게 되었다. 한편 '~する' 동사의 형태로 일이나 조직 등과 운명을 같이한다는 뜻도 있다.

가짜 동족어	한국어 의미	일본어 의미
心地	마음의 본바탕. 마음자리·심전心田.	기분. 심경. 마음 둘 곳.
分数	분수. ※자기의 처지에 맞는 한도. ※사물을 분별하는 지혜.	수학의 분수.
去来	주고받음 또는 사고팖. 오고 가는 일. 왕래. (불가佛家에서) 과거와 미래를 아울러 이르는 말	가고 오는 것. 왕래. 과거와 미래와 현재.
用心	정성스레 마음을 씀.	마음 씀, 조심함. 주의.
用意	어떤 일을 하고자 하는 마음이나 뜻. 마음의 준비를 함.	마음 씀. 배려. 주의. 준비. 채비. ※경기 시작을 알리는 구령.
病身	모자라는 행동을 하는 사람을 낮추어 이르는 말.	허약하여 병이 잘 걸리는 몸.
無念	감정이나 생각하는 마음이 없음.	분하게 생각함. 유감.
遠慮	먼 앞일까지 미리 잘 헤아려 생각함.	타인에 대해 언어 행동을 조심하고 삼감.
家内	집의 안. 가족. 집안. 가까운 일가.	일가. 가족. ※타인에게 자신의 아내를 일컫는 말
愛人	연인戀人.	정부情夫/情婦 등 특별한 관계인 이성을 에둘러 하는 말.
浮気	몸이 부은 상태.	이성과 일시적으로 애욕 관계를 가짐. 다른 이성에게 마음을 줌.
工夫	공부.	여러모로 머리를 짜 좋은 방법을 얻으려 궁리함.
学院	학원.	학교의 다른 명칭. 미션스쿨이나 각종 학교를 일컫는 경우가 많음.
学生	학교에 다니며 공부하는 사람. (초, 중, 고, 대학생)	학업을 배움. 특히 대학에서 공부하는 자.
修士	가톨릭 수도원에서 수도하는 남자. 수도사.	대학원 석사 논문 심사에 합격한 사람에게 수여함. 석사.
內服	※내의內衣. 약을 먹음.	약을 먹음. 복용.

가짜 동족어	한국어 의미	일본어 의미
親分	아주 가깝고 친밀한 정분.	무리의 두목. 특히 도박단 등의 두목. 우두머리.
書房	남편. 성에 붙여 사위, 매제, 아래 동서를 이름.	서점. 서재.
黑幕	검은 장막. ※음흉한 내막.	흑막. ※배후에서 획책하거나 지시하는 인물.
成敗[7]	성공과 실패.	재판함. 정치를 행함. 처벌. 응징함. 참수.
観念	(어떤 일에 대한) 견해나 생각. 인식. 의식의 내용.	경험한 일이 머릿속에 고정화된 생각이나 의식. ※체념함.
来日	내일.	외국인이 일본에 옴.
平生	일생一生.	일상. 평상. 평소.
外面	겉·겉면. ※얼굴을 돌리다. ※모르는체하다.	외부. 겉. 바깥쪽.
台帳	장부帳簿. 원부原簿.	장부. 원부. ※연극, 영화 등의 대본.
洋服	정장正裝.	서양식 의복(⇔일본 옷).
曖昧	※(아무 잘못 없이 꾸중을 듣거나 벌을 받아) 억울하다. 희미하여 분명하지 아니함.	はっきりしないこと(분명하지 않음).
億劫	무한하게 오랜 시간.	面倒くさくて気が進まないこと(귀찮아서 마음이 내키지 않음).
皮肉	가죽과 살[皮肉].	가죽과 살. 몸. ※심술궂게 에둘러 상대의 약점을 꼬집음. ※좋지 않은 일만 일어나는 상황
八方美人	여러 방면에 능통한 사람.	아무에게나 싹싹하게 대하는 사람을 가볍게 이르는 말.

7) 일본어 '成敗'를 '세하이せいはい'로 읽으면 한국어와 같은 '성공과 실패'라는 의미이나, '세바이せいばい'로 발음하면 한국어와는 전혀 다른 '처벌함, 참수, 정치를 행함, 재판함'의 뜻이다.

가짜 동족어	한국어 의미	일본어 의미
手当	보수報酬. 품삯.	보수. ※주의. ※준비. ※마음가짐. ※병이나 상처 등의 처치.
年中	한 해 동안.	일 년 동안. ※아침저녁. ※항상, 언제나. ※시종.
解体	뜯어서 헤침.	정리된 물건을 흩트리다. ※해부.
丁寧[8]	(부사) 틀림없이. 꼭. 진정으로. 정말로.	주의 깊게 마음이 두루 미침. 정중히 예의를 갖춤.
上品	상품. 물건의 질이 좋음.	질이 좋은 물건. ※품위 있음.
下品	하품. 물건의 질이 나쁨.	질이 좋지 않은 물건. ※천함, 상스러움.
人事	사람으로서 해야 할 일. 사람의 관리에 관계되는 행정적인 일. ※안부를 묻거나 공경하는 뜻을 나타낼 때 하는 예.	인간사. ※개인의 능력이나 신분에 관한 사항. 인사이동의 줄임말.
光栄	영광스러운 일.	영광스런 일. 영예. ※명예.
意見	어떤 대상에 대하여 가지는 생각.	개인의 생각. ※타이름, 훈계. 충고.
砂糖	(설탕 따위를 끓어 만든) 사탕.	사탕수수, 사탕무 등으로 만든 감미료. 설탕.

1) 일한 번역문의 가짜 동족어

다음은 일한 번역문의 '가짜 동족어' 번역 예이다. 먼저 가짜 동족어 '曖昧', '一切'의 번역이 우리말로 자연스럽지 못한 경우의 예이다.

---

[8] 『표준국어대사전』에서는 명사로 '대하는 태도가 친절함, 충고하거나 알리는 태도가 매우 간곡하며 여러 번 되풀이함'이라는 뜻과 '정녕하다'의 형태로 '대하는 태도가 친절하다' 라는 뜻으로 풀이하고 있으나, 실제로는 거의 쓰이지 않는다.

桜井が僕の顔を見て、言った。僕は曖昧に頷いた。桜井は不服そうだった。(『GO』, 110)

사쿠라이가 내 얼굴을 보고 말했다. 나는 애매하게 고개를 끄덕였다. 사쿠라이는 내 표정을 이해할 수 없다는 표정이었다.(『GO』, 116)

⇨ 나는 모호하게 고개를 끄덕였다.

「まだ何とも言えないよ。— 可能性と言っても、まだ、まるで影みたいにあいまいなものだ。だけど とにかく、きいてみたいんだ」
"아직 뭐라고도 할 수 없어. — 가능성이라고 해도 아직 마치 그림자처럼 애매한 거야. 그렇지만 — 하여간 물어보고 싶어"(『중요한 부분』, 130)

⇨ 그림자처럼 모호한 거야.

彼は曖昧な返事しかしなかった。(『命』, 7)
그는 애매한 대답밖에 하지 않았다.(『생명』, 22)

⇨ 그는 모호한 대답밖에 하지 않았다.

일본어 '曖昧'는 한국어의 '모호模糊'와 같은 뜻을 가진 말이다. 원래 우리말에서 '애매하다'는 '불분명하다'는 뜻의 한자어 '애매曖昧하다'가 아니라 순우리말로 '아무 잘못 없이 꾸중을 듣거나 벌을 받아 억울하다'라는 뜻으로만 쓰였다.[9] 따라서 위의 번역 예에서 '애매' 보다는

---

9) '애매'는 '애매하다'의 어근이다.
  【속담】(예) 애매한 두꺼비(거북이) 돌에 치였다. → 아무런 죄도 없는 두꺼비가 돌 밑에 들어가 있다가 치여 죽게 되었다는 뜻으로, 애매하게 화를 당하거나 벌을 받게 되어 억울함을 비유적으로 이르는 말.

'모호'가 뜻도 분명하고 우리말에도 자연스러운 번역이다. '모호하다'의 경우도 순우리말인 '알쏭달쏭하다', '아리송하다' 등의 다양한 표현으로 바꿔 쓸 수 있다.

これらの条件は最後的なものであり、万一これに応じない場合は、以後の連絡は<u>一切</u>なされないものと承知されたい。
이들 조건은 최후통첩이며 만일 이에 응하지 않을 경우에는 이후 연락은 <u>일체</u> 이루어지지 못한다는 것으로 알고 있길 바란다.(『오 헨리 걸작선』, 128)
⇨ 이후 연락은 일절 이루어지지 못한다는 것으로

その恋愛に、共産主義やら民主主義やら資本主義やら平和主義やら一点豪華主義やら菜食主義やら、<u>一切</u>の『主義』は関わってこない。(『GO』, 7)
그 연애는 공산주의니 민주주의니 자본주의니 평화주의니 귀족주의니 채식주의니 하는 <u>모든</u> '주의'에 연연하지 않는다.(『GO』, 8)
⇨ 채식주의니 하는 '주의'와는 일절 관계가 없다.

自他共に認める病院嫌いのトラウマの舞台がまさにこの場所なのだ。ところがママにはそういう感性が<u>一切</u>欠落していて、蓄膿の治

【형용사】 (예) 애매한 사람을 죽이려 드니까 마른하늘에 생벼락이 안 내릴까.(김유정, 『두포전』)
【부사】 (예) 애매히 매를 맞다. / 수없이 많은 생명들이 애매히 또 무참히 쓰러져 간 육이오도 그는 무사히 넘겼고…….(손창섭, 『혈서』)
— 출처: 『표준국어대사전』

療ぐらいのことでも平気でここを利用していた。(『ラブレター』, 77)
자타 공히 인정하는 병원 공포증이 생긴 무대가 바로 이곳인 것이다. 그런데 엄마에게는 그런 감성이 <u>일체 결여되어 있어서</u> 축농증 치료 정도를 하면서도 예사로 이곳을 이용하였다.(『러브레터』, 71)
⇨ 그럼 감성이 <u>일절 결여되어 있어서</u>

일본어 '一切'는 뒤에 부정문이 올 때는 '일절'로 번역하며, '죄다, 모든 것'을 뜻할 때는 '일체'로 번역한다.[10] 따라서 위의 번역 예에서 '一切'는 '일절'이라고 번역하는 게 맞다.

다음은 일한 번역문에서는 '가짜 동족어'가 제대로 번역된 경우의 예이다.

「自然も<u>人事</u>も、ある日突然動くように見えるが、その裏では以前から動いていたのに、気がつかなかっただけことだろう」(『失楽園(上)』, 150)
"자연도 그렇지만 <u>인간사</u>도 마찬가지야. 어느 날 갑자기 생겨난 일

---

10) '일절一切'
【부사】 아주, 전혀, 절대로의 뜻으로, 흔히 사물을 부인하거나 행위를 금지할 때에 쓰는 말. (예) 출입을 일절 금하다. / 일절 간섭하지 마시오. / 그는 고향을 떠난 후로 연락을 일절 끊었다.
'일체一切'
【명사】 모든 것. (예) 도난에 대한 일체의 책임을 지다. / 그는 재산 일체를 학교에 기부하였다. / 이 가게는 음료 종류의 일체를 갖추고 있다.
【부사】 1. 모든 것을 다. (예) 걱정 근심일랑 일체 털어버리고 자, 즐겁게 술이나 마시자.
    2. '일절一切'의 잘못.
— 출처: 『표준국어대사전』

처럼 보이지만 사실은 그 이전부터 그런 움직임이 이미 시작되고 있었던 거지. 다만 사람들이 알아차리지 못했을 뿐이야."(『실락원 1』, 158)

俺と時々、喧嘩になるのはこの長電話のせいだ。実に愚にもつかぬことを二十分も三十分も話しこんでいるのだから家族としては大迷惑だ。
나와 이따금 싸움을 하는 것은 이 긴 전화 탓이다. 실로 말도 안 되는 얘기를 20분이고 30분이고 떠벌리고 있으니 가족으로서는 아주 성가시다.(『유머 걸작선』, 116)

安藤はさんざん騒いだ末にリビングのカーペットにゲロを吐いてしまったのだから、たぶん皮肉だろう。(『明日の記憶』, 59)
안도는 엄청 소란을 피운 끝에 거실 카펫에 토악질까지 해버렸으니. 아마도 그 일을 비꼬아 하는 말일 테지.(『내일의 기억』, 72)

私たち夫婦の場合は、愛情も信頼もないんですから、私の浮気も光枝にとっては大した問題じゃなかったようです。
우리 부부의 경우에는 애정도 신뢰도 없으므로 나의 바람도 미쓰에에게 있어서는 대단한 문제가 아니었던 것 같습니다.(『잃어버린 과거』, 158)

本当に光栄に存じますわ。でもあなたは人の淋しさや絶望をもゆるして、それからどこへいらっしゃるおつもりなの？淋しさがいつか

はあなたを蝕むのもおゆるしになる？

진정 영광으로 생각합니다. 하지만 당신은 남의 외로움이나 절망을 허용하고, 그리고 나서 어디에 계실 작정이죠? 쓸쓸함이 언젠가는 당신을 좀먹을 것도 허락하실 건가요?(『열대수』, 164)

親切、丁寧な指導、初心者でもすぐ乗れ、予約制ですから、待たずに練習できます。

친절, 정성 어린 지도, 초보자라도 곧 탈 수 있으며, 예약제이므로 기다리지 않고 연습할 수 있습니다.(『유머 걸작선』, 20)

何でもない。下品な覚え方でもいい。とにかく、山川夫人より一日も早く合格するためには手段はえらばぬつもりの彼女だったからである。

아무래도 좋다. 품위 없는 암기법이라도 좋다. 어쨌든 야마카 부인보다 하루라도 빨리 합격하기 위해서는 수단을 가리지 않을 작정인 그녀였기 때문이다.(『유머 걸작선』, 32)

ケットを被って、鎌倉の大仏を見物した時は車屋から親方と云われた。

담요를 뒤집어쓰고 가마쿠라의 대불상大佛像을 구경 갔을 때는 인력거꾼에게 나으리라고 불리었다.(韓日竝列Corpus檢索, 이하 출처도 같은 곳)

はっきりとした事は云わないから、見当がつきかねるが、何でも山

嵐がよくない奴だから用心しろと云うのらしい。
분명한 말은 하지 않으니까 짐작이 가지 않지마는 아무래도 거센 바람은 좋지 못한 놈이니까 조심하라는 것인 모양이다.

四杯食おうが五杯食おうがおれの銭でおれが食うのに文句があるもんかと、さっさと講義を済まして控所へ帰って来た。
네 그릇을 먹든지 다섯 그릇을 먹든지 내 돈 가지고 내가 먹는데 무슨 상관이냐고, 모른체하고 강의를 하고 직원실로 돌아갔다.

その時はもう仕方がないと観念[11])して先方の云う通り勘当されるつもりでいたら、十年来召し使っている清という下女が、泣きながらおやじに詫まって、ようやくおやじの怒りが解けた。
그때는 나도 할 수 없다고 단념하고 아버지가 말한 대로 쫓겨날 각오를 했더니, 십 년 넘게 부려온 기요淸라는 하녀가 울면서 아버지한테 빌어서, 겨우 아버시의 화가 풀렸다.

2) 한일 번역문의 가짜 동족어

다음 예문처럼 우리말 '고등학교 동창'의 올바른 일본어 번역은 '高校の時の同窓生'이 아닌 '高校の時の同級生'이다. 더불어 '중학교 동창'은 '中学の同級生'으로 번역하는 것이 맞다.

---

11) 일본어 観念(かんねん)에는 단념, 각오의 뜻도 포함된다. 단념, 각오의 뜻으로 쓰일 때는 'する'를 붙여 자동사로 활용한다는 것도 한국어와 다르다.

어…… 고등학교 동창인데…… 오랜만에 귀국 공연하는 것 같아서 잠시 들러봤어. 넌…… 여기 어쩐 일이야?
「ああ……高校の同級生なんだがね……久しぶりにコンサートが開かれるようだから、ちょっと立ちよったんだ。おまえは……何の用だね？」(『冬のソナタで始める韓国語～シナリオ対訳集』[이하 冬のソナタ], 189)

위와 유사한 예로 한자어 '성형成形'은 일본어에서도 같은 의미로 사용하나, 성형외과成形外科/plastic surgery는 '成形外科'라 하지 않고 '形成外科'라고 한다. 그리고 우리가 흔히 말하는 '성형수술成形手術'은 일본어로는 '整形手術'이며, 일본어 '成形手術'은 글자 그대로 결손된 신체 부위를 만들어주는 수술을 말한다.

이처럼 '가짜 동족어'에 유의하지 않으면 우리말 '고등학교 동창'이나 '성형수술'을 일본어로 옮길 때 한자어 직역에 해당하는 '高等の同窓生'이나 '成形手術'로 잘못 옮기기 쉽다. 또한 일본어 학습자가 일본어로 작문을 할 때 언어 간섭 현상으로 인해 언어를 잘못 사용할 수 있으며, 한일 번역에서는 오역이나 직역의 번역투로 이어지기 쉬우므로 각별히 주의해야 한다.

다음은 한일 번역문의 '가짜 동족어' 번역 예이다.

빈 사물함 있나 확인해서 챙겨줘라…… 그리고 학급일지 다 됐으면 교무실로 가져와.
「空きロッカーがあるか確認して、用意してやり……それから学級

日誌ができていたら教務室にもってくるように」(『冬のソナタ』, 20)

(비아냥대는) 오늘은 돌려줄 거 없었니? 나만 없었으면 또 뭔가 돌려주려 만났을 거 아냐?
「(皮肉っぽく)今日は返すものがなかったのか？僕さえいなけりゃ、何か返すためにまた会ったんじゃないのか？」(『冬のソナタ』, 202)

그래? (씁쓸하게) 별로 안 좋은 기억만 있을 텐데……
(조심스럽게) …… 만나볼래?
…… 글쎄…… 나중에.
「そう？(ほろ若い思いで)あまりよくない思出ばかりだろうけど……」
「(用心深く)……会ってみる?」
「そうだなあ……そのうちね。」(『冬のソナタ』, 263)

고마워. 니가 첫 손님이다.
그래? 영광이네. 와 좋다.
「ありがとう、君が最初のお客さんだ」
「そう？ 光栄だわ。わー、すてきね」(『冬のソナタ』, 267)

양복 안주머니에서 사진을 꺼내어, RV차에 타고 있는 두 명의 사내들의 얼굴과 비교해본다.
スーツの内ポケットから写真を取り出し、車に乗っている2人の男の顔を見比べる。(『オールイン』, 19)

양복洋服은 한일 양국에서 서양식 의복이라는 기본 의미는 같다. 그러나 한국에서 양복이라 하면 주로 정장(특히 남성의)을 가리키는 반면 일본에서는 단순히 기모노(和服)에 대비되는 서양식 옷을 가리킨다. 즉 평상복도 모두 洋服(ようふく)이다. 양복 정장은 영어 'suit'에서 따온 'スーツ'를 쓴다.

병신아……!! 새파란 놈들한테 다구리 당한 주제에 뭐 잘난 게 있다고 나서!!
「馬鹿野郎……おいおい、ガキにいいようにやられた分際で、偉そうにでしゃばるんじゃえ！」(『オールイン』, 44)

역시 안젤라는 수녀가 안 되길 잘했다.
「やはりアンジェラは修道女にならなくて正解ね。」(『オールイン』, 78)

옆에 있는 여자는 리에라고 마이클 장 애인인데 포커 월드시리즈에서 우승한 적도 있는 프로 갬블러야.
隣の女性はリエといって、マイケル・チャンの恋人だが、ポーカー世界選手権大会で優勝した経験もある。プロのギャンブラーだ」
(『オールイン』, 249)

이 장에서는 형태는 같지만 어의가 다른 '가짜 동족어'에 주목하여 일한, 한일 번역문을 사례별로 고찰해보았다.
이러한 '가짜 동족어'의 유사성 때문에 제2언어 학습자는 단어를 잘못 사용할 수 있으며 마찬가지로 번역에서도 오류를 범할 수가 있다. 특히 번역에서 '가짜 동족어'가 문제가 되는 것은 한국어와 일본어가 같은 한자 문화권 내에서 한자어를 공유하며, 문법구조와 어순이 거의 일치하고, 수적으로 제한적이기는 하나 일치하는 단어가 많기 때문이다.

따라서 번역 시 주의를 기울이지 않으면 언어 간섭 현상으로 오역을 할 여지가 많으며, 특히 부주의하게 한자어를 직역하는 등 번역 과정에서 '가짜 동족어'를 선택하기 쉽고, 겔레스탐(Gellerstam, 1986)의 용어로 말하면 '자동 반사적push-the-button 번역'을 할 가능성이 크다.

같은 한자 문화권에 속하는 한국어와 일본어는 동일한 한자어라도 쓰이는 의미가 각기 다르거나 한쪽이 갖는 의미가 다른 쪽에는 전혀 없는 경우도 많다. 앞서 살펴보았듯이 가짜 동족어 '愛人(애인)'이란 말은 우리나라에서는 '연인戀人'의 의미이나, 일본에서는 '정부情夫/情婦 등 내연 관계의 이성'을 에둘러 표현하는 말이다. 한편 중국에서는 '愛人'이 '배우자'를 의미한다고 한다. 또한 가짜 동족어 '石頭(석두)'는 한국에서는 '머리가 나쁜 사람', 일본에서는 '완고한 사람'이란 뜻이지만 중국에서는 단순히 '돌'을 의미하며, '手紙'는 일본에서는 '편지'를 의미하지만 중국에서는 '휴지(ちり紙)' 또는 '화장지(トイレットペーパー)'를 가리키는 말이라고 한다.

한일 양국의 동일한 한자어 중 의미 차이가 있는 '가짜 동족어'를 대표적인 사전적 의미로 번역하게 되면 오역 및 번역투로 이어지기 쉬우므로 일한 번역 및 한일 번역 시 특히 주의를 기울여야 한다.

3장 번역투의 유혹

● ● ●

　어느 나라 언어든 어느 정도는 외국말이 들어와 섞이지 않을 수 없다. 오랜 세월 동안 이웃 나라와 교류하면서 문화를 주고받다 보면 언어도 자연스레 영향을 받아 서로 섞이기 마련인 것이다. 그러나 우리 고유의 아름답고 쉬운 말을 제쳐두고 어려운 한자어를 쓰며, 뜻도 통하지 않는 일본식 용어를 무턱대고 받아들이는 것은 결코 바람직한 일이 아니다. 언어란 사람의 생각과 행동을 반영하는 도구이며, 누구에게나 모국어는 세상에서 가장 아름다운 언어이다. 몇 십 년간 몸에 밴 일본어투가 일상생활뿐 아니라 번역문에서도 생경하고 어색한 번역투로 여실히 나타난다는 것은 문제라 하겠다.

　국어에 대한 일본어의 간섭은 오랜 기간에 걸쳐 이루어진 만큼 그 유형 또한 다양하여 국어의 모든 층위에 걸쳐 나타난다.[1] 1876년(고종 13년) 병자수호조약을 계기로 우리말에 일본어의 간섭이 본격적으로 시작

---

1) 송민(1988: 28)에 의하면 1920년대부터 고유 일본어 요소의 간섭이 점차 국어 문장에 구체적으로 노출되기 시작했으며, 고유 일본어의 간섭 현상은 1940년 전후에 절정에 이르렀다고 한다.

되었고, 19세기 말 이후 한일 양 언어의 접촉과 교류가 빈번하게 이루어지면서 우리말에 일본어가 유입되기 시작하였다. 특히 일본어 및 일본식 표현이 우리말에 들어오게 된 것은 주로 당대에 일본으로 유학 갔던 지식인들에 의해서였다. 그후 20세기를 거치면서 일본어 간섭 현상은 우리말 구석구석까지 광범위하게 이루어졌다.

이 장에서는 오랜 세월에 걸친 일본어의 간섭으로 우리말에 자리 잡은 번역투 유형을 크게 어휘와 표현으로 나누어 일한 번역문 및 다양한 실례와 함께 분석·고찰한다. 이 장에서 제시한 용례를 종류별로 살펴보면 일한 번역문, 논문·단행본, 신문·잡지 기사, 인터넷 기사·기타 자료 등이다.

1. 어휘의 유혹

일한 번역의 번역투 유형을 고찰하기 위한 어휘의 범위는 일본식 조어 접미사 '~적的', 일본식 한자어, 음역音訳 차용어인 고유 일본어, 일본식 외래어와 일본식 변조 영어, 대명사, 일본어 격조사 'の'와 중첩重疊 조사, 일본식 후치사, 복수 표지 '들'로 한정하기로 한다.

1) 없어도 그만인 '~적的'

일본어에는 일부 한자어 형태소가 파생어의 조어[2] 요소로 활용되는

[2) 일본어 어휘 체계의 양적인 어종語種은 막부 말·메이지 초기를 경계로 급격히 변화하였

경우가 많다. 한자어 형태소에 의한 파생어 형성은 전통 국어 한자어에도 어느 정도 있었으나 일본어와의 접촉을 통해 크게 확산되었다.(송민, 1988: 32) 되도록이면 일본 한자어 조어 요소는 이해하기 쉬운 우리말로 바꿔 풀어 쓸 것을 제안한다.

일본식 조어 '~的'은 19세기 말 이후 일본어에서 유입되어 1910년대 이후 소설, 수필 등에서 널리 쓰이기 시작하면서 한국어에 정착·일반화되었다고 볼 수 있다.(정영숙, 1994: 52) 조어 '~的'은 한일 양국에서 사용 빈도가 높은 어휘로서 '~的'의 남용에 대해 우려를 제기하는 학자도 많다.

이에 대한 한 예로 일본의 국립국어연구소国立国語研究所가 실시한 종합잡지 열세 가지에 대한 샘플링 어휘 조사 결과를 보면 '~的'의 사용 비율은 'する(為る)', 'いる(居る)', 'いう(言う)', 'こと(事)', 'なる(為る·成る)', 'その(其の)', 'もの(物·者)', 'ある(有る·在る)', 'この(此の)' 등의 기본어 다음으로 많은 10위를 차지한다고 한다.

우리나라에서도 요즘은 '~적的'이 붙지 않은 글과 말을 찾아보기 어려울 만큼 '~적'이 우리 일상생활에 깊숙이 파고들어 굳어진 실정이다. 오늘 당장 '~적'을 떼어내버릴 수는 없겠지만 점차 줄여 쓰면서 이해하기 쉬운 우리말로 바꿔가려는 노력을 기울여야 할 것이다.

'~적'을 없애는 방법으로는 '~적'을 아예 빼어버리거나, '~적' 대

다. 이 시기에는 서양의 새로운 학문, 문물, 제도의 유입으로 대량의 번역과 조어造語가 이루어지는데 그 대부분이 한어漢語에 의한 것이어서 일본어에서 한어의 수가 급증하게 되는 결과를 낳았다. 새로운 한어의 조출造出 방식에는 여러 가지가 있으나, 특히 현대어에 있어서도 왕성한 조어력造語力을 발휘하고 있는 한자의 접사적 용법은 현대 일본어의 어구성語構成을 논함에 있어 제외시킬 수 없는 요소가 되고 있다. 한자의 접사적 용법은 그 대부분이 메이지 시대에 조출되고 정착되었다.(李秀卿, 2003: 1)

신 '의'나 '에서'와 같은 조사를 쓰거나, '~다운', '~스러운', '~같은' 등으로 풀어주거나, '~답게', '~스럽게', '~같이'로 바꾸고 뒤에 오는 명사를 동사로 바꿔주는 것 등이 있다. 이처럼 '~적'을 빼버리거나 같은 뜻의 쉬운 표현으로 바꿔주면 훨씬 간결하고 쉽게 읽힌다. 다음은 '~적'이 붙은 말에서 '~적'을 빼거나 다양한 표현으로 다시 고쳐 쓴 예이다.

  학술적 가치 ⇨ 학술 가치
  본능적으로 ⇨ 본능으로
  보수적인 색채 ⇨ 보수 색채
  본질적으로 ⇨ 본질에서
  원칙적으로 ⇨ 원칙의(에서)
  연속적으로 ⇨ 잇달아
  비인도적인 처사 ⇨ 사람답지 않은 처사
  유보적 입장 ⇨ 미루는 태도
  노골적으로 ⇨ 드러내놓고
  일시적으로 ⇨ 한때
  감상적 ⇨ 감상에 빠져 있는
  구조적 특성 ⇨ 구조상의 특성
  개별적 사건 ⇨ 개개의 사건
  대대적으로 ⇨ 크게
  한국적 민주주의 ⇨ 한국형 민주주의
  신화적 존재 ⇨ 신화 같은 존재
  정치적 문제 ⇨ 정치에 관련된 문제

과학적 지식 ⇨ 과학에 바탕을 둔 지식

폐쇄적 사회 ⇨ 닫힌 사회

개방적 문화 ⇨ 열린 문화

주관적 견해 ⇨ 주관에 따른 견해

경험적 연구 ⇨ 경험을 통한 연구

설명적 ⇨ 설명이 주가 되는

감각적 문체 ⇨ 감각이 잘 묻어난 문체

사전적 의미 ⇨ 사전에 나와 있는 뜻

구체적 설명 ⇨ 자세한 설명

교육자적 자질 ⇨ 교육자다운 자질

일본어에서 유입된 접미사 '~적的'이 붙은 말을 우리는 일본보다 약 3배 정도 더 많이 사용한다고 한다.(손재현, 2001) 그러나 현대 한국어에서 두루 쓰이고 있는 '~적'을 일본에서 들여온 것이니 무조건 쓰지 말자는 이야기는 아니다. '~적'은 이미 우리말의 일부분이 됐고, 효용 가치도 있으므로 적절하게 사용하면 된다. 그러나 문제는 다음 예와 같이 '~적'을 무분별하게 남용하는 것이다. '~적'을 없애고 다시 고쳐 써보았다. 훨씬 간결하고 뜻이 명확하여 이해하기 쉬운 말이 된다.

"그는 아버지의 말씀이라면 무조건적으로 따르고 있다."
⇨ "그는 아버지의 말씀이라면 무조건 따르고 있다."

"인터넷은 시간적, 공간적 제약이 없다."
⇨ "인터넷은 시간, 공간의 제약이 없다."

"몸적으로, 마음적으로 많은 준비를 하지 못했다."
⇨ "몸으로, 마음으로(몸도, 마음도) 많은 준비를 하지 못했다."

전국적으로 비가 내리겠습니다.
⇨ 전국에(전국에 걸쳐) 비가 내리겠습니다.

가시적인 현상
⇨ 보이는(볼 수 있는) 현상

　이 표현들을 보면 일상 대화에서 '~적'이 얼마나 남용되고 있는지 알 수 있다. '무조건 따르고 있다.' '시간, 공간의 제약이 없다.'라고 해도 충분하다. '육체적', '정신적'이라는 표현은 몰라도, '몸적', '마음적'은 어설프다. 특히 순우리말과는 '~적'이 어울리지 않기 때문이다. '몸으로', '마음으로'라고 하면 될 것을 불필요한 '~적'을 넣었다.(중앙일보 이문연구소 '우리말 바루기' 팀, 2005ⓒ)
　일본어투 '~적'이 붙은 말은 가급적 줄여 써야 하며 일한 번역에서도 꼭 필요한 경우 외에는 되도록 이해하기 쉬운 우리말로 풀어 쓰도록 노력해야 한다. 손재현(2001)은 한일 양국에서 접미사 '~적'이 붙은 말을 번역할 때, 한국어를 일본어로 그대로 번역할 경우에는 22.9%, 일본어를 한국어로 그대로 번역할 경우에는 7.5%의 오용 빈도가 나타날 수 있다고 하였다. 일한 번역뿐만 아니라 한일 번역에서도 '~적'의 오역을 유념해야 한다. 다음은 일한 번역문에서 '~적'의 표현을 없애고 다시 고쳐 쓴 예이다.

真面目さというのを魅力的と とらない向きもあるけれど、ぼくは真面目な人間が好きだったし、真面目さはもっと正当な評価をうけるべき最大級の美徳だと考えていた。(『いま、会いにゆきます』, 94)
착실함을 매력적인 것으로 보지 않는 취향도 있지만, 나는 착실한 사람이 좋았고, 착실함이란 원래 정당한 평가를 받아야 할 최대의 미덕이라는 의식도 있었다.(『지금 만나러 갑니다』, 87)
⇨ 착실함을 매력으로 보지 않는

言うまでもなく、それは間違った行為だった。激しい爆発があり、そして奇跡的に炎は消えた。(『いま、会いにゆきます』, 100)
말할 것도 없이 그건 크게 잘못된 행위였다. 거센 폭발이 일어났고, 그리고 기적적으로 불길이 꺼졌다.(『지금 만나러 갑니다』, 93)
⇨ 그리고 기적같이/기적처럼 불길이 꺼졌다.

다음 예는 일본어 원문에는 '全国規模'로 '~的'이 없는데도 일한 번역문에서는 '적'을 넣어 번역한 예이다.

それで九木は初めて知ったのだが、この会は全国規模ですでに三十会近く開かれている伝統のある会のようである。(『失楽園(上)』, 98)
구키로서는 처음 안 사실이지만 이 모임은 전국적인 규모로서 벌써 삼십 회 가까이 시상식을 개최한 전통 있는 모임이라고 한다.(『실락원 1』, 103)
⇨ 이 모임은 전국 규모로서 벌써 삼십 회 가까이 시상식을 개최한

3장 번역투의 유혹 | 69

한국어와 일본어는 '~적的'의 쓰임에 차이가 있다. 따라서 일한 번역 시 글자 그대로 직역하면 우리말 어법에도 맞지 않는 어색한 번역투로 이어질 소지가 있으므로 주의하여야 한다. 다음 예는 '的'이 쓰인 일본어 표현을 우리말 '~적'으로 그대로 직역했을 때 어색하고 부자연스러운 경우(*표시 부분)이다.[3]

わたし的にはOKです。	*나적으로는 ⇨ 나로서는
気持ち的には若いつもりだ。	*기분적으로는 ⇨ 기분상으로는
暮らし的には変わりがない。	*생활적으로는 ⇨ 생활(면)에서는
お仕事的には楽しんでます。	*일적으로는 ⇨ 일에 관해서는
うわさ的な話を聞いた。	*소문적인 ⇨ 소문 비슷한
こども的な男は嫌い。	*아이적인 ⇨ 아이 같은
うそ的なことを言われた。	*거짓말적인 ⇨ 거짓말 같은
「『嫌ならやめろ！』的な考え」	*싫으면 관두라는 적인 ⇨ 싫으면 관두라는 식의

또한 일본어로는 자연스러운 '健康的'이란 한자어를 한국어로 '건강적健康的'이라고 옮기면 어색한 표현이 된다. 일본어의 경우 '的'은 대체로 한자어에 붙는데 근래에는 '동화적メルヘン的', '매뉴얼적マニュアル的'처럼 외래어에 붙기도 한다. 또한 일본어 문장 '金銭的には不自由しない。'의 경우 '금전적으로는 불편하지 않다.'라고 옮기는 것이 가능하지만, '的'이 고유 일본어에 붙은 경우인 'お金的には不自由し

---

3) 예문은 砂川有里子(2004: 71~72)에서 인용했다. 밑줄 친 부분의 한국어 번역은 내가 한 것이다.

ない。'는 '돈적으로는 불편하지 않다.'라고 표현하면 우리말 어법에 맞지 않는다.

전문용어의 번역에서도 일반 번역에서와 마찬가지로 역어의 어법이 존중되어야 한다. 전문용어는 언어의 형태·통사·어휘 특성과 무관하지 않으며, 기존 용어들과도 밀접한 관계가 있다. 따라서 용어를 번역할 때는 이러한 측면을 충분히 고려해야 하는데, 제일 큰 문제는 대부분의 학문 분야에서, 특히 언어학에서 외국의 용어를 번역할 때 일본 것을 거의 그대로 답습하는 경향이 강하다는 것이다.[4] 물론 일본이 같은 한자 문화권이니만큼 일본의 언어학 용어도 참고가 되는 것이 사실이나 한국어의 어법이나 조어법을 소홀히 해서는 곤란하다. 전성기(2002)는 언어학 용어들 중 '~적'이 붙은 용어는 '~적'을 모두 빼버리는 것이 보다 자연스럽다고 말하며 다음과 같은 용어를 예로 들었다.

동사적 분포 ⇨ 동사 분포   명사적 분포 ⇨ 명사 분포
발화적 관계 ⇨ 발화 관계   서술적 관계 ⇨ 서술 관계
본래적 의소 ⇨ 본래 의소   첨가적 의소 ⇨ 첨가 의소
문맥적 교체 ⇨ 문맥 교체   제시적 가치 ⇨ 제시 가치
정점적 기능 ⇨ 정점 기능   분포적 분석 ⇨ 분포 분석
연상적 관계 ⇨ 연상 관계   표현적 기능 ⇨ 표현 기능
청각적 시니피앙 ⇨ 청각 시니피앙   계열적 관계 ⇨ 계열 관계
문어적 의사소통 ⇨ 문어 의사소통   의미적 어족 ⇨ 의미 어족
시각적 시니피앙 ⇨ 시각 시니피앙   관계적 유형 ⇨ 관계 유형

---

[4] 일본 용어의 영향은, 학자들에 따라 다소 차이가 있긴 하지만 적게 잡는 사람이 70~80%, 많이 잡는 사람은 90%까지 본다.(전성기, 2002: 223)

우리말에서도 '~적'의 남용이 문제가 되지만 일본어에서도 마찬가지다. 스나카와 유리코는 일본어 '~적的'의 문제를 다음과 같이 지적한다.

> 이처럼 일본어에서 '적的'이 유행하는 배경에는 매사를 분명하게 말하지 않고 모호하게 얼버무리는 최근의 풍조가 영향을 끼치는 것으로 생각된다. 게다가 '적'을 사용하면 엄밀하게 표현을 구별하지 않아도 된다는 편리함도 있다. '적'을 사용하지 않고 표현하려면 '나로서는', '기분상으로는', '내용에 관해서는', '생활(면)에서는' 등으로 여러 가지 표현을 알맞게 구별하여 써야만 한다. 그러나 '적'을 사용함으로써 그러한 번거로움을 아주 간단히 피할 수가 있다. '적'의 이러한 편리함이 앞으로 '적'이 들어간 표현을 더욱더 많아지게 하지 않을까 하는 생각이 든다. 화자에게는 편리한 표현이지만 청자에게는 정확하게 전달되지 않는 표현임을 인식하고 교육 현장이나 언론 기관에서는 '적' 표현을 손쉽게 쓰지 말고 또 그렇게 쓰지 않도록 장려했으면 한다.(砂川有里子, 2004: 74)

스나카와 유리코의 지적대로 뜻이 모호할뿐더러 듣는 이에게도 친절하지 않은 '~적'을 알게 모르게 많이 사용하다 보니 이제는 '~적'이 우리말의 일부분으로 굳어져버린 느낌이다. 순우리말과는 어울리지 않는 불필요한 '~적'의 사용을 줄이거나 과감하게 생략하여 이해하기 쉬운 우리말로 풀어 쓰려는 노력이 필요하다.

2) '망년회' 가지 말고 '송년회' 갑시다(일본식 한자어)

우리나라의 어휘는 크게 고유어·한자어·외래어 세 종류로 나뉜다. 한자어는 엄격한 의미에서는 외래어의 일종이지만 한국 고유의 한자음으로 읽힌다는 점에서 고유어로 인정될 수 있는 부분도 있다. 그러나 한자 표기가 가능하다는 점에서 한자어는 주로 서양 언어에서 기원한 외래어와는 분명 구분된다. 이 한자어의 역사야말로 우리나라 어휘사의 핵심 부분이다.(沈在箕, 1989) 국어사전을 검토한 결과에 따르면 한자어는 국어 어휘의 50% 이상을 차지하고 있다.(김광해, 1993: 112)[5] 이처럼 우리말에서 한자어가 전체 어휘의 절반 이상을 차지하게 된 데에는 중국의 한자와 한자로 쓰인 문헌의 영향이 크다. 또한 19세기 중엽 이후에는 개화기[6]와 근대화 과정에서 일본과 접촉하면서 일본 한자어나 일본에서 번역된 신문물, 신개념 번역 한자어를 대량 받아들였고, 그후에는 일제강점기를 겪으면서 일본 한자어가 우리 국어에 확고하게 자리 잡았기 때문이기도 하다.

일본식 한자어에는 번역 한자어와 훈독訓讀 한자어가 있다. 문제가

---

5) 국어 어휘별 구성 비율

사 전	큰사전(한글학회, 1957)	국어대사전(이희승 편, 1961)
고유어	74,612(45.46%)	62,912(24.4%)
한자어	85,527(52.11%)	178,745(69.32%)
외래어	3,986(2.43%)	16,196(6.28%)
합 계	164,125	257,853

6) 우리나라 개화기를 명확히 규정하기는 어려우나, 일반적으로 1876년 개항에서부터 1910년 국권 상실 전까지로 본다. 그러나 1894년의 갑오개혁 이후부터 우리 민족이 근대적 국가, 사회체제를 열기 위해 서양 문물을 능동적으로 받아들이고 근대화를 시도한 1910년까지로 보는 이들도 있다.

되는 것은 훈독 한자어이다. 훈독 한자어는 일본에서는 훈독되는 것으로서 표기만 한자로 할 뿐 실은 고유 일본어이다. 일본에서 만들어진 수많은 문명어나 학술어들은 대부분 한자로 조어되어 있기 때문에 별다른 저항감 없이 국어에 수용될 수 있었으나,[7] 학술어 이외의 일본식 한자어로 인해 우리나라에서 기존에 써오던 한자어가 크게 약화되거나 아주 쓰이지 않게 된 경우도 많다. 가령 게일J. S. Gale의 『한영자전韓英字典A Korean-English Dictionary』(1897)은 다음과 같은 단어들이 예전에는 요즘과는 다른 의미로 사용되었음(쌍점 뒤의 설명이 옛 의미이다)을 확인시켜 주고 있다.(김광해, 1993: 278~279)

사회社會: 희생물을 올리는 제사
방송放送하다: (죄인을) 풀어주다
산업産業: 직업, 교역交易, 부동산
중심中心: 마음, 심장
도시圖書: 개인직인 인장, 도장
발명發明하다: 변명하다, 증명하다
발표發表하다: (종기 등이) 돋다, 솟다
발행發行하다: 출발하다, 길을 떠나다

생산生産하다: 아이를 낳다
신인新人: 신랑이나 신부
자연自然: 당연히, 물론
창업創業하다: 왕조를 세우다
식품食品: 맛
실내室內: 남의 아내

문제는 우리 고유의 한자어가 있는데 일본식 한자어[8]가 들어와 우

---

[7] 예를 들면 민주화民主化, 일조권日照權, 집중호우集中豪雨, 인재人災, 정보화 사회情報化社會, 잔업殘業, 반체제反體制, 안내양案內孃, 내구소비재耐久消費財, 별책別冊, 특수特需, 과잉過剩, 보호保護 등의 한자어가 이에 속한다.
[8] 박숙희(1996: 113)는 한자어 가운데 특히 일본식 한자어가 25%나 되며, 따로 분류된 일본어(5%)까지 합치면 약 30%에 해당하는 일본 말이 우리 국어사전을 점령하고 있다고 한다.

리말을 내쫓고 세력을 과시한다는 점이다. 그러한 일본식 한자어의 예는 다음과 같다.(송민, 1988; 沈在箕, 1989 참조)

미인美人(일색一色)[9]	동년同年(동갑同甲)
외출外出(출입出入)	일생一生(평생平生)
융통融通(변통變通)	친절親切(다정多情)
상식常識(지각知覺)	낭비浪費(허비虛費)
열병熱病(염병染病)	화장化粧(단장丹粧)
출산出産(생산生産)[10]	교제交際(상종相從)
방문訪問(심방尋訪)	통지通知(기별寄別)
출영出迎(영접迎接)	약속約束(언약言約)
결별訣別(작별作別)	소매小賣(산매散賣)
구전口錢(구문口文)	여비旅費(노자路資)
오전午前(상오上午)	도박賭博(잡기雜技)
이유理由(곡절曲折)	사고事故(연고緣故)
동문同門(동창同窓)	망년회忘年會(송년회送年會)[11]

9) '일본식 한자어(우리의 전통식 한자어)' 순이다.
10) 한국어에서는 '생산生産'은 본디 '아이를 낳는 일', 곧 '출산'을 뜻했으니, 이제는 일본어 세이산生産/せいさん의 쓰임새에 간섭을 받아 '인간 생활에 필요한 물건을 만드는 일'을 뜻하게 되었다. 물론 '생산'이라는 말이 지금도 '출산'의 의미로 쓰이는 일이 더러 있기는 하지만 그것은 주변적 의미가 되었고 게다가 그런 의미의 '생산'은 낡은 말투로 여겨진다.(고종석, 2006)
11) 일본에서는 오래전부터 섣달그믐께 친지들끼리 모여 흥청대는 세시 민속이 있었는데, '망년지교忘年之交'에서 글자를 따 '망년忘年' 또는 '연망年忘'이라 불렀다고 한다. 그리고 이것이 망년회의 뿌리가 됐다. 하지만 '망년회'의 '망년'은 '망년지교'의 '망년'과는 의미가 다르다. '망년회忘年會'를 글자 그대로 풀이하면 '한 해[年]를 잊는[忘] 모임[會]'이란 뜻이다. 한 해를 잊는다는 의미가 우리에게는 친숙하게 와 닿지 않는다. 우리식으로

일요일日曜日(공일空日)	직업職業(생애生涯)
청부請負(도급都給)	가족家族(식구食口)[12]
형제兄弟(동기同氣)	부부夫婦(내외內外)
인계引繼(전장傳掌)	기도企圖(생의生意)
위통胃痛(체증滯症)	변사變死(오사誤死)
식전食前(공심空心)	식욕食慾(구미口味)
민가民家(여염閭閻)	변소便所(측간厠間)
경하慶賀(치하致賀)	연기延期(퇴정退定)
중매仲買(거간居間)	요리사料理師(숙간熟干)
현금現金(직전直錢)	이식利息(변리邊利)
원금元金(본전本錢)	악마惡魔(잡귀雜鬼)
실패失敗(낭패狼狽)	확실確實(적확的確)
도중途中(노상路上)	연구硏究(궁구窮究)

는 '송년회送年會'다. '송년'은 한 해를 보낸다는 의미로, 묵은해를 보내고 새해를 맞이한다는 뜻의 송구영신送舊迎新과 맥을 같이한다. 따라서 '송년회'는 차분히 한 해를 되돌아보고 새해를 준비하는 자리라는 의미다. 먹고 마시며 한 해를 잊어버린다는 뜻의 '망년회'와 다르다.(중앙일보 어문연구소 '우리말 바루기' 팀, 2005c: 25)

12) 식구는 '食(먹다)+口(입)'로 '(함께) 밥을 먹는 입(사람)'을 뜻하며, 가족은 '家(집)+族(무리)'으로 '한집에 속한 무리'를 뜻한다. 한솥밥을 먹는다는 점에서 '식구'는 정감적이고 정서적인 호소력을 지니면서도 혈연에 의한 구속력을 강조하기보다는 개개인을 중시한다. 이런 점에서 '식구'의 의미야말로 현대사회에 걸맞다.
가족: 가족 성원의 집합. 혼인 관계나 혈연을 중심으로 한 결속력이 초점. 사회학적이고 공식적인 말.
식구: 가족 성원의 개개인. 공동체 생활을 영위한다는 정서가 초점. 정감 있고 일상적인 말.(김경원·김철호, 2006: 67~73 참조)

이제 와서 새삼 모든 일본식 한자어를 문제 삼을 필요는 없겠으나, 일본식 한자어에 해당하는 우리 고유의 한자어가 있다는 것을 상기하고 가능한 한 우리 고유의 한자어를 살리려는 노력도 필요하다.

다음은 일본식 한자어 '망년회忘年會'를 우리 고유의 한자어 '송년회'로, 일본식 한자어 '부부夫婦'는 우리 고유의 한자어 '내외內外'로 살려 번역한 번역문의 예이다.

忘年会がおひらきになったのは、九時少し前だった。(『失楽園(上)』, 172)
송년회는 아홉 시가 조금 지나서 끝났다.(『실락원 1』, 180)

일본식 한자어 '부부'의 일한 번역 검색 결과 번역 예는 '내외', '부처夫妻', '부부' 등이었다. 다음 일한 번역문의 번역 예시처럼 '부부'에 해당하는 우리 고유의 한자어 '내외'가 있으니 되도록 우리 한자어를 살려 쓰는 노력이 필요하다.

梨恵が家を出てからは夫婦二人きりだから、私が戸締まりをする機会がふえた。(『明日の記憶』, 14)
리에가 집을 나간 후로는 부부 둘뿐이라서 내가 문단속을 할 기회가 늘었다.(『내일의 기억』, 20)
⇨ 리에가 집을 나간 후로는 우리 내외 둘뿐이라서

일본식 한자어 중 문제가 되는 또 다른 한자어는 언뜻 봐서는 한자어처럼 보이지만 실은 고유 일본어[大和言葉]인 '입장立場'과 같은 훈독 한자어들이다. 우리말에서는 일본어 발음과는 상관없이 음독音読 한자음으로 받아들여졌다.

    일본어투 용어 가운데 가장 많은 비중을 차지하는 것은 다음과 같은 고유 일본어 한자어이다. 이러한 한자어는 아주 오래전부터 쓰였고 우리 한자음으로 바꾸어 읽어온 터라 순 일본어에 비하여 거부감이 덜하다. 그러나 이중에는 일본어에서만 통용되는 용법으로 쓰여서 우리의 일반적인 한자 지식으로 이해하기가 어려운 한자어도 많다.[13]

가출家出(いえで)	입회入会(いりあい)	입구入口(いりぐち)
수취受取(うけとり)	내역內訳(うちわけ)	매립埋立(うめたて)
매상売上(うりあげ)	매출売出(うりだし)	매입買入(かいいれ)
추월追越(おいこし)	대형大形(おおがた)	대폭大幅(おおはば)
낙엽落葉(おちば)	익사溺死(できし)	직물織物(おりもの)
매점買占(かいしめ)	대절貸切(かしきり)	대출貸出(かしだし)
대부貸付(かしつけ)	조합組合(くみあい)	조립組立(くみたて)
동사凍死(こごえじに)	소포小包(こづつみ)	차압差押(さしおさえ)
하청下請(したうけ)	품절品切(しなぎれ)	경합競合(きょうごう)
입장立場(たちば)	수당手当(てあて)	수하물手荷物(てにもつ)
수배手配(てはい)	하역荷役(にやく)	취급取扱(とりあつかい)
인상引上(ひきあげ)	인하引下(ひきさげ)	선적船積(ふなづみ)
견적見積(みつもり)	견본見本(みほん)	행방行方(ゆくえ)
호출呼出(よびだし)	할인割引(わりびき)	세모歳暮(せいぼ)

13) 가령 '집을 나가다'는 '출가出家'여야 하는데 실제로는 '가출家出(いえで)'이다.

부지敷地(しきち)	노견路肩(ろかた)	잔업残業(ざんぎょう)
행락行楽(こうらく)	구좌口座(こうざ)	할증료割増料(わりましきん)
수순手順(てじゅん)14)	사양仕様(しよう)15)	가봉仮縫(かりぬい)
견양見様(みよう)	고참古参(こさん)	과물果物(くだもの)
신원身元(みもと)	급사給仕(きゅうじ)	기라성綺羅星(きらぼし)
기중忌中(きちゅう)	대금代金(だいきん)	각선미脚線美(きゃくせんび)
수부受付(うけつけ)	복지服地(ふくじ)	소사小使(こづかい)
주식株式(かぶしき)	양생養生(ようせい)	행선지行先地(ゆきさきじ)
용달用達(ようたつ)	인출引出(ひきだし)	행상行商(ぎょうしょう)
토산土産(みやげ)	익일翌日(よくじつ)	제전祭典(さいてん)
지입持込(もちこみ)	지참持参(じさん)	취조取調(とりしらべ)
택배宅配(たくはい)	원금元金(がんきん)	차입差入(さしいれ)
십팔번十八番(じゅうはちばん)		

'입장立場'은 '일, 처지'로 바꿔 쓰는 것이 좋으며, 맥락에 따라 '원칙, 태도, 방침, 생각, 견해, 관점' 등으로 대체하거나 경우에 따라서는 번역을 하지 않는 편이 오히려 자연스러울 때도 많다.16)

それも又あなたの<u>立場</u>からね。でも私は自分の生んだ娘と息子が、

---

14) '手順(수순)'은 'procedure'의 일본어 번역이다.
15) '仕様(사양)'은 영어 'specification'의 일본어 번역이다. 우리말로는 '설명서, 품목'으로 바꾸어 써야 한다. (예) 제품 사양 → 제품 설명서, 선택 사양 → 선택 품목
16) 『순화 대상 일본어 및 일본식 어휘』에는 입장 → 처지로 나와 있으며, 『우리말 우리글 일본식 용어집』에도 입장 → 처지, 선 자리로 되어 있고, 송민(1989: 22)은 그때그때의 뜻에 따라 '처지', '측면', '생각', '뜻', '마음' 등으로 바꾸어 쓸 것을 제안했다.

へんな空想に溺れているのが、もう我慢ならないの。
그것도 역시 당신의 입장에서지. 하지만 나는 자신이 낳은 딸과 아들이 이상한 공상에 빠져 있는 걸 더 이상 참을 수가 없어.(『열대수』, 48)
⇨ 그것도 역시 당신의 처지/생각에서지.

고유 일본어인 훈독하는 일본식 한자어 외에도 일본에서 들어온 번역어로는 다음과 같은 예를 들 수 있다. 이러한 번역어는 현대국어의 복합어 체계를 더 풍부하게 해주기도 하였다. 그러나 일본에서 들어온 이런 말들을 대체할 수 있는 우리말이 있다면 우리말을 써야 할 것이다.

돌대가리(石頭)　　색종이(色紙)　　상회하다(上回る)
하회하다(下回る)　　돈줄(金蔓)　　짝사랑(片想い, 片恋)
벽걸이(壁掛け)　　꽃다발(花束)　　가로놓기(横置き)
뒷말(後の話, 後の噂, 後書)

일본어 '上回る'의 번역어인 '상회하다', '下回る'의 번역어인 '하회하다' 보다는 우리말인 '웃돌다', '밑돌다'가 말하기도 편하고 이해하기도 쉽다. 요즘 일기예보나 매스컴에서 우리말인 '웃돌다', '밑돌다'가 제자리를 찾아가는 것 같아 다행스럽다.

"당분간은 평년 기온을 웃도는 따뜻한 날씨가 이어지겠습니다."
(〈MBC 아침 7시 뉴스〉, 2007. 1. 19)

낮에는 섭씨 30도를 웃돌다 해가 지면 15도까지 떨어지는 심한 기온

변화 탓에 호흡기 질환을 앓는 이들이 많았다.(『한국일보』 2009. 3. 4)

1년 넘게 분양률이 50%를 <u>밑돌다</u> 최근 2달 새 많이 팔린 것이다.(『중앙일보』 2009. 5. 5)

パソコン1台当たりの学生数が5人水準になれば、米国(8人)、フランス(30.9人)、フィンランド(10人)など、先進国を<u>上回る</u>インフラを整えることになる。
PC 한 대당 학생 수가 5명 수준이 되면 미국(8명), 프랑스(30.9명), 핀란드(10명) 등 선진국을 <u>뛰어넘는</u> 인프라를 갖추게 된다.(韓日竝列 Corpus檢索)

다음은 일한 번역문에서의 '上回る', '下回る' 번역 예이다. 각각 '웃돌다', '밑돌다'로 수정해보았다.

実のところ体調は良かった。800mのタイムはオフシーズンにもかかわらず、すでに自己のベストタイムを<u>上回っていた</u>。ぼくの肉はかつてないほど高められ、意識はどこまでも澄み渡っていた。(『いま、会いにゆきます』, 185)
실제로 몸 상태는 좋았다. 내 800m 기록은 오프시즌임에도 불구하고 이미 기존의 기록을 <u>상회하고 있었다</u>. 나의 육체는 전에 없이 고양되고 의식은 한없이 맑게 깨어 있었다.(『지금 만나러 갑니다』, 169)
⇨ 이미 기존의 기록을 <u>웃돌았다</u>.

第五五条多数国間の条約は、条約に別段の定めがない限り、当事国数が条約の効力発生に必要な数を 下回る 数に減少したことのみを理由として終了することはない。

제55조 다수국 간의 조약은, 조약에 별도의 규정이 없는 한, 당사국 수가 조약의 효력 발생에 필요한 수를 하회하는 수로 감소한 것만을 이유로서 종료하는 것은 아니다.(韓日竝列Corpus檢索)

⇨ 필요한 수를 밑도는 수로 감소한

3) 일본 말을 찾아라(음역 차용어)

발음을 통해 들어온 일본어, 즉 음역 차용어[17]는 구어에 많이 남아 있다. 일본어투 용어에서 문제가 되는 대상이 바로 이러한 고유 일본어의 음역 차용어이다. 음역 차용어들은 거부감을 줄 뿐 아니라, 우리말을 비속화하는 경우가 많다. 일본어투 용어[18]를 순화한다는 것은 이러한 음역 차용어를 우리 고유어나 우리 한자어로 바꾸는 것을 뜻하며 우리 한자음으로 바꾸어 읽기만 해도 자연스러운 우리말로 받아들여진다. 음

---

[17] 외래어 차용 방식은 네 가지로 요약할 수 있다.
  ① 원어 차용Zero translation: 원어를 그대로 쓰는 방식. (예) health
  ② 음역 차용Phonetic translation: 원어의 발음을 그대로 쓰는 방식. (예) 헬스
  ③ 한자어 차용Chinese character translation: 한자어로 번역하여 받아들이는 방식.
     (예) 健康
  ④ 번역 차용Semantic translation: 원어의 의미를 자국어로 번역하여 쓰는 방식. (예) 건강
[18] 문화부는 일본어투 생활 용어에 대하여 관계 전문가의 조사 및 연구 검토를 거쳐 1995년 8월 25일 국어심의회(국어순화분과위원회)에서 최종 심의 확정한 일본어투 생활 용어 순화 자료 702 단어를 고시하였다. 이 책에 나오는 일본어투 용어와 순화한 우리말은 국어심의회의 『일본어투 생활용어 순화 자료집』(1995)과 국립국어원의 『일본어투 생활 용어 사용 실태 조사』(1996)를 수정 보완한 국립국어원의 『일본어투 용어 순화 자료집』(2005)을 참조한 것이다.

역 차용어는 고유 일본어, 일본식 외래어(일본식 발음의 서구 외래어), 일본식 변조 영어 세 가지 유형으로 나눌 수 있는데, 여기서는 음역 차용어의 이 세 가지 유형에 대해서 살펴보기로 한다.

못 말리는 무뎃뽀 뗑깡쟁이(고유 일본어)

다음은 고유 일본어의 음역 차용어의 예이다.

오뎅(おでん): 꼬치, 생선묵[19]	오봉(おぼん): 쟁반
요지(楊枝): 이쑤시개	가마(釜, かま): 솥
가마니(かます): 섬	곤색(紺色): 감색紺色, 진남색
사시미(刺身): 생선회	사라(皿): 접시
호리(꾼)(掘り): 도굴꾼	마호(병)(魔法(瓶)): 보온(병)
모치(떡)(餅): 찹쌀떡	와이당(猥談): 음담
뗑깡(癲癇): 투정, 행패	와리바시(割り箸): 나무젓가락
가라(空, から): 가짜	가오(顔, かお): 얼굴, 체면
가타(肩, かた): 불량배	기지(生地, きじ): 옷감
기마이(気前, きまえ): 선심 쓰다	구사리(腐り, くさり): 핀잔
기스(傷, きず): 흠(집)	고데(こて): 인두, 지짐 머리
야미(闇, やみ): 뒷거래	에리(襟, えり): 깃
엔꼬(えんこ): 바닥(남)	와쿠(枠, わく): 틀
우와기(上衣, うわぎ): 윗도리	유도리(ゆとり): 융통
헤라(篦, へら): (구둣)주걱	호로(幌, ほろ): 덮게, 포장

---

19) '고유 일본어(일본어 한자어·가나): 순화한 우리말' 순이다.

도캉(土管): 토관, 하수관　　　　자부동(座布団): 방석

무뎃뽀[20](無鉄砲): 무모, 경솔, 막무가내

나가리(流れ, ながれ): 유찰, 깨짐

구루마(くるま): 손수레, 수레 달구지

노가다(土方, どかた): 노동자, 노무자, 막일꾼, 막벌이꾼

나라시(均し, ならし): 고루 펴기

나라비(並び, ならび): 줄 서기

삐끼(引き, ひき): (손님) 끌기

이지메(苛め, いじめ): (집단) 괴롭힘

가다마이(片前, かたまえ): 싱글 양복

소데나시(袖無し, そでなし): 맨팔(옷), 민소매

지라시(散らし, ちらし): 선전지, 낱장 광고

후카시(吹かし, ふかし): 과시, 허풍, 티 냄, 폼 잼

독꾸리(德利, とっくり): 아가리가 잘록한 술병

몸뻬(もんぺ, もんぺい): 작업복 바지, 허드레 바지

시다바리(下張り, したばり): 보조원

시아게(仕上げ): 마무리, 완성, 끝손질, 됨됨이

다라이(たらい): 큰 대야, 함지박

데모토(手元): 곁꾼, 보조공, 허드레 일꾼, 조수

---

20) 일본어 'むてっぽう(無鉄砲)'의 한글 표기는 외래어표기법 문교부 고시 제85-11호 (1986. 1. 7)의 외래어표기법 규정을 따르면 '무텟포'이지만, 국립국어원의 『일본어투 용어 순화 자료집』(2005)에 따라 '무뎃뽀'라고 표기한다. 이하 '뗑깡(癲癇)', '노가다(どかた)'의 표기도 마찬가지다. 서구식 일본어인 テンプラ(天麩羅)의 표기도 '덴뿌라'(송민, 1988) '덴푸라'(『일본어투 용어 순화 자료집』) '덴뿌라'(『매일경제』 2006. 12. 9) 등 여러 가지이지만 이 책에서는 인용 자료에 나와 있는 표기를 그대로 따르기로 한다.

하코(짝/방)(箱): 상자, 갑, 곽, 궤짝

히야시/시야시(冷やし): 차게 함

번역투는 결코 외생적이지도 이질적이지도 않으며 오히려 정체성을 찾는 우리 사회를 가장 잘 상징하는, 우리 언어에서 가장 한국적인 부분이라고 말한 복거일(1998: 131~132)은 '사라'는 접시와 완전한 동의어가 아닌 큰 접시를 뜻하는 것으로서 반세기 동안 살아남음으로써 됨됨이와 쓸모를 충분히 증명한 셈이므로 우리 언어의 한 부분이 될 자격을 허용하는 것이 온당하지 않겠냐고 했지만, 나는 이에 동의하지 않는다. 일본어 '사라'는 반드시 큰 접시를 의미하는 것이 아니며, 우리말 '접시'로 대체해도 전혀 손색이 없고, 경우에 따라 '큰 접시', '작은 접시'로 구분하여 쓰면 된다. 게다가 복거일은 '쓰리, 네다바이, 나와바리, 와이로, 히야카시' 등을 우리 일상에서 쓰이는 좋은 일본 말의 예로 들었으나 여기에는 더욱 동의할 수 없다. 그의 주장대로 일본 도시 서민들의 문화가 서린 '쓰리'를 우리말 '소매치기'로 바꾼다고 해서 과연 그 긴박한 현장감이 떨어질까? 번역투의 사용은 단순히 우리 국어의 발달을 저해하고 어휘 체계에 영향을 끼치는 것뿐만이 아니라 우리 문화, 우리의 언어 의식에까지 영향을 미친다. 그러나 '비행기'를 '날틀'로, '불완전명사'를 '안옹근이름씨'로 바꾸거나, '자외선'을 '넘보라살'로 '공처가'를 '아내 무섬쟁이', '러시아워'를 '혼잡시간'으로 바꿔 부르는 것은 아직은 인지도 면에서나 국민 정서상 논의의 여지가 있다고 본다.

다음 예는 지금도 일상생활에서 가끔 들을 수 있는 말로, 고유 일본어가 우리 일상 언어에 뿌리내린 정도가 얼마나 심각한지를 보여준다.

"야, 웬일이냐? 네가 기마이[きまえ]를 쓰다니!"
"그 사람 아쌀해서 좋아."
"야야, 변명은 집어치우고 앗사리あっさり 못하겠다면 못하겠다고 말해!"
"어디서 야리꾸리遣り繰り한 냄새가 나는데 너 방귀 뀐 거 아니냐?"
"요즘 장사가 어떤가?" "응, 똔똔とんとん이야."
"그 사람 유도리ゆとり 라고는 하나 없어. 완전 또바기야."
(『빠꾸와 오라이』, 149, 206, 171)

일러스트 작가, 만화가, 야구팀 만들기까지, 박광수는 지금까지 살면서 본인이 하고픈 걸 모두 다 했다. '무대뽀' 정신의 결과다.
지금 운영하고 있는 소주집 역시 '무대뽀' 정신으로 오픈했다.(『레이디경향』 2007. 6. 13)

はい、刺身も良く食べるようになりました。
네, 사시미도 잘 먹게 되었습니다. (韓日竝列Corpus檢索, 이하 출처도 같은 곳)

다음 예는 고유 일본어를 우리말로 제대로 번역한 예이다.

親譲りの無鉄砲で子供の時から損ばかりしている。
부모에게 물려받은 무모한 성격으로 어렸을 때부터 손해만 보고 있다.

おれみたいのような <u>無鉄砲なもの</u> をつらまえて、生徒の模範になれの、一校の師表と仰がれなくてはいかんの、学問以外に個人の徳化を及ぼさなくては教育者になれないの、と無暗に法外な注文をする。

나와 같은 <u>무모한</u> 자를 붙잡고서 학생의 모범이 되라는 둥 전교의 사표로 우러러보이게 하라는 둥, 학문 이외에 개인의 덕화를 미치지 않으면 교육자는 못 된다는 둥, 무턱대고 엄청난 주문을 한다.

タイの <u>刺身</u> を食べたいのですが。
도미 <u>회</u> 먹고 싶은데요.

堀田がおれを<u>煽動</u>して<u>騒動</u>を大きくしたと云う意味なのか、あるいは堀田が生徒を煽動しておれを<u>いじめ</u>たと云うのか方角がわからない。
훗타가 나를 선동해서 사건을 크게 만들었다는 뜻인지, 혹은 훗타가 학생을 선동해서 나를 <u>못살게 굴었다</u>는 것인지 갈피를 못 잡겠다.

일본어의 대량 유입으로 편리해진 점도 있겠으나, 일본어가 일상 대화에서 자연스럽게 쓰일 정도로 우리 언어생활은 왜곡되고 비속화되었다. 언어는 생각과 느낌을 전달하는 수단일 뿐 아니라 민족정신을 고스란히 반영하는 그릇이기도 하며, 끊임없이 변화하는 한 민족의 사회상과 문화와 역사를 창조하고 지탱하는 힘이다. 학자나 작가, 기자, 번역자 등 늘 글을 접하며 생활하는 사람부터 사명 의식을 갖고 우리말을 아름답게 지키고 가꾸는 데 앞장서야 한다.

한 예로 '노견路肩'이라는 말은 일본에서 영어 'road shoulder'를 직역하여 쓴 말인데, 우리는 이 말을 일본에서 들여와 다시 우리말로 '길어깨'라는 희한한 말로 번역하여 쓰기도 했다. 다행히 1991년 이어령 당시 문화부장관이 '길어깨'의 문제점을 지적하고 '갓길'이라는 순우리말을 만들어 지금은 우리 모두가 '갓길'이라는 아름다운 우리말을 쓰고 있다. 일본 한자어 '노견路肩'을 순화한 우리말로는 '갓길' 외에도 '길섶', '길턱'이 있다. 우리가 일상생활에서 알게 모르게 사용하는 '노견'과 같은 수많은 일본어투 용어를 우리말로 고쳐 쓰거나 새로 만들려는 노력과 관심을 기울인다면 '갓길' 같은 아름다운 순우리말이 일본어투 용어를 밀어내고 제자리를 잡아갈 수 있을 것이다.

'잉꼬'는 중국 말(일본식 외래어)

일본어가 우리말에 끼친 간섭의 한 유형으로 일본식 발음의 서구 외래어가 있다. 일본은 개화기에 근대 중국어, 포르투갈어, 스페인어, 네덜란드어, 영어, 독일어, 프랑스어, 그리스어 등을 많이 받아들였다. 이러한 서구 외래어들이 일본을 거쳐 우리나라에 들어왔다. 외래어란 어느 언어에나 존재하기 마련이며, 외래어를 수용하는 목적은 언어 체계의 공백을 메우고, 학술·문화·문명의 개념을 수용하기 위해서이다. 우리말에 없는 어휘 체계 보완이라는 장점 또한 있기 때문에 일본식 발음의 외래어라 하여 무조건 배척할 필요는 없다. 그러나 비속어화하거나 혼종화混種化한 외래어는 언어 순화의 차원에서나 교육적 측면에서도 바로잡아 다듬을 필요가 있다.

다음의 말들은 원래 서구어이지만 우리나라 사람 중에는 일본 말인 줄 알고 있는 사람도 많다.(김광해, 1995: 14) 다음 〈표 3〉은 송민(1988;

1989)이 제시한 예에 내가 추가로 조사한 단어를 덧붙인 것이다.[21]

〈표 3〉 일본식 외래어

어원	일본식 외래어	
중국어	잉꼬いんこ(鸚哥)[22] 고타쓰こたつ(火燵)[난방 장치] 단스たんす(簞笥)[장롱 혹은 옷장] 만두まんじゅう(饅頭) 짬뽕ちゃんぽん[24]	우동うどん(饂飩)[23] 장껜じゃんけん(石拳) 당면はるさめ(唐麵) 라면ラーメン(拉麵)
그리스어	히로뽕ヒロポン[25]	
포르투갈어	카스테라カステラ(pão de castella)[26] 가루다カルタ(carta)[딱지] 담배たばこ(tabaco) 빵パン(pão) 보탄ボタン(botão)[단추] 조끼チョッキ(jaque)[덧옷] 조로ジョウロ(jorro)[물뿌리개]	갓빠かっぱ(capa) 사봉シャボン(sabão)[비누] 덴뿌라テンプラ(têmporas)[27] 비로드ビロード(veludo) 나사ラシャ(raxa) 자몽ザボン(zamboa)

21) 일본어, 원어, 단어 설명은 내가 추가하였다.
22) '일본식 외래어(원어)[단어 설명]' 순이다.
23) 일본 국수인 우동은 7~8세기경 나라奈良 시대에 당나라에서 전해진 것이다. 중국의 온주溫州 지방에서 생겨난 음식으로 뜨거운 국물에 말아먹었다고 한다. 뜨겁게 먹는다는 뜻으로 온돈饂飩(うんどん)이라 했는데, 점차 형태가 변하면서 지금과 같은 우동うどん으로 바뀌었다고 한다.(박숙희, 1996: 23) 국립국어원의 『일본어투 용어 순화 자료집』(2005)에서는 '우동'을 반드시 바꿔 써야 하는 일본어투 용어로 지목하여 우리말로 '가락국수'를 제시했다.
24) 1957년 한글 『큰사전』까지는 없었는데, 1961년부터의 『민중 국어대사전』 1·2·3판과 1974년 『새우리말큰사전』, 1999년 『표준국어대사전』에 하나같이 그 말밑을 '(일, チャンポン)', '(일, ちゃんぽん)', '(일, champon)'이라고 일본 말로 다루고 있다. 일본에서는 1998년 『고지엔』 5판에서 "참화攙和라는 중국어의 음이 변한 것이라고도 하고 말레이시아 말에서 유래한 것이라고도 함"이라고 어렴풋이나마 그 어원을 밝혀놓았다. 이것은 1967년 일본 『외래어사전』에 나오는 'チャンポン・ちゃんぽん(中, 攙和, Chanho)'이라는 어원 표기를 따른 것이다.(권재일 외, 2005: 88)
25) 'ヒロポン(히로뽕)'은 대일본제약大日本製薬에서 만든 상표 이름으로, 어원은 그리스어

어원	일본식 외래어	
스페인어	메리야쓰メリヤス(medias)28)	
네덜란드어	잉끼インキ(ink)[잉크]	깡통かん(kan)
	칸데라カンテラ(kandelaar)	곱뿌コップ(kop)[컵]
	가라스ガラス(glas)[유리]	고무ゴム(gom)
	소오다ソーダ(soda)	뻥끼ペンキ(pek)
	뽐푸ポンプ(pomp)	비루ビール(bier)[맥주]
	마도로스マドロス(matroos)	임파선リンパせん(lymph)
	렛델レッテル(letter)[라벨]	에키스エキス(extract)
	핀트ピント(brandpunt)	호열자コレラ(cholera)
	란도셀ランドセル(ransel)[(초등학생용 메는) 가방]	

philo와 ponos의 합성어이다.
26) 어원은 에스파냐의 옛 지방인 카스티야를 포르투갈어로 읽은 것이며, 그곳에서 만든 과자를 그대로 '카스틸라'라 하였다.
27) 영어로는 'Tempura', 한자로는 '天麩羅', 우리말로는 '튀김'이다. 포르투갈어로 조미료를 의미하는 '템페로tempero'에서 왔다고도 한다. 그러나 덴뿌라의 어원에는 여러 설이 있다.
  덴뿌라의 어원은 튀김이라는 말과는 전혀 상관이 없는 '계절' 이라는 의미의 라틴어이다. 일본은 1570년 나가사키長崎항을 서양에 개방했다. 그러자 포르투갈인과 네덜란드인이 먼저 일본에 들어왔다. 특히 선교사들이 일본에 거주하면서 적극적으로 선교 활동을 벌였다. 이 무렵 일본에 들어온 '예수회' 소속 포르투갈 선교사들이 덴뿌라를 전파시켰다는 것이 일반적인 정설이다. 가톨릭에는 '사계재일四季齋日'이 있다. 라틴어로는 '콰투오르 템포라Quatuor Tempora'라고 하는데, 이날 포르투갈 선교사들이 기름으로 새우와 같은 어류를 튀겨 먹으니까 일본 사람들이 신기해서 무슨 음식이냐고 물었다. 일본 사람들은 포르투갈 선교사가 말하는 '콰투오르 템포라' 중에서 핵심 단어가 '템포라'라고 생각했고 그래서 이 말을 새우나 야채를 튀길 때 사용하기 시작했다. 이것이 오늘날 '덴뿌라'의 유래다. '콰투오르'는 라틴어로 4를 뜻하는 말이고 '템포라'는 계절을 의미한다. 따라서 덴뿌라의 어원을 거슬러 올라가면 계절이라는 뜻이 된다. 또 다른 설은 포르투갈 선교사들이 선교 활동의 수단으로 튀김 요리를 사용하면서 생겼다는 것으로, 절을 뜻하는 'Temple'에서 덴뿌라가 유래했다는 것이다.(「알고 먹으면 더 맛있다. '덴뿌라'의 어원」, 『매일경제』, 2006. 12. 9 참조)
28) '메리야쓰'의 어원은 원래 '중간'을 뜻하는 스페인어의 'media'라는 단어에 '발' 또는 양말을 뜻하는 'calzas'가 복합된 'medias calzas'라는, '다리 중간까지 오는 양말'을 뜻하는 명사구이다. 일본어에서는 후속 명사 'calzas'를 끊고 나서(클리핑clipping 현상), 전치 관형사격인 스페인어의 'medias'나 포르투갈어의 'meias'만을 단어의 어원으로 삼아 일본식으로 표음하여 '메리야쓰メリヤス'를 조어한 것이다. 이러한 복잡한 경로를 거친 '메리야쓰'가 한국어에도 도입되어 통용되고 있다.(伊達丈浩, 1998: 91)

어원	일본식 외래어	
영어	구락부クラブ(club) 사라다サラダ(salad) 세타セーター(sweater) 도라쿠トラック(truck) 빠다バター(butter) 빤스パンツ(pants) 남포ランプ(lamp) 빠꾸バック(back) 후라이팬フライパン(fry pan) 와이샤쓰ワイシャツ(white shirt) 다스ダース(dozen) 구리무クリーム(cream) 데파토デパート(department) 스덴ステンレス(stainless) 추리닝チュレーニング(training) 조끼ジョッキ(jug)[손잡이가 달린 큰 컵] 빠찌バッジ(badge) 샷다シャッター(shutter) 반도バンド(band)	구리스グリース(grease)[윤활유] 샤쓰シャツ(shirt) 타이야タイヤ(tire) 도나스ドーナツ(doughnut) 빵쿠パンク(puncture) 뻰찌ペンチ(pincers) 바께스バケツ(bucket) 밧데리バッテリー(battery) 마후라マフラー(muffler) 다쿠시タクシー(taxi) 칸닝구カンニング(cunning) 도라이바ドライバー(driver) 도란스トランス(transformer) 쓰렛빠スリッパ(slipper) 난닝구ランニング(running shirt) 밤바バンパー(bumper) 샷시サッシ(sash) 화이바ファイバー(fiber) 다시ダッシュ(dash)
프랑스어	쎄무セーム(chamois) 부라자ブラジャー(brassière) 바리깡バリカン(bariquand) 고로케コロッケ(croquette)	즈봉ズボン(jupon) 낭만ロマンチック(romantic) 오믈렛オムレツ(omelette)
독일어	코펠コッヘル(kocher) 스피츠スピッツ(spitz)[개의 한 품종] 멘스メンス(menstruation) 니쿠사쿠リュックサック(rucksack) 데마デマ(demagogie)[헛소문]	

빠꾸와 오라이(일본식 변조 영어)

외래어는 외국에서 직접 차용하는 경우가 많다. 그러나 우리가 쓰는 외래어 중에는 일본을 통해서 들어오거나 우리 스스로 외국어를 토대로 해서 만든 단어도 있다. 다음 말들은 영어에서 유래했으나 영어에서는 쓰지 않는 말들로, 우리가 일본식 발음 그대로 차용하여 쓰고 있는 일본식으로 굴절된 일본식 변조 영어의 대표적인 예이다.

골인(reach the goal)[29]
리어카/리야카(bicycles cart)
백미러(rear-view mirror)
슈크림(cream puff)
사인북/싸인북(autograph album)
올드미스(old maid)
밀크커피(coffee and milk)
비치파라솔(beach umbrella)
커닝(cheating)
마니아(maniac)
네임벨류(well-known name)
탤런트(TV personality, starlet)
오토바이(auto-bicycle)
핸들(steering wheel)
후롯쿠(fluke)

로우틴(early teens)
하이틴(late teens)
샤프펜(automatic pencil)
스프링코트(topcoat)
콘센트(plug socket)
카레라이스(curry and rice)
홈인(reach home)
블라인드(window shade)
데커레이션케이크(fancy cake)
믹서(blender)
샐러리맨(salaried worker)
비닐하우스(plastic greenhouse)
와이셔츠(dress shirt)
공구리(concrete)
아파트(apartment house)

---

[29] '일본식 변조 영어(원어)' 순이다.

에어컨/에아콘(air conditioner)   인텔리/인테리(intelligentsia)
콘도(condominium)   데모(demonstration)
데파트(department)   레지(cashier register)
레자(leather cloth)   크레파스(crayon pastel)
빠꾸(back)   오라이(all right)
함박스텍(hamburger steak)   돈가스/돈까스(pork cutlet)
비후가스/비후까스(beef cutlet)   테레비(television)
플러스알파(plus something, plus extra)
애프터서비스/아프타사비스(after sale service)

다음은 영어 사전에도 없고 의미도 모호한 일본식 변조 영어를 쓰고 있는 신문 기사의 예이다. 아무런 검토나 비판 없이 일본식 변조 영어를 그대로 들여와 쓰는 일은 지양해야 하고 뜻이 분명하고 이해하기 쉬운 우리말을 쓰도록 노력해야 한다.

권태신 국무총리 실장은 18일 세종시 '원안 플러스알파' 뿐만 아니라 '원안 축소 플러스알파'도 불가능하다고 밝혔다. 권 실장은 이날 기자들과 오찬을 함께하는 자리에서 "원안 플러스알파는(타 지역과의 균형 발전을 고려해) 힘들다."면서 "(정부 부처 이전을 축소하고 다른 시설을 유치하는) 원안 축소 플러스알파도 논리적으로 말이 안 된다."고 말했다.(『아시아경제』 2009. 12. 18)

한국의 대표 영화제 '부산영화제'가 미국에 그대로 수출된 셈이다. 개별 화제작의 미국 진출을 넘어 영화제 자체가 미국으로 건너간 첫

번째 경우였다. 그만큼 한국 영화계의 네임벨류가 높아진 것이다.(『중앙일보』 2009. 12. 09)

4) 내 이름을 불러줘 대명사

우리말에서는 주어가 생략되는 경우가 많고, 특히 1인칭과 2인칭 사이의 대화문에서는 화자와 청자 사이에 인지가 가능한 문장의 주어는 생략되는 것이 일반적이다. 인칭대명사의 남용 문제는 명령문을 제외한 모든 문장에 반드시 주어가 있어야 하는 영어를 번역할 경우 특히 주의해야겠지만, 일본어를 번역할 때에도 문장 안의 '私', 'あなた'를 있는 그대로 직역하면 군더더기처럼 느껴져 매끄럽지 못하고 부자연스러운 번역투가 될 소지가 많다.

또한 1920년대 무렵 김동인이 처음 쓴 '그'와 '그녀'는 일본 문인들이 'He'를 '彼(かれ)', 'She'를 '彼女(かのじょ)'로 번역한 것을 본뜬 말이다. 원래 '그[彼]'라는 말은 일본어 대명사 '이(コ)·그(ソ)·저(ア)'와 같은 원칭遠稱으로서 '저것(アレ)'과 마찬가지로 사용되었고, 대부분 물건을 가리켰지 사람을 가리키는 경우는 드물었다. '그[彼]'는 영어의 3인칭대명사 'he'의 번역어로 난학이 활성화된 이후 사용되었고 메이지기 영어학에서 계속 사용됐다. 일본어 '그[彼]'와 영어 3인칭대명사 'he'의 중요한 차이는 'he'는 원칙적으로 발언자와 관계없이 이미 문맥에 나타난 사람을 객관적으로 가리키는 데 비해, '그[彼]'는 발언자의 시점에서 보아 멀리 있는 물건 혹은 사람을 가리킨다는 점이다. '그[彼]'는 근대 일본 소설에 자주 등장하였지만, 오늘날 현대어에서 사용하는 일본어 '그[彼]'는 3인칭대명사의 구실을 하는 경우가 극히 드물며 특정한 사람,

즉 '애인'을 가리키는 의미로 많이 쓰인다.(柳父章, 1998: 55, 56, 146)

요컨대 '그'와 '그녀'는 우리말에 없는 말이었으며 소설가들이 일본 글을 따라 쓴 데에서 생겨난 글말이다. 다음 예는 우리말에서는 김동인이 처음 썼다는 3인칭대명사 '그이'가 나타나는 문장이다. 이 짧은 문장에서도 김동인은 3인칭대명사 '그이'를 다섯 번 반복하고 있다.

> 스승의 방으로 달려 들어온 인화는 그 자리에 엎어졌다. 이제는 더 참을 수도 없었다.
> "선생님, <u>그이</u>는 — <u>그이</u>는 — ."
> 인제는 '사찰'이라 부르기도 싫었다. 재영이는 인화에게는 '<u>그이</u>'이지 결코 '사찰'이 아니었다. <u>그이</u>는 — <u>그이</u>는 — 어떻단 말도 없이 같은 소리를 반복하면서 울었다.(『金東仁全集 6 젊은 그들(下)』, 21)

우리말에서는 다음 대화문처럼 인칭대명사는 생략하거나, 인칭대명사보다는 오히려 명사를 그대로 반복 사용하는 것이 일반적이며 자연스럽다.

> <u>춘삼이</u>의 얼굴에서 <u>춘삼이</u>의 마음을 알아본 <u>인화</u>는 순간 자기의 취할 방향을 작정하였다. 그리고 쓰리고 아픈 마음을 감추고 억지로 미소를 하였다.
> "춘삼이구나."
> "복—돌이."
> <u>인화</u>는 <u>춘삼이</u>에게 가까이 갔다.
> "날 좀 숨겨다고."(『金東仁全集 6 젊은 그들(下)』, 24)

"용아!"

"영팔이 집에 안 갈라냐?"

"개 잡았나."

"음 오래간만에 솟정 풀겄다."

용이는 곰방대를 털고 허리춤에 찌르며 일어섰다.

"우리집 여편네도 아즉 안 왔는데 자네 마누라도."

칠성이 방 쪽을 기웃거려본다.

"오겄지……."

"끝났을 긴데 모여들 앉아서 주둥이 까고 있는갑다."

"……"

"요새도 강짜 부리나?"

"……"(『토지』 1부 1권, 295~296)

"어머니 기시나?"

"응."

"어디 기시노?"

"작은 방에."

"베 짜는 소리도 안 나는데?"

"그냥 앉아서."

"배고파 죽겠다. 밥 좀 주어."

"굶었나?"

"굶었다. 어서 밥이나 주어."(『토지』 1부 2권, 278)

'그'와 '그녀'가 서양 말을 따라가는 말이고 일본 말을 그대로 쓰는 말이라 하여 아예 안 쓸 수는 없는 노릇이지만 불필요한 3인칭대명사 '그'와 '그녀'의 남용도 막고 우리말 어법에도 맞게 다음 일한 번역문의 경우처럼 대명사를 명사로 번역하는 것도 하나의 대안이 될 수 있다.

  부끄럽지 않은 <u>그녀들</u> ⇨ 부끄럽지 않은 <u>그 여인들/그네들</u>
  그때 <u>그의</u> 눈에는 ⇨ 그때 <u>그</u> 눈에는

  彼は笑った。「す、すごい生涯ね。」私は言い、「まだ生きてるって。」
  と <u>雄一が言った</u>。(『キッチン』, 22~23)
  그가 웃었다. 「꾀, 굉장한 생애네」 내가 말했다. 「살아 있는 사람이에
  요」라고 <u>그가 말했다</u>.(『키친』, 22)
  ⇨ "굉장한 생애네."라고 말하니 "아직 살아 있대."라고 <u>유이치가 말</u>
  <u>했다</u>.

5) 더부살이가 좋은 조사

  한국어와 일본어는 문법구조와 표현 구조, 어순, 동일한 한자어 사용 등 언어 운용 면에서 많은 유사성이 있어 일본어를 학습하거나 번역할 경우 도움이 되는 면도 적지 않지만 오히려 그러한 유사성 때문에 오역이나 번역투가 발생할 가능성도 많다. 대표적인 예로 일본어 격조사 'の'와 중첩 조사[30]의 남용을 들 수 있는데, 여기서는 이를 고찰하기로 한다.

---

30) 김광해(1995: 13)가 '조사의 중첩 사용'이란 표현을 썼다.

'만남의 광장'은 '만나는 광장' (격조사 'の')

일본어 격조사 'の'는 한 문장 안에 아무리 여러 번 나와도 부자연스러운 표현이 아니나, 'の'의 번역어인 우리말 관형격조사 '의'는 한 문장에 여러 번 나오면 부자연스러운 표현이 되고 만다. 그러므로 일한 번역 시 'の'는 아예 생략하거나 '~의' 외에도 '~이', '~의 것', '~인', '~하는' 등으로 우리말 어법에 맞게 적절히 바꿔주어야 한다.

일본어 조사 'の'와 한국어 조사 '의'의 차이점은 다음과 같다.

(1) 일본어 조사 'の' 기능

① 주격 조사: 私の作った料理はおいしいです。(내가 만든 요리는 맛있습니다.) 目の大きい少女。(눈이 큰 소녀)

② 동작의 대상: 雨の日には出かけません。(비가 오는 날에는 외출하지 않습니다.)

③ 동작주: 先生の話をよく聞いて下さい。(선생님이 하시는 말씀을 잘 들으십시오.)

④ 관용 표현: 娘が結婚するのしないので、大騒ぎした。(딸이 결혼을 하네 안 하네 하며 큰 소동을 피웠다.)

⑤ 동격: 俳優で早稲田生の広末涼子。(배우이자 와세다생인 히로스에 료코.)

⑥ '~에 관한' 모든 것: 私のこと好き？(나 다 좋아?)

⑦ 준체조사準體助詞

　㉠ もっと軽いのをおねがいします。(좀 더 가벼운/간단한 것으로 부탁합니다.) ⇨ (もの) 음식, 사물

　㉡ 夜、寝るのが遅いです。(밤에 잠드는 시간이 늦습니다.) ⇨

구체적인 일

ⓒ パソコンができるのは山田さんです。(컴퓨터를 할 수 있는 사람은 야마다 씨입니다.) ⇨ (ひと)사람

ⓔ 私のじゃありません。(내 것이 아닙니다.) ⇨ (のもの) 상대가 말한 것을 그대로 받아서 'の'로 표현. 소유격이 아닌 소유대명사의 역할 '나의'가 아닌 '나의 것'

(2) 한국어 조사 '의'의 기능(김형국, 2004)
① 한국어 조사 '의'는 일본어 조사 'の'에 비해 그 쓰임이 적다. 즉 많은 경우 '의'가 생략된다. 한국어 조사 '의'는 선행 명사와 후행 명사의 관계가 의미적으로 '소유주-피소유주', '전체-부분', '친족 관계'일 때에는 생략하는 것이 보통이다.

(예) 옆집(의) 차, 앞집(의) 고양이, 동굴(의) 입구, 철수(의) 누나.

② 일본어에서 'の'가 주격조사 'が'의 의미로 쓰일 때가 있는데, 한국어의 '의'는 그러한 기능을 하는 경우가 거의 없다.

(예) '나의 살던 고향'과 같이 문어체에서 드물게 볼 수 있다.

③ '의'를 생략할 수 없는 경우는 추상화된 표현, 문어적인 표현, 그리고 다른 것과 비교할 경우, 문장의 수식 관계를 명확히 표현해야 할 필요가 있을 경우, 체언과 체언 사이에 다른 관형어가 있을 경우, 뒤 체언이 둘 이상으로 이루어진 경우, 뒤 체언이 명사구인 경우 등에 국한된다.

(예) '내일의 행복', '그림의 떡', '앞의 것', '앞으로의 일', '서울에서의 일', '삼분의 일', '영수의 슬픈 이야기', '오늘의 시장경제', '신라의 삼국 통일', '동물의 먹고 먹힘', '예술의 아름다움'

④ 더욱이 동격 관계를 포함하는 부가적인 수식 관계에서는 '의'를 쓰지 않고 지정사 '~이다'의 관형형인 '~인'을 사용한다.
(예) '내 친구인 영희'

따라서 다음 예문(황찬호 外, 1988: 151~152)과 같이 일본어 'の'와 한국어 '~의'가 일대일대응이 되지 않는 경우의 용법을 번역자는 숙지할 필요가 있다.

食物のいたみやすい季節(주격) ⇨ 음식이 상하기 쉬운 계절
お茶の飲みたい人(동작의 대상) ⇨ 차를 마시고 싶은 사람
きれいなのを下さい。(준체조사) ⇨ 깨끗한 것을 주시오.
雪のようなはだ。 ⇨ 눈(*의) 같은 피부 ⇨ 눈 같은 피부
社会のためにはたらく。 ⇨ 사회(*의) 때문에 일한다. ⇨ 사회를 위해서 일한다.
ナイロンのきもの。 ⇨ 니일론(*의) 옷 ⇨ 나일론 옷
煉瓦の家 ⇨ 벽돌(*의) 집 ⇨ 벽돌집
机の上に本がある。 ⇨ 책상(*의) 위에 책이 있다. ⇨ 책상 위에 책이 있다.

우리말에서 '~의'는 주로 소유의 의미로 쓰인다. 그런데 일본어의 영향을 받아 우리 문장에서 '~의'가 격조사를 대신하거나 심지어는 서술어를 대신해서 쓰이기도 한다. 우리말에서 격조사는 어절의 역할을 정해주는 것으로 문장을 이해하는 데 매우 중요한 역할을 하며 서술어는 문장의 핵심이 되는 어절이다.(이재성, 2006)

몽룡이는 더 나은 미래의 도약을 위해 열심히 노력했다.
⇨ 더 나은 미래로 도약하기 위해

방자는 몽룡의 인간성의 상실을 안타까워했다.
⇨ 방자는 몽룡이가 인간성을 상실한 것을 안타까워했다.

다음 예문에서처럼 일한 번역에서 일본어 격조사 'の'에 우리말 관형격조사 '의'를 그대로 대입하면 직역투의 어색한 문장이 되며, 이는 우리말 어법을 혼란케 하는 일본어 격조사 'の'의 나쁜 영향이라고도 할 수 있다. 우리말에서는 '의'를 생략하는 편이 자연스러운 경우가 더 많다. 예를 들어 '우리의 나라'보다는 '우리나라'가 자연스럽고 '우리의 선생님'보다는 '우리 선생님'이 훨씬 자연스러운 표현이다.

또한 다음 예문 '우리 학교는 건물이 아름답다.'에서처럼 한국어 문장은 이중주어가 예사인데, 문장에 주어가 하나뿐인 영어 문장, 또는 '의'라는 말을 거의 무한으로 열거하는 일본어 문장을 그대로 옮기면 번역투의 부자연스러운 표현이 된다. 반면에 우리말과는 달리 일본어는 조사가 빠지면 품위 없는 말이 된다.(김용운, 1998: 86)

東海の小島の磯の片ほとりわれ泣き濡れて砂とたわむる。 (이시카와 다쿠보쿠石川啄木의 시)
⇒ 동해의 작은 섬의 해변가의 한구석에서 혼자 눈물에 젖어 모래와 장난한다.
⇨ 동해의 작은 섬 해변가 한구석에서 혼자 눈물에 젖어

3장 번역투의 유혹 | 101

キシャノキシャコンヤノキシャデキシャスル。[31]

⇏ 귀사 기자는 오늘 밤 기차로 귀사함.

⇨ 귀사 ㉲ 기자가 오늘 밤 ㉲ 기차로 귀사함.

私達の学校の建物はきれいです。

⇏ 우리㉲ 학교㉲ 건물은 아름답다.

⇨ 우리 학교 ㉲ 건물은 아름답다.

⇨ 우리 학교는 건물이 아름답다.

夫の放屁の わびしい、情けない音をききながら、清子はできることなら教習所に通ってみようかしら、と思った。

남편의 방귀의 초라하고 한심한 소리를 들으며 기요코는 가능하면 교습소에 다녀볼까 하고 생각했다.(『유머 걸작선』, 20)

⇨ 초라하고 한심한 남편의 방귀 소리를 들으며

또한 우리말에서는 앞 체언은 뒤 체언의 관형어가 된다.

서로의 안부를 묻고 난 후, 각자 제자리로 돌아갔다.

⇨ 서로 안부를

우리들의 모두의 이름을 쓸 수 없었습니다.

⇨ 우리 모두의

---

31) 전보문: 貴社の記者今夜の汽車で歸社する。

80년대의 민주화 물결

⇨ 80년대 민주화 물결

조선의 독립국임과 조선인의 자주민임을 선언하노라.

⇨ 조선이 독립국임과 조선인이 자주민임을 선언하노라.

겹치기 출연은 싫어(중첩 조사)

일본어투 조사의 특징으로 격조사 다음에 'の'가 붙는 중첩 조사가 있다. 이러한 중첩 조사는 우리말에 깊숙이 침투된 대표적인 일본어투로 지적된다. 다음 예처럼 일본어에서는 중첩 조사 표현이 어법에 맞고 자연스러우나 중첩 조사를 직역한 우리말 표현은 부자연스럽다. 의미가 같은 말이라면 표현이 간결해야 이해도 쉽고 기억에도 오래 남는다.

友達との約束(친구와의 약속)　　⇨ 친구와 약속
父からの手紙(아버지로부터의 편지)　⇨ 아버지로부터 편지
京都までの運賃(교토까지의 운임)　⇨ 교토까지 운임

일본어 중첩 조사의 예로는 다음과 같은 것을 들 수 있다. '~과의·~와의··~하고의(~との), 까지의(~までの), ~에로의(~への), ~로부터의(~からの), ~들의(~などの), ~로서의(~としての), ~로써의(~をもっての), ~마다의(~ごとの), ~만의(~だけの), ~만큼의(~ほどの), ~(에)서의(~での), ~에 있어서의(~においての)' 등.

다음 예는 K대학교 제49회 추계학술발표회(2009. 11. 28) 주제와 같은 대학 특강(2009. 12. 10) 제목이다. 일본어 중첩 조사 구문이 훤히 들여다보이는 듯한 이러한 표현은 일본어투 영향이라고 할 수밖에 없다.

두 문장 모두 일본어 'の'에 해당하는 '의'를 없애는 것이 명료하고 깔끔하다.

'학문 현상<u>으로서의</u> 학술, 그에 대한 적정성 평가'
⇨ '학문 현상<u>으로서</u> 학술, 그에 대한 적정성 평가'
'변화하는 세계와 <u>국제기구에서의</u> 한국 변호사의 역할'
⇨ '변화하는 세계와 <u>국제기구에서</u> 한국 변호사의 역할'

따라서 일한 번역에서 중첩 조사의 경우 관형격조사 'の'의 우리말 번역인 '의'를 아예 없애거나 다른 말로 바꿔주면 뜻도 분명해지고 이해하기도 쉽다. 다음 예를 보자.

それは、システム、サブシステムがそれまで分担処理している<u>問題からの</u>、一時的緊急解除のシグナルであると同時に、行動基本原則回路一次励起シグナルでもあるわけです。
그것은 시스템, 서브시스템이 그때까지 분담 처리하고 있는 <u>문제로부터의</u> 일시적 긴급 해제 신호임과 동시에 행동기본원칙회로의 제1차 기저 신호이기도 합니다.(『중요한 부분』, 164)
⇨ 분담 처리하는 <u>문제로부터</u>

財政の逼迫は、<u>これからの</u>大学経営に大きく関わってくる問題である。
재정 핍박은 <u>앞으로의</u> 대학 경영에 크게 관련되는 문제입니다.
⇨ 앞으로 대학 경영에(韓日竝列Corpus檢索)

作家としての矜持が脆くも崩れ、底なしの闇に沈んでいくような気がしてからだが震えた。(『命』, 48)
작가로서의 긍지가 하루아침에 맥없이 무너지고, 밑도 끝도 없는 암흑 속으로 가라앉는 것 같은 느낌이 들면서 몸이 마구 후들거렸다.(『생명』, 73)
⇨ 작가로서 긍지가

すべての国民は、人間としての尊厳及び価値を有し、幸福を追求する権利を有する。
모든 국민은 인간으로서의 존엄과 가치를 가지며, 행복을 추구할 권리를 가진다.
⇨ 모든 국민은 인간으로서 존엄과 가치를 가지며,

だがそのインテリ夫人としての誇りが山川家の引越しによってすっかり、くつがえされたからである。
그런데 그 인텔리 부인으로서의 긍지가 야마카와 집안이 이사해 옴으로써 완전히 뒤집혔기 때문이다.(『유머 걸작선』, 11)
⇨ 그 인텔리 부인으로서 긍지가

リトミックは、こんなふうに、体と心にリズムを理解させることから始まり、これが、精神と肉体との調和を助け、やがては、想像力を醒し、創造力を発達させるようになればいい、という考えのものだった。(『窓ぎわのトットちゃん』, 122)
리드미크는 이런 식으로 몸과 마음에 리듬을 이해시키는 것에서부터 시작하여 이것이 정신과 육체와의 조화를 도와, 이윽고 상상력을 깨우치고 창조력을 발달시키게 되었으면 하는 발상에서 만들어진 것이었다.(『창가의 토토』, 96)
⇨ 이것이 정신과 육체의 조화를 도와,

정의와의 투쟁에서 ⇨ 정의와 투쟁에서
마음으로부터의 선물 ⇨ 마음의 선물
전통에의 복귀 ⇨ 전통으로 복귀
바다와 강으로부터의 일정한 거리 안에서는 ⇨ 바다와 강에서 일정한 거리 안에서는
행복에로의 가는 지름길 ⇨ 행복으로 가는 지름길
유학생으로서의 그의 한국 생활은 ⇨ 유학생으로서 그의 한국 생활은
타고난 저마다의 소질을 계발하고 ⇨ 저마다 타고난 소질을 계발하고
선거에서의 패배 ⇨ 선거에서 패배
아버지로부터[32]) 재산을 물려받았다. ⇨ 아버지한테서 재산을 물려받았다.

'~와의', '~로부터(의)', '~에의', '~에로의', '~으로서의', '~에서의' 등의 표현이 비문법적인 것은 아니나 자연스럽지 못하고 어색한 느낌이 드는 것은 분명하다. 이러한 표현은 문장의 가독성을 떨어뜨릴

---

32) '~로부터'를 무의식적으로 쓰는 것은 영어 공부를 하면서 'from~'을 '~로부터', 'from~ to~'를 '~로부터 ~까지'로 단순 번역하는 데 익숙한 탓이라고 보는 사람들도 있고, '~로부터 ~까지'를 뜻하는 일본어 '~から ~まで'의 영향을 받았다고 보는 사람들도 있다.(배상복, 2004)

수 있으므로 일한 번역문에서뿐만 아니라 평소 우리말을 쓸 때도 가급적이면 이러한 표현을 피하고 간결하고 우리말을 써야 한다.

6) 줄여 쓰면 좋은 말(일본식 후치사)

일본식 후치사란 격조사 'に'에 일반 동사의 연용형連用形[33]이나 '～て 형' 혹은 동사의 연체형連体形[34]이 어울려 문법화·특수화한 형태이다. 후치사는 일본어에서 매우 폭넓게 나타나며, 국어에도 유입되어 동일한 형태·의미·기능으로 쓰이고 있다. 이는 일본어의 문법적 간섭이라 할 수 있다.(김문오·홍사만, 2003: 330)

일본식 후치사에는 '～에 대해서(～に対して, ～について)', '～에 관해서(～に関して, ～について)', '～에 있어서(～において, ～における)', '～에 의하여(～によって, ～に依って, ～に因って)', '～에 응하여/따라서(～に応じて)', '～에게 있어서(～にとって)' 등이 있다.

'～に対して(～에 대해서)'

우리말 '대하다'에는 ① 마주 향하여 있다 ② 어떤 태도로 상대하다

---

[33] 동사의 연용형이란 동사의 여섯 가지 활용형, 즉 미연형未然形, 연용형連用形, 종지형終止形, 연체형連体形, 가정형假定形, 명령형命令形 중 하나로, 동사에 '～ます'를 붙이는 형태라고 해서 'ます 형'이라고도 한다. 용언(동사 형용사)에 붙으며, 문장을 일시 중지하기도 하고 명사 꼴로 사용되기도 한다. (예) 学校へ行き、先生に会う。(학교에 가 선생님을 만나다.)/ 咲き散る。(피고지다)

[34] 동사의 여섯 가지 활용형 중 하나인 동사의 연체형은 체언(명사 대명사 수사)에 붙는다. 형태는 동사의 보통체(辞書形)/ 과거형(た形) / ている形 + 명사. (예) 咲く花。(피는 꽃)/ 市庁に行くバスはどれですか。(시청 행 버스는 어느 것입니까?)/ これは昨日買った服です。(이것은 어제 산 옷입니다.)/ 今電話をかけている人が鈴木さんです。(지금 전화를 거는 사람이 스즈키 씨입니다.)

③ 대상이나 상대로 삼다의 뜻이 있다.(『표준국어대사전』) 그러나 우리말 '대하다'는 ①과 ②의 의미 외에 ③의 의미로 '~에 대해서', '~에 대하여'라는 활용형으로 잘 쓰이지 않는다. '~에', '~에게'라고 격조사를 써야 할 곳에 '~에 대해서/대하여', '~에게 대해서/대하여'를 무의식적으로 남용하는 경향이 있으므로 줄여 써야 한다.

예를 들어 일본어 '次の質問に対して答えなさい。'는 '다음 질문에 대해 답하시오.'보다는 '다음 질문에 답하시오.'라고 번역하는 것이 군더더기 없는 바람직한 번역이다. 영어 'for', 'about', 'as regards', 'regarding', 'concerning', 'in respect of' 등이나 일본어 '~に対して'를 그대로 옮긴듯한 '~에 대해서/대하여'는 다음 우리말 예문에서처럼 목적어 형태로 바꾸는 것이 자연스러운 경우가 많으며, 다른 표현이 더 어울리거나 아예 없어도 될 때도 있다. 목적어, 주어 등 다른 말로 바꾸어주거나 불필요한 경우에는 삭제하거나 자주 쓰지 않도록 노력할 필요가 있다.

"사랑이란 무엇인가에 대해 정의하기는 어려운 일이며, 굳이 사랑에 대해 정의할 필요도 없다. 자신의 방식에 따라 나름대로 사랑에 대한 정의를 내리기 때문이다."
⇨ 사랑이란 무엇인가를 정의하기는 어려운 일이며, 굳이 사랑을 정의할 필요도 없다. 자신의 방식에 따라 나름대로 사랑을 정의하기 때문이다.(『배상복 우리말 칼럼』, 2004. 8. 30)

다음 예는 '~に対して'의 번역투인 '~에 대해(서)' 부분을 자연스런 우리말 표현으로 고쳐본 것이다.

妻にだけでない、ほかの女に対して狂おしいまで嫉妬している自分の子どもを身ごもった女に、興信所を持ち出して忿懣を打つける男の感受性のなさに、わたしは話す気力さえうしなってしまった。(『命』, 48)

아내뿐만 아니라 다른 여자에 대해서도 미친 듯이 질투하고 있는 자신의 아이를 임신한 여자에게 흥신소를 들먹이며 분통을 터트리는 그의 결여된 감수성에, 나는 얘기할 기력조차 잃고 말았다.(『생명』, 74)

⇨ 아내뿐만 아니라 다른 여자한테도 미친 듯이 질투하고 있는,

「あなたは人生に対して恐怖を感じるということはないんですか？」と僕は訊いてみた。「あのね、俺はそれほど馬鹿じゃないのよ」と永沢さんは言った。「もちろん人生に対して恐怖を感じることはある。そんなのあたり前じゃないか。ただ俺はそういうのを前提条件としては認めない。(『ノルウェイの森(下)』, 102)

"선배님은 인생에 대해 공포를 느낄 때가 없어요?" 하고 나는 물어보았다. "이봐, 나도 그렇게 바보는 아니라구" 하고 그가 말했다. "물론 인생에 대해 공포를 느낄 때가 있어. 그건 당연하잖아. 다만 나는 그런 걸 전제 조건으로 인정할 수는 없어."(『상실의 시대』, 314)

⇨ "선배님은 인생에 공포를 느낄 때가 없어요?" 하고 나는 물어보았다. …… "물론 인생에 공포를 느낄 때가 있어.

痩せこけた、小柄なエドの挑戦に対して、あの「狂った機械」が、たじろぎ、あとずさりしたのだ。

앙상하고 몸집이 작은 애드의 도전에 대해 그 '미친 기계'가 기가 질

3장 번역투의 유혹 | 109

려 뒷걸음을 친 것이다.(『중요한 부분』, 148)

⇨ 애드의 도전에

'~について(~에 대해서, ~에 관해서)'

우리말에 '~에 대해서', '~에 관해서'라는 표현이 늘어난 것은 일본식 후치사 '~について'의 영향이 크다고 볼 수 있다. 일본어 '~について'를 그대로 옮긴듯한 이러한 표현은 '~에', '~에는' 등의 간결한 표현으로 바꾸거나 불필요한 경우에는 삭제하거나 다양한 표현으로 대체할 필요가 있다.

父親はそれについてはとくに感想は持たなかったようだった。あるいは緑の言ったことを全く理解してなかったのかもしれない。(『ノルウェイの森(下)』, 76~77)

그러나 그녀의 아버지는 거기에 대해서는 별다른 생각이 없는듯했다. 혹은 그녀가 한 말을 전혀 이해하지 못하고 있었는지도 모른다.(『상실의 시대』, 292)

⇨ 거기에는 별다른 생각이 없는듯했다.

あなたは、この千ドルのかたをつけたら、早速、その使途について、私どもに報告しなければならんことになっております。

당신은 이 천 달러를 다 쓰면, 즉시 그 용도에 대해서 저희에게 보고하지 않으면 안 되게 되어 있습니다.(『오 헨리 걸작선』, 137)

⇨ 즉시 그 용도를 저희에게 반드시 보고하도록 되어 있습니다.

生理的欲望についてはさながら「恥ずかしいもののように眼をつぶっている」。しかしこれは人間の観察する上で片手落ちではないかと言う御意見でありました。
생리적 욕망에 관해서는 마치 "수치스러운 것처럼 눈을 감고 있다". 그러나 이것은 인간을 관찰하는 데 있어서 공평하지 못한 것이 아닌가라는 의견이었습니다.(『유머 걸작선』, 156)
⇨ 생리적 욕망에는 마치

'~において(~에 있어서)'

일본식 후치사 '~において'를 우리말로 그대로 옮긴 '~에 있어(서)'는 글의 가독성을 떨어뜨리는 군더더기 표현일 뿐만 아니라 대부분 없어도 의미 전달에 아무런 지장이 없다. '~에게 있어서', '~함에 있어서'는 다음 예처럼 '~에', '~데', '~에서', '~에게', '~의', '~이', '~할 적에/때', '~의 경우는' 등으로 문맥에 맞게 번역한다.

おれの眼は恰好はよくないが、大きい事においては大抵な人には負けない。
내 눈은 잘생기지는 않았어도, 크기로 해서는 웬만한 사람에게는 지지 않는다.(韓日竝列Corpus檢索, 이하 출처도 같은 곳)
⇨ 내 눈은 잘생기지는 않았어도, 크기에서는/크기는 웬만한 사람에게는 지지 않는다.

この場合には、いかなる時点においても停止することができる。
이 경우에는, 어떠한 시점에 있어서도 정지할 수가 있다.

⇨ 어떠한 시점에서도 정지할 수가 있다.

일본 법률 문장에서 많이 쓰이는 '場合ニオイテ'는 우리 법률 문장에서는 '경우에'로 번역되어 문제가 되지 않는다. 문제가 되는 것은 다음과 같은 예이다.(박갑수, 2006: 12)

아래 두 문장은 우리 법률 문장인데 일본 법률 문장의 '~において'를 우리말로 그대로 옮긴 일본어투 표현이라 할 수 있다. '~において'의 번역인 '~에 있어서'는 글을 늘어지게 하므로 짧고 간결하게 다듬는 것이 좋다.

民法 제80조 ② 그 재산을 처분할 수 있다. 그러나 사단법인에 있어서는(社団法人ニ在リテハ) 총회의 결의가 있어야 한다.
⇨ 사단법인은(사단법인의 경우는) 총회의 결의가 있어야 한다.

民法 제1113조 ① 유류분은 피상속인의 상속 개시 시에 있어서 가진 재산의 가액에 증여재산의 가액을 가산하고 채무의 전액을 공제하여 이를 산정한다.
⇨ 피상속인의 상속 개시 시에

当事国の間の関係において適用される国際法の関連規則。
당사국 간의 관계에 있어서 적용되어지는 국제법의 관련 규칙.(韓日竝列Corpus檢索, 이하 출처도 같은 곳)
⇨ 당사국 간의 관계에서 적용되는 국제법의 관련 규칙.

政府は、前項の場合において不承認の議決があったときは、遅滞なく、第七項の国際平和協力業務を終了させなければならない。
정부는 전항의 경우에 있어서 불승인의 결의결의가 있은 때에는 지체 없이 제7항의 국제 평화 협력 업무를 종료하지 않으면 아니 된다.
⇨ 전항의 경우에서 불승인의 결의결의가 있은 때에는

ただし、1(a)の場合において条約に別段の定めがあるときは、この限りでない。
단지, 1(a)의 경우에 있어서 조약에 별도의 정한 바가 있을 때는, 이에 한하지 않는다.
⇨ 단지, 1(a)의 경우에서 조약에 별도로 정한 바가 있을 때는

すべての加盟国は、その国際関係において、武力による威嚇又は武力の行使を、いかなる国の領土保全又は政治的独立に対するものも、また、国際連合の目的と両立しない他のいかなる方法によるものも慎まなければならない。
모든 회원국은 그 국제 관계에 있어서 다른 국가의 영토 보전이나 정치적 독립에 대하여 또는 국제연합의 목적과 양립하지 아니하는 어떠한 기타 방식으로도 무력의 위협이나 무력행사를 삼간다.
⇨ 모든 회원국은 그 국제 관계에서

'~によって(~에 의해/의하여)'
'~によって', '~に因って', '~に依り', '~に因り'를 '~에 의해/의하여', '~로 인하여', '~에/으로 의거하여' 등으로 직역하면 번역투

로 이어지기 쉽다. '~에 의하면'은 한자어 '依'에 '하다'를 붙인 말로, 여기서 '의하면'을 '따르면'으로 바꿔 쓴 말이 '~에 따르면'인데 본디 '따르다'는 타동사로서 '~를 따르다'가 올바른 표현이다. '~に依って', '~に依り'는 '~을 따르면/따라', '~로(써)' 등으로 번역해야 자연스럽고 '~に因って', '~に因り'는 '~(으)로', '~로 말미암아', '~때문에' 등으로 옮기면 적절하다. 우리말의 부사격조사 '~로'는 원인이나 이유를 나타내는 기능을 하기 때문에 '~로 인하여'는 중복 표현이며 군더더기 표현이다. 다음 일한 번역문은 '~によって'를 자연스러운 우리말로 번역한 예이다.

そう考えることによって、胸のなかに疼いたこの軽い誘惑をうち消した。
그렇게 생각함으로써 가슴속에서 욱신거린 이 가벼운 유혹을 뿌리쳤다.(『유머 걸작선』, 20)

다음은 일한 번역문에 나타난 '~によって'의 직역투 번역을 자연스런 우리말 표현으로 고친 예이다.

信子との出会いによって私は、本当のセックスというものを知ることができた、と言ってもいいでしょう。
노부코와의 만남에 의해서 나는 진정한 섹스라는 것을 알 수가 있었다고 해도 좋을 것입니다.(『잃어버린 과거』, 150)
⇨ 노부코와의 만남으로

安代の話によればこの人形たちは嫁入りの度に家から家へとめぐり、 受け継がれてきたのだという。(『ラブレター』, 11)
야스요의 이야기에 의하면 이 인형들은 며느리를 들일 때마다 물려 주는 것이라고 한다.(『러브레터』, 11)
⇨ 야스요의 이야기로는

'~에 의해/의하여'를 남용하게 되는 것은 일본어에서 자주 쓰이는 '~によって' 또는 영어 피동 구문 'by~' 때문이라는 견해가 있다. '~에 의해/의하여'는 다음 예처럼 아예 없애거나 다른 말로 교체하는 것이 자연스럽다.

融けそうな快楽であった。いや、体はいずれ水に融けてしまうことだろう。しかし、それは体を満たされたことによる快楽によって融け崩れたのと同じことではないか。
녹아버릴 듯한 쾌락이었다. 아니, 몸은 결국 물에 녹아버릴 것이다. 그러나 그것은 몸이 가득 채워짐에 의한 쾌락에 의해 녹아 허물어진 것과 마찬가지가 아닌가.(『중요한 부분』, 36)
⇨ 그것은 쾌락으로 충족된 육체가 녹아 허물어진 것과 마찬가지가 아닌가.

다음 예는 '~によって'의 번역투인 '~으로 인하여', '~에 의하면', '~에 의해' 등을 다양하게 고쳐 쓴 예이다.

죽음으로 인하여 ⇨ 죽음으로

목격자의 말에 의하면 ⇨ 목격자의 말을 따르면
동료들에 의해 소외당하고 있다. ⇨ 동료들에게 소외당하고 있다.

'~にとって(~에게 있어서)'
다음 번역문의 '나에게 있어서'는 '私にとって'를 직역한 전형적인 번역투 표현이다. '~에 있어서', '~에게 있어서', '~함에 있어서'는 '~에', '~에서', '~에게', '~의', '~이', '~할 적에/때' 등으로 문맥에 맞게 수정해야 한다.

私にとって最悪とは信仰を失うことだ。
나에게 있어서 최악이란 신앙을 잃는 것이다.(『북국일기』, 12)
⇨ 내게 최악이란

その死は、人間にとって、それこそ、最後の「義しい努」なのだ。
그 죽음은 인간에게 있어 그야말로 최후의「의로운 책무」인 것이다.(『북국일기』, 74)
⇨ 그 죽음은 인간에게 그야말로 최후의 '의로운 책무'이다.

たしかに久木にとって、いまから一年前の人事異動の衝撃は大きかった。(『失楽園(上)』, 12)
구키에 있어 일 년 전 인사이동의 충격은 대단한 것이었다.(『실락원 1』, 14)
⇨ 구키에게 일 년 전 인사이동의 충격은

私にとって救いだったのは、光枝が私の浮気の相手について詮索しなかったということです。
나에게 있어 다행이었던 것은 미쓰에가 내가 바람피운 상대에 관해서 캐묻지 않은 일입니다.(『잃어버린 과거』, 156)
⇨ 내게 다행이었던 것은

私たち夫婦の場合は、愛情も信頼もないんですから、私の浮気も光枝にとっては大した問題じゃなかたようです。
우리 부부의 경우에는 애정도 신뢰도 없으므로 나의 바람도 미쓰에에게 있어서는 대단한 문제가 아니었던 것 같습니다.(『잃어버린 과거』, 158)
⇨ 미쓰에에게는 대단한 문제가 아니었던 것 같습니다.

そういうことはいずれあなた方にとって悪い母親になるべきことだから、悪い母親になったのよ。
그것은 결국 너희들에게 있어서 나쁜 엄마가 되어야 했기 때문에 나쁜 엄마가 됐던 거야.(『열대수』, 82)
⇨ 너희들에게 나쁜 엄마가 되어야 했기 때문에

人間にとって暗いとか人影の変りなく、立小便のしやすい場所というものがこの世に厳としてあるのですよ。
인간에게 있어서, 어둡다거나 인적이 있고 없고에 상관없이 방뇨하기 쉬운 장소라는 것이 이 세상에는 엄연히 있는 겁니다.(『유머 걸작선』, 144)

⇨ 인간에게

다음은 '~にとって'의 번역투인 '~에 있어(서)', '~에게 있어' 등의 표현을 다양하게 바꿔 쓴 예이다.

나에게 있어 낙선은 ⇨ 나의/나에게 낙선은
백범에 있어서의 민족 ⇨ 백범이 생각한 민족
우리에게 있어 분단은 ⇨ 우리에게 분단은
당신은 나에게 있어 존재의 의미입니다. ⇨ 당신은 내게 존재의 의미입니다.

7) 적당히 '들' 씁시다(복수 접미사 '들')

우리말에서 복수 접미사 '들'을 필요 이상으로 많이 사용하는 것은 일본어의 영향보다는 영어식 표현의 영향이 크다고 할 수 있다. 영어에서는 단수와 복수에 따라 동사의 활용이 달라지므로 명사의 수는 중요한 문법 요소이다. 그러나 영어와는 달리 우리말에서는 단수와 복수 개념이 문법의 제한을 받지 않는다. 단수와 복수를 다 쓸 수 있는 경우라도 단수 표현을 쓰는 것이 오히려 자연스러울 때가 많다. 그러나 영어 문법이나 영어 교육의 영향으로 일한 번역에서도 복수 접미사 '들'을 사용한 부자연스런 우리말 표현이 눈에 많이 띄므로 일한 번역 시 불필요한 복수 접미사 '들'을 사용하지 않도록 주의할 필요가 있다.

성性도 그렇지만 수數 역시 한국어 문법에서는 체계적인 범주가 아니다. 우리말에서 명사가 하나인지 둘인지는 그다지 중요하지 않다. 그

래서 복수를 나타내는 표지인 '들'이 있으나 반드시 붙여야 하는 것은 아니다. 단수나 복수를 나타내는 형태가 구별되기는 하지만, 그런 수 표시가 문법적으로 중요한 구실을 하지 않는다. 또한 한국어 '들'은 사람과 동물뿐 아니라 무생물에도 복수 표지로 쓰지만 일본어에서는 무생물에는 복수 표지를 붙이지 않는다. 즉 우리말로는 '책상들', '책들'을 쓸 수 있지만 일본어로 '机たち', '本たち'란 말은 없다.

그러므로 우리말에서 복수를 표시하기 위해 체언에 '들'을 붙이고 안 붙이고는 특별한 경우를 빼고는 대체로 화자의 선택(마음)에 달렸다. 실제로 양을 나타내는 말을 포함해 구체적으로 수를 나타내는 말이 드러나 있는 경우에는 이 '들'을 안 붙이는 것이 더 자연스럽다. 굳이 수를 드러낼 필요가 없는 경우에 명사를 그냥 단수 형태로 나타내는 것이 일반적이며, 복수라 할지라도 복수 접미사 '들'을 사용하면 오히려 어색한 경우가 있다. '여러 사람이 다쳤대.'가 '여러 사람들이 다쳤대.'보다 더 자연스럽다. '수고들 하세요.' '감기들 조심하세요.' '행복들 하세요.'와 같이 복수가 될 수 없는 단어에 '들'을 붙이는 경우의 '들'은 전제된 주어, 즉 이 말을 듣는 사람이 복수라는 것을 뜻한다. 그러나 여기에서도 반드시 '들'이 필요한 것은 아니다.

'조용히들 하세요.' '집에서들 놀고 있어라.' '많이들 먹어라.' '잘들 해봐라.' '웃지들만 말고 자세히 얘기해봐.' '열심히 일하고들 있습니다.'에서와 같이 명사가 아닌 것에 '들'을 붙이는 경우가 있으며 이 역시 주어가 생략되면서 그 주어가 복수라는 것을 나타내기 위해 빚어진 현상이다. 언어학자들은 이러한 현상을 '들의 복사複写copying'라고 부르기도 한다. '그 아이들은 집에서들 놀고들 있어요.'라거나 '가방들 챙기고들 빨리들 갑시다들.' 같은 문장에서의 '들'의 용법은 유형론적

으로 한국어와 아주 비슷한 일본어에서도 찾아볼 수 없는 한국어만의 독특한 현상이다.(고종석, 1999)

내가 또 그 말에 대해서 뭐라고 하려고 하자 정보과 형사는 씩 웃으면서 대문을 넘어섰다. 형의 친구들이 횃불 대신 모닥불을 피워놓고 막걸리를 마시고 있다가 어이 윤형사 님…… 어쩌구 하면서 <u>알은체들을 했다.</u>(「손목시계에 관한 명상」, 『'93 現代文學賞 受賞小說集』, 217)

곳과 쪽의 대이름씨[대명사]에도 겹셈[복수]을 쓰기는 하지마는, 그 뜻인즉 그 곳과 쪽의 여럿임을 들어내는 것보다, 그 월의 임자 되는 사람이 여럿임을 들어내는 것이니라. 이를테면,
    <u>어데들</u> 가시오?
    <u>이리들</u> 오시오.
에서 "들"이 곳과 쪽의 대이름씨에 붙기는 붙었으나, 그 실상의 뜻은 그 앞의 임자가 되는 말의 겹셈을 나타내는 것이다.(최현배, 1983: 241)

다음 예는 일한 번역문에서 부자연스러운 복수 접미사 '들'의 사용 예이다. 번역문에서 밑줄 친 복수 접미사 '들'을 없애도 문장 이해에 아무런 지장이 없으며 오히려 간결한 표현이 된다.

「<u>ほとんどの男</u>は、子会社に行くと後生大事に大人しくなってしまうが、僕はそうはならん」(『失楽園(上)』, 152)
"이럴 경우 <u>대부분의 사람들</u>은 나중에 편하자고 고분고분하지만 난 그럴 수 없어."(『실락원 1』, 159)

⇨ "이럴 경우 대부분의 사람은 나중에 편하자고 고분고분하지만

父が、突然亡くなった日のことでした。親戚や近所の人たちや、思いがけないことに新聞で名前を見たことのある人や、多くの人たちがお悔やみに来てくださいました。(『「自分の木」の下で』, 192)
아버지가 갑자기 돌아가신 날이었습니다. 친척과 이웃 사람들, 신문에서 이름을 본 적은 있었지만 생각지도 않았던 사람들, 이런 많은 사람들이 애통해하며 찾아왔습니다.(『'나의 나무' 아래서』, 180)
⇨ 이런 많은 사람이 애통해하며 찾아왔습니다.

そのほとんどが樹の親族である。そして樹について充分な記憶を持ち合わせていない連中でもあった。(『ラブレター』, 6)
그 대부분이 이츠키의 친척들이다. 그리고 이츠키에 관해 충분한 기억을 가지고 있지 않은 이들이기도 했다.(『러브레터』, 6)
⇨ 그 대부분이 이쓰키의 친척이다.

毎日何百人という人間が交通事故で死んでいるという統計があるのに、自分だけはその数字の外にいると盲信して、さしたる注意も払わずに外を歩き回っているのは自殺行為だ。(『いま、会いにゆきます』, 189)
날마다 수백 명에 달하는 사람들이 교통사고로 죽어간다는 통계가 버젓이 나와 있는데도 나만은 그 숫자의 범위에 들어가지 않을 거라는 맹신으로 별다른 주의도 기울이지 않은 채 바깥을 태연히 나돌아다닌다는 건 자살행위다.(『지금 만나러 갑니다』, 173~174)

⇨ 날마다 수백 명에 달하는 사람이 교통사고로 죽어간다는 통계가

みんなもお送りしたいでしたが、昨夜おそく寝ておくられないので失礼させていただきました。
모두들 배웅하고 싶어 했습니다마는 어젯밤 늦잠을 자서 일어나질 못하길래 실례하기로 했습니다.(『이즈의 무희』, 72)
⇨ 모두 배웅하고 싶어 했습니다마는

「ここにいるのは、みな、暇はたっぷりありますけどね」(『失楽園(上)』, 167)
"여기 있는 모든 사람들은 시간은 충분히 있는데 말이야."(『실락원 1』, 175)
⇨ "여기 있는 모든 사람은 시간은 충분히 있는데 말이야."

다음은 한일 번역문의 예이다. 우리말 복수 접미사 '들'을 그대로 일본어로 번역한 일본어 번역문의 경우도 자연스럽지 못하다. '우리 식구들은'에서 '식구[家族]'는 집합명사이므로 복수 접미사 '들'이 없어도 복수를 의미하는 데는 변함이 없다. 이를 번역한 일본어의 경우도 'うちの家族の者たち'를 'うちの家族の者'라 해도 복수를 나타내기는 마찬가지이다. 또한 '우리 핏줄들은'에서도 복수를 나타내는 '우리'가 명시되어 있으므로 '우리 핏줄은' 혹은 '우리'를 없애고 '핏줄들은'이라 해도 복수를 나타내는 표현이 된다.

누님들은 괜히 눈물을 질금거렸고, 우리 식구들은 나누어서 택시를

탔다.(「손목시계에 관한 명상」,『'93 現代文學賞 受賞小說集』, 212)
姉たちはわけもなく涙をぼろぼろこぼしたし、うちの家族の者たち
はわかれてタクシーに乗った。(浜之上幸, 1997)

합선이 되었는지 집 안의 모든 불이 나가고 어둠 속에서 우리 핏줄들은 우왕좌왕하기 시작했다.(「손목시계에 관한 명상」,『'93 現代文學賞 受賞小說集』, 244)
ショートしたのか、家の中のすべての電気が消えて、暗やみの中でわが血族たちは右往左往し始めた。(浜之上幸, 1997)

우리말에서는 이야기의 앞뒤 흐름으로 복수임을 짐작할 수 있거나 문장 속에 있는 다른 어휘로 복수라는 것을 알 수 있는 경우 '들'을 붙이지 않는다. 예컨대 수효나 분량, 정도 따위가 일정한 기준을 넘는다는 의미의 복수의 형용사 '많은'이 명시되어 있거나 복수임을 짐작할 수 있는 '우리'라는 말이 있으면 굳이 복수 접미사 '들'을 쓸 필요가 없다. 이 외에도 '모든', '여러', '몇몇', '다수의', '소수의', '대부분' 등이 있을 경우에 복수 접미사 '들'을 쓰지 않는 것이 좋다. 번역문에서 불필요하게 '들'을 사용하면 '들'이 군더더기로 작용해 문장의 간결성이 떨어지고 읽기에도 불편해지므로 절제하는 것이 바람직하다.

2. 표현의 유혹

여기서는 일한 번역의 번역투 유형을 고찰하기 위한 표현의 범위로

'~고 있다' 표현, 피동 표현, 사동 표현, 명사 표현 중 무정명사無情名詞 (무생물 주어) 표현과 의존명사35) 표현, 이중부정 표현, 접속사의 잉여 표현, 기타 표현으로는 '~임에도 불구하고(~にもかかわらず)', '~임 에 틀림없다(~にちがいない)' 표현에 한정하여 살펴보기로 한다.

1) 결혼하고 있습니까?('~고 있다' 표현)

일본어 동사의 기본형(사전형)은 다음 예와 같이 현재 반복되는 습관 이나 진리를 나타내는 경우를 제외하고는 미래 시제를 의미한다. 이처 럼 일본어 동사는 기본형만으로는 현재형을 나타낼 수가 없어 '동사+ ~ている' 형태가 발달했고, ある, いる, わかる, できる(可能形), 要る 등의 일부 상태 동사를 제외한 일본어 모든 동사의 '동사+~ている' 형 은 현재형을 나타낸다.

【미래형】

運動をする　　　　⇨ 운동을 하겠다.
テレビを見る　　　⇨ 텔레비전을 보겠다.

【현재 습관】

毎日 運動をする。　⇨ 날마다 운동을 한다.

---

35) 의존명사는 명사의 한 종류로, 실질적 의미가 희박하고 단독으로 쓸 수 없으나, 형식적으 로 명사의 구실을 하는 것을 말하며 연체수식어와 함께 쓴다. 의존명사 이외의 보통명사 를 실질명사라 부르기도 한다. 의존명사에는 것, 것, 따위, 이, 만큼, 뿐, 대로, 줄, 수, 지, 바, 따위, 등 등이 있다. (예) 今更わびることはあるまい. (새삼스럽게 사과할 필요도 없다.)/ 売ったものに責任を持つ. (판 물건에 책임을 진다.)/ 知らぬふりをする. (모르는 체하다.)

毎日テレビを見る。　⇨ 날마다 텔레비전을 본다.

【현재형】
　　運動をしている。　　⇨ 운동을 한다.
　　テレビを見ている。　⇨ 텔레비전을 본다.

【진리】
　　日は東から出る。　　⇨ 해는 동쪽에서 뜬다.
　　地球は回る。　　　　⇨ 지구는 돈다.

우리말에서 '~고 있다' 표현은 근대국어 이전에는 별로 쓰이지 않다가 현대국어에서 현저하게 늘어났는데, 학교에서 영어의 진행형인 'be+~ing' 구문과 일본어 '동사+~ている' 구문을 가르칠 때 현재형이란 사실을 강조하기 위해 우리말로 '~고 있다'로 해석하던 습관에서 비롯된 것으로 보인다. 위 예문의 일본어 '運動をしている。', 'テレビを見ている。'의 번역은 '운동을 하고 있다.' '텔레비전을 보고 있다.'보다는 '운동을 한다.' '텔레비전을 본다.'가 자연스럽다. 한국어의 시제는 현재와 과거가 기본이며 진행형을 따로 쓰고 있지만 '완료'를 '~었'으로 표현하여 완료 의미의 진행형 형태가 따로 없다.(이익섭·채완, 2002)

그러므로 일한 번역에서 '동사+~ている' 구문을 번역할 때 영어 진행형 'be+~ing' 구문과 일본어의 동작의 진행이나 상태 결과의 계속을 나타내는 '동사+~ている' 구문에 치우쳐서 '~고 있다'로 번역하면 우리말 어법에도 어긋나며 뜻도 통하지 않는 직역투 번역이 된다. 따라서 현재의 상태를 나타내는 일본어 '結婚していますか。'의 번역은 '결혼하고 있습니까?'가 아닌 '결혼했습니까?'이며 마찬가지로 '死んでいます.'도 '죽고/죽어 있습니다.'가 아닌 '죽었습니다.'가 올바른 우리말 번역이다.

다음 예문은 일본어 원문의 '~ていた' 표현을 '~(하)고 있었다'로 번역한 예이다. 단순 과거형 '~였다/했다'로 번역하여도 의미 전달에 전혀 손색이 없다.

マディソン・スクエアのいつものベンチで、ソーピーは、もぞもぞと身体を<u>動かしていた</u>。
매디슨 스퀘어의, 늘 앉는 벤치에서 소피는 꿈지럭거리면서 몸을 <u>움직이고 있었다</u>.(『오 헨리 걸작선』, 114)
⇨ 몸을 <u>움직였다</u>.

私は依然として<u>迷っていたし</u>、一日も早く角川書店と契約している長編小説を書きはじめなければと焦っていたが、その一方で生まれてはじめて味わう甘美な生活、好きなひとの子を孕んだ女の幸福を手放したくないという気持に<u>囚われていた</u>。(『命』, 10)
나는 여전히 <u>망설이고 있었고</u>, 하루라도 빨리 〈카도카와〉 출판사와 계약한 장편소설을 쓰기 시작하지 않으면 안 될 텐데 하고 <u>초조해하고 있었으나</u>, 한편으론 난생 처음으로 맛보는 감미로운 생활, 좋아하는 남자의 아이를 가진 여자의 행복을 놓치고 싶지 않다는 생각에 <u>사로잡혀 있었다</u>.(『생명』, 26)
⇨ 나는 여전히 <u>망설였고</u>, …… 장편소설을 쓰기 시작해야 할 텐데 하며 <u>초조해했으나</u>, …… 행복을 놓치고 싶지 않다는 생각에 <u>사로잡</u>

혔다.

다음 예문의 '~ている'도 대부분의 경우 현재 시제로 번역해도 전혀 의미가 달라지지 않으며 오히려 우리말다운 표현이 된다.

博子は絵を描いている樹を傍で見ているのが好きだった。いまや遺品となってしまったそれらを見ていると忘れかけていた時間が蘇ってくる。ワトソン紙の上を走る鉛筆の音が今しも聞こえてくるようだった。(『ラブレター』, 12)
히로코는 그림을 그리는 이츠키를 옆에서 보고 있는 것이 좋았다. 지금은 유품이 되어버린 그것들을 보고 있자 잊고 있던 시간들이 되살아났다. 와트슨지 위를 달리는 연필 소리가 금방이라도 들려올 것 같았다.(『러브레터』, 12)
⇨ 이쓰키를 옆에서 보는 것이 좋았다. …… 그것들을 보자 잊었던 시간들이 되살아났다.

ふと、島陰の入り江を見ますと、青く、きれいにすんだ湖の中で、八人の、きれいなおとめたちが、さも楽しそうに、水を浴びているではありませんか。
문득 섬 저쪽의 후미를 보니, 푸르고 깨끗이 맑은 호수 속에 여덟 명의 아름다운 아가씨들이 아주 즐거운 듯 목욕을 하고 있는 것이 아니겠습니까.(『모모타로』, 125)
⇨ 목욕을 하는 것이 아니겠습니까.

町の浮浪者たちが、ゴドーという男を待っているんだ。わけもなく、ただ待っている。ゴドーがどういう奴なのか。ゴドーが来ると、どうなるのか、だれもわからない。それなのに、みんなで待っている。

거리의 부랑자들이 고도라는 남자를 기다리고 있다. 이유도 없이 그냥 기다리고 있다. 고도가 어떤 녀석인지, 고도가 오면 어떻게 되는지 아무도 모른다. 그런데도 모두 기다리고 있다.(『기다리는 남자』, 48)
⇨ 고도라는 남자를 기다린다. 이유도 없이 그냥 기다린다. …… 그런데도 모두 기다린다.

「ひどいことになったわ」と呟いたが、もうケン坊は土管のトンネルの中へと、どんどん進んで行っている。
"기가 막히는군." 하고 중얼거렸지만 벌써 겐이는 토관 터널 속으로 척척 나아가고 있다.(『예약석』, 117)
⇨ 토관 터널 속으로 척척 나아간다.

다음 우리말 예문에서도 '~고 있다', '~고 있었다'를 '~한다', '~했다'로 고치면 의미 차이도 없으며 오히려 간결하고 이해가 쉽다.

영희는 저 집에서 살고 있다. ⇨ 영희는 저 집에서 산다.

"업무 시간을 제외한 일과 후 2~3시간씩 시험공부를 하고 있다."
⇨ 시험공부를 한다.

일가 몰살을 각오한 윤씨 부인은 안방에 앉은 채 사태를 <u>기다리고 있</u>
<u>었다</u>.(『토지』 1부 2권, 77)
 ⇨ 사태를 <u>기다렸다</u>.

용이는 눈살을 찌푸린다. 월선이는 고개를 떨구며 <u>걷고 있었다</u>. 흰
명주 수건이 조금 나부꼈다.(『토지』 1부 1권, 160)
 ⇨ 고개를 떨구며 <u>걸었다</u>.

행랑의 뜰은 텅 <u>비어 있었다</u>. 아니 한 사람 간난 할멈이 행랑 뒷마루
앞에서 우물 쪽을 향해 보행 연습을 하는지 입술을 달싹달싹하며 <u>걷</u>
<u>고 있었다</u>.(『토지』 1부 1권, 167)
 ⇨ 행랑의 뜰은 텅 <u>비었다</u>. …… 입술을 달싹달싹하며 <u>걸었다</u>.

구경꾼들은 여전히 시끄럽게 <u>떠들고 있었다</u>.(『토지』 1부 1권, 163)
 ⇨ 시끄럽게 <u>떠들었다</u>.

간밤에 토사곽란을 만나 누워 있는 딸 생각은 조금치도 <u>하지 않고 있</u>
<u>다</u>.(『토지』 1부 1권, 186)
 ⇨ <u>조금치도 하지 않는다</u>

2) 소심한 피동문

우리말에서는 피동 표현을 쓸 때와 능동 표현을 쓸 때가 구분되어 있
다. 능동 표현이 행동 주체를 부각하기 위해 이를 주어로 표현하는 방식

이라면 피동 표현은 피행동주를 부각하기 위해 이를 주어로 표현하는 방식이다. 그런데 우리는 능동 표현으로 써야 할 것을 피동 표현으로 쓰는 경우가 많다. 그것은 오랜 영어 교육으로 무생물 주어의 피동 표현에 익숙해진데다 능동 표현보다 피동 표현을 많이 쓰고 선호하는 일본어투의 영향을 받았기 때문이다.

우리나라 중·고등학교 영어 교육에서 영어 피동 구문 지도는 피동 구문을 능동 구문으로 또는 능동 구문을 피동 구문으로 전환하는 방법과 해석에 많은 비중을 두고 있다. 이는 영어의 모든 피동 구문이 우리말에서 능동 구문으로, 영어의 모든 능동 구문이 우리말에서 피동 구문으로 일대일 대응한다는 점을 전제로 한 것이다.

그러나 영어와 한국어는 문장 구조, 어순과 문법, 문장 성분의 이동과 조건 등 여러 가지 차이가 있어 영어와 한국어의 능동 구문과 피동 구문은 각각 그 기능이 다르다. 이 점을 간과한 영어 교육으로 인해 영어의 피동 구문을 한국어로 그대로 번역한 어색한 피동태 번역투가 늘어나 우리말을 어지럽히고 훼손한다. 영어 피동 구문에서 'by+행위자'를 무조건 '~에 의해(서)'로 번역할 때 번역투가 나타난다. 이는 한국어는 피동문이 비교적 덜 발달했을 뿐만 아니라 피동문이라 하더라도 행위자를 표면화할 수 있는 경우가 극히 적고, 이해 가능한 성분은 되도록 생략하는 한국어의 특성 때문이다. 우리말은 주어가 능동적으로 행동할 수 없는 문장 외에는 되도록 피동 표현을 쓰지 않아야 자연스럽다.

그러나 우리말 문장에서 능동 표현과 피동 표현이 모두 가능하다고 생각될 때에는 능동 표현을 쓰는 것이 바람직하지만, 항상 능동 표현이 옳은 것은 아니다. 다음 예처럼 피동 표현을 써야 할 때 능동 표현을 써서는 안 된다.(정희모 외, 2005)

작은 차이가 승패를 결정한다.
⇨ 작은 차이로 승패가 결정된다.
('작은 차이'는 능동성이 없으므로 피동으로 써야 한다.)

게다가 일본어의 특색 중 하나인—일본어에서도 가장 중요한 용법 중의 하나라고도 할 수 있는—피동 표현이 많은 점, 즉 '받아들이다' 보다는 '받아들여지다(受け入れられる)', '주목하다' 보다는 '주목되다(注目される)', '생각하다' 보다는 '생각되다(思われる, 考えられる)', '느끼다' 보다는 '느껴지다(感じられる)' 등의 표현이 선호되는 것과, 일본어의 자동사 피동 표현, 즉 자신이 피해를 입은 경우에 쓰는 피해 피동 표현36) 이 우리말에 끼친 영향도 크다고 할 수 있다.

안중환(2001)은 한국어와 일본어의 수동문 변형 능력의 차이는 표현에 대한 언어 심리의 차이—즉 한국인의 능동 표현 선호와 일본인의 수동 표현 선호—가 반영된 것으로 볼 수 있는데, 이런 현상은 일본어에는 전형적인 수동문뿐 아니라, '동사-てほしい', '동사-てもらう' 구문의 유사 수동 구문까지도 발달되어 있다는 점에서 확인된다고 했으며, 수동 표현을 기피하는 언어 심리를 가진 한국인의 언어에는 유사 수동 표현이 존재할 필요가 없다고 했다. 한편 박양규(1990)는 한국어에서 수동 범주를 독립된 통사 범주로 인정할 필요가 있을까를 재고할 만큼 한국어는 수동태가 퇴화되었다고 했으나, 반면 일본어는 자동사문에 이르

---

36) 다음 문장은 피해 피동 표현의 예이다.
① 大雨に降られてびしょぬれになる。(폭우에 흠뻑 젖었다.)
② 今、ここに彼に来られるとこまる。(지금 그가 오면 곤란하다.)
③ 一晩中、赤ん坊に泣かれてねむれなかった。(밤새 어린애가 울어서 자지 못했다.)
④ 彼女は子供のときに父親に死なれた。(그 여자는 어릴 적에 아버지가 돌아가셨다.)

기까지 수동태가 적용되고 있어 한국어와 대조를 이룬다.

　일본어의 자동사문 피동 표현은 한국어에는 없는 표현이므로 일한 번역 시 특히 주의하여 능동 표현으로 바꾸어 번역해야 한다. 또한 '~れる', '~られる'가 붙어 어떤 느낌이나 생각이 자연스럽게 생기는 상태를 나타내는 피동 표현[37]의 경우도 우리말은 다음 예처럼 능동으로 대응한다.

　　妹はこの幼稚園に通っていたと思われる。
　　⇨ 여동생은 이 유치원에 다녔다는 생각이 든다.
　　⇨ 여동생은 이 유치원에 다녔던 것 같다.

　　涼しさがおとずれるとつくづく故郷がしのばれてなりません。
　　서늘한 날씨가 찾아오면, 절실히 고향 생각이 나서/고향이 그리워져서 못 견디겠습니다.(황찬호 外, 1988: 214)

　또한 신석기(2004)는 일한 번역문에서 일본어 피동문이 한국어로 번역되는 경우 그대로 피동문 형식으로 표현되는 것이 아니고 상당한 수의 문장이 원래의 능동문 동사의 형태로 표현되고 있으며, 피동문으로 표현될 수 있는 문장도 능동문으로 표현된다고 하였다. 일본어 두 작품 『검은 비 黒い雨』, 『우정 友情』의 경우 전체 피동문 692문장 중 피동문 그

---

[37] 적극적인 사고 활동의 결과로 어떤 판단에 도달하는 것이 아니라, 무의식중에 어떤 지식에 도달하여—도달한다기보다 그러한 판단이나 느낌이 자연스럽게 든다고 하는 편이 더 적당할 것이다—자신과 자신을 둘러싼 주위의 구별 없이, 주위에 자신이 몰입되어 마치 나뭇잎에 맺힌 이슬처럼 어떤 느낌이나 생각이 자연스럽게 발생하는 상태를 말한다.(이타사카 겐, 1996)

대로 번역된 문장은 390문장(56%)이었고, 나머지 302문장(44%)은 능동문과 기타 형식으로 번역되었다고 한다. 이는 한국어는 능동문 주체의 표현, 다시 말하면 어떤 사상의 행위자 중심의 표현을 선호하는 경향이 있는 반면, 일본어는 어떤 사상의 피영향자, 즉 영향을 받는 피행위자 중심의 표현을 선호하는 경향에서 비롯된 것이리라 추정된다.

다음 예문을 보면 일본어 원문은 피동 표현이라도 우리말로는 능동 표현으로 옮겨야 우리말 어법에 자연스러운 번역이 된다.

電光掲示板の最後のあたりに点灯しているあたしの整理番号はなかなか前に進まず、その間に五冊のサザエさんが<u>読破された</u>。(『ラブレター』, 78)
전광게시판의 마지막에 점등해 있는 내 접수 번호는 좀처럼 앞으로 나아가지 않고 그동안에 다섯 권의 만화책을 <u>독파하였다</u>.(『러브레터』, 71)

다음 예문은 일본어 원문의 피동형을 피동형 그대로 번역한 것을 행위의 주체인 사람을 주어로 능동형으로 다시 고쳐 쓴 예이다.

書庫整理專門の春美は、ここでは"主"と<u>呼ばれていた</u>。女だてらに"主"と<u>仇名される</u>だけあって、彼女は私立図書館一の奇人だった。(『ラブレター』, 28)
서고 정리 전문인 하루미는 여기서는 '<u>터줏대감</u>'으로 불리고 있다. 여자임에도 '<u>터줏대감</u>'이라는 별명이 붙여질 만큼 그녀는 시립 도서관 제일의 기인이었다.(『러브레터』, 27)

⇨ 하루미를 여기서는 '터줏대감'이라 부른다. …… '터줏대감'이라는 별명이 붙을 만큼

さすがに見かねた同僚の綾子が館長に上申してくれた。おかげで午後は書庫の整理に回された。(『ラブレター』, 27)
보다 못한 동료 아야코綾子가 관장에게 말을 해준 덕분에 오후는 서고書庫 정리로 돌려졌다. (『러브레터』, 27)
⇨ 오후에는 서고書庫 정리로 옮겼다(이동했다).

もっとも名前だけは「頂上」なんて呼ばれているんだがね。
이름만은 그럴싸하게 '서미트'라고 불리고 있었지만 말이야. (『오 헨리 걸작선』, 121)
⇨ '서미트'라고 불렸지만 말이야.

トラックからおろされた私たちは、日の光の下でちりぢりに別れさせられた。その青果市場は大層にぎやかだったが、私はそこでぞっとする光景を見せつけられねばならなかった。
트럭에서 내려진 우리들은 태양 광선 아래서 뿔뿔이 흩어졌다. 그 청과물 시장은 매우 흥청거렸지만 나는 그곳에서 오싹해지는 광경을 보지 않으면 안 되었다. (『중요한 부분』, 26)
⇨ 트럭에서 내린 우리는 태양 광선 아래서 뿔뿔이 흩어졌다.

回答者の一人は、三度の離婚をしている女性エッセイストで、同姓ということで、いちばん指名される率が高い。

답변자 중 한 사람은 세 번의 이혼을 경험한 여성 에세이스트로서, 동성이라는 이유로 가장 지명받는 비율이 높다.(『예약석』, 12)
⇨ 동성이라는 이유로 가장 지명률이 높다.

高校で絵の教師をしていた樹の部屋は油絵のカンバスで埋め尽くされていた。(『ラブレター』, 11)
고등학교에서 미술 교사를 했던 이츠키의 방은 유화 캔버스로 가득 채워져 있다.(『러브레터』, 11)
⇨ 방은 유화 캔버스로 가득 차 있다.

일한 번역을 할 때뿐만 아니라 평소 우리말을 쓸 때도 불필요한 피동 표현은 피해야 하겠지만 특히 이중 피동 표현인 '~아/어지다' 표현은 되도록 줄여 쓰는 것이 바람직하다. 다음 예는 일본어 원문은 피동 표현인데 우리말은 이중 피동 표현으로 번역된 경우이다.

条約の性質上廃棄又は脱退の権利があると考えられる場合。
조약의 성질상 폐기 또는 탈퇴의 권리가 있다고 생각되어지는 경우.(韓日竝列Corpus檢索)
⇨ 탈퇴의 권리가 있다고 생각되는 경우.

'~아/어지다'는 '끊어지다', '슬퍼지다', '생각되어지다'에서처럼 동사나 형용사 어간에 붙어 피동이나 상태 변화의 뜻을 나타낸다. 그런데 '~되다' 자체가 피동의 뜻을 나타내기 때문에 다음 예의 '~해석되어져야 한다'는 의미가 중복된 표현이다. '~불리워지다'도 피동의 의미가 중복된 이중 피동 표현이다. 말은 간결할수록 전달하기도 이해하기도 쉽다. 이중 피동 표현은 군더더기 표현으로 삼가는 것이 좋다.

잘리어진 나이테 ⇨ 잘린 나이테
닫혀진 약국 ⇨ 닫힌 약국
이 글이 잘 짜여졌는지 ⇨ 이 글이 잘 짜였는지

이번 선언은 양국 관계에 새로운 전환점으로 해석되어져야 한다.
⇨ 전환점으로 해석되어야 한다.

모더니즘 문학의 정수라고 불리워지는 이 작품은
⇨ 모더니즘 문학의 정수라고 불리는

좋은 점은 받아들여져야 한다.
⇨ 좋은 점은 받아들여야 한다.

이 문은 비상 상황을 제외하고는 열려지지 않습니다.
⇨ 열리지 않습니다.

당시 왕실 극장은 아무 경험과 지식도 없는 의회 회원들의 손에 놓여진 상태였다.
⇨ 회원들의 손에 놓인 상태였다.

겨우 고방 문들이 닫혀지고, 쇠통이 채워지고, 열쇠 꾸러미가 안방으

로 들어가고 이리하여 하루 일이 끝난 것이다.(『토지』 1부 1권, 56)

⇨ 고방 문들이 <u>닫히고</u>

탈미 기본Talmy Givon은 각 언어에서 보편적으로 능동문을 피동문보다 더 많이 쓰는 이유를 다음과 같이 설명하고 있다.

> 텍스트-담화에 나타난 문장의 일반적인 특성의 하나는 피동문의 빈도수가 능동문의 빈도수보다 훨씬 낮다는 점이다. 이에 대한 설명은 간단하다. 인간은 인간이 아닌 대상에 대해서보다 인간 행위자에 대해서 더 많이 얘기하는 경향이 있기 때문이다. 그리고 주어 자리는 주제의 자리이기 때문에 인간 언어에서 주제의 자리에 행위자가 나타날 가능성이 많은 것이다.(기본, 1981)

남의 힘에 의해 움직이는 것을 좋아할 사람은 없다. '스스로 내켜서' 움직이는 것이야말로 창조와 발전의 원동력이다. 일한 번역에서 피동형을 전부 배제할 수는 없지만 가능하면 우리말답게 말과 글도 능동형으로 표현하는 것이 바람직하다. 우리는 대부분 행위 주체를 주어로 삼아 말하므로 문장도 능동형으로 써야 힘 있고 자연스럽다.

3) 사동문 길들이기

사역법causativization이란 일반적으로 주어 자리의 동작자가 다른 동작자에게 어떤 동작을 하게 만드는 것을 말한다. 여기서 동작이란 의지적인 행동뿐 아니라 사태 변화 따위를 일으키는 작용도 가리킨다.(서정

수, 1994: 1069)

　일본어의 사동 표현에는 남에게 '~하게 하다', '~시키다'와 같은 강요의 뜻 외에도 다음 예처럼 허용이나 방임, 유발 등 다양한 뜻이 있다.

【강요】
遅いので、子供たちを寝させた。
⇨ 늦었으므로 아이들을 자게 했다/재웠다.
【유발】
彼は皆を笑わせた。
⇨ 그는 모두를 웃게 했다/웃겼다.
【허용·방임】
父は子供を自由に遊ばせている。
⇨ 아버지는 아이를 자유롭게 놀게 한다/놀린다.

　또한 우리말에 없는 사동 피동 표현이 많은 것도 일본어의 특징이다. 사동 피동 표현이란 말 그대로 사동형 문장에 피동형을 첨가한 표현이다. '~을 강제로 하게 되다'라는 뜻으로 강한 피해 의식을 나타내기도 하며, 감정이나 감각을 나타내는 동사가 사동 피동형이 되면 '저절로~ 하게 되다', '~돼버리다'라는 자발의 뜻이 된다. 일본어 사동 피동 표현은 우리말로 직역하는 것이 불가능하지만, 일본어 피동 사동 표현은 다소 부자연스럽긴 하나 우리말 직역이 가능하다. 다음이 사동 표현과 사동 피동 표현 번역문의 예이다. 사동 표현은 우리말 직역도 가능하나 사동 피동 표현은 아래 예처럼 원문의 의미를 살려 의역할 수밖에 없다.

翌朝風邪のほうはまだ恢復には早かったが、あたしは出勤するほうを選択した。そうでもしないと無理矢理にでも病院に行かされそうだったからである。(『ラブレター』, 27)
다음날 아침 감기는 아직 회복 기미를 보이고 있지 않았지만 나는 출근 쪽을 택했다. 그렇게라도 하지 않으면 억지로라도 병원에 가야 했기 때문이다.(『러브레터』, 26)

部長は私にお酒を飲ませた。
⇨ 부장님은 나에게 술을 마시게 했다.
私は部長にお酒を飲ませられた。
⇏ 나는 부장님으로부터 술을 마시게 함을 당했다.
⇨ (직역) 나는 부장님으로부터 술 마시기를 강요받았다.
⇨ 부장님 때문에 마시기 싫은 술을 억지로 마셨다.

その本は私を感動させた。
⇨ 그 책은 나를 감동시켰다.
私はその本に感動させられた。
⇏ 나는 그 책에서 감동하게 되어졌다.
⇨ 나는 그 책에 감동받았다.

人間と自然のことを考えさせられる。
⇏ 인간과 자연을 생각하게 해졌다.
⇨ 인간과 자연을 생각하게 된다.

雨の中をさんざん待たせられた。
⇻ 빗속에서 심히 기다리게 해졌다.
⇨ 빗속에서 몹시 기다리게 되었다/기다려야 했다.

私は母からたくさんのもちを食べさせられたことがあった。
⇻ 나는 어머니로부터 많은 떡을 먹게 되어진 일이 있었다.
⇨ 나는 어머니 때문에 많은 떡을 먹게 된 일이 있었다.
⇨ 어머니가 나에게 많은 떡을 억지로 먹게 한 일이 있었다.

그러나 피동 사동 표현은 우리말로 가능하다.

예) 바람맞게 하다, 손가락질 당하게 하다

쓰카모토 히데키(塚本秀樹, 1997: 192)는 일본어에서는 다음 예문 ㉠, ㉡의 '~られさせる'와 같은 피동 사동 표현이 완전하지는 않지만 비교적 고차원적 문법성으로 허용된다고 하면서 한국어에서는 이러한 표현이 인정되지 않는다고 했으나, 나는 우리말로도 다소 부자연스러운 면은 있으나 다음 번역문(번역은 내가 한 것이다)처럼 불가능하지는 않다고 본다.

㉠ 僕はメアリーをばか扱いされさせてはおけない。
⇨ 나는 메리를 바보 취급받게 내버려둘 수 없다.
㉡ 僕はわざとメアリーをなぐられさせておいた。
⇨ 나는 (일부러) 메리를 맞게 내버려두었다.

정광(1995: 99)은 현대국어에서 사역형 표현이 많이 나타나는 것은 능동형보다는 사역형을 선호하는 일본어의 영향이라고 볼 수 있다고 했다.

다음은 일본어 원문은 사동형이 아니나 한국어 번역문은 사동형인 예이다.

人々はあちこちで似たことを声高にしゃべり合っていったのに、みな火に向って無言でいるような、遠近の中心の抜けたような、一つの靜かさが火事場を統一していた。(『설국(下)』, 154)
사람들은 여기저기서 비슷한 말들을 목청을 높여 지껄이고 있는데도, 모두가 불을 향해 말없이 있는듯한, 원근의 중심이 빠진듯한 하나의 정적이 화재 현장을 통일시키고 있었다.

다음 예는 일본어 원문의 사동 표현이 우리말의 능동 표현이나 피동 표현으로 대응되는 번역문의 경우이다.

助手席の前で待っていた枝美子が、手首をくねらせて腕時計に目を走らせる。(『明日の記憶』, 13)
조수석 앞에서 기다리고 있던 에미코가 손목에 찬 시계를 들여다본다.(『내일의 기억』, 19)

— いつか必ず、だれもが時の闇の中へちりぢりになって消えていってしまう。そのことを体にしみこませた目をして歩いている。私に雄一が反応したのは当然なのかもしれない。(『キッチン』, 32)
— 언젠가는 모두가 산산이 흩어져 시간의 어둠 속으로 사라져버린

다. 그렇다는 것이 여실히 새겨진 눈으로 걷고 있다. 유이치가 나에게 반응한 것은 어쩌면 당연한 일인지도 모른다.(『키친』, 30)

ここからが本当の文通になるのかもしれないな。博子は期待に胸膨らませた。素直に胸のときめく思いを博子はひさしぶりに感じていた。(『ラブレター』, 43)
여기서부터가 진짜 펜팔이 될지도 모르겠어. 히로코는 기대에 가슴이 벅찼다. 순수하게 가슴이 설레이는 느낌을 히로코는 오랜만에 맛보았다.(『러브레터』, 41)

大納言は、赤くなった目と、しょぼしょぼさせて、ほうほうのていで、帰っていきました。
대납언은 붉어진 눈을 슴벅거리며 허둥지둥 돌아갔습니다.(『모모타로』, 175)

'~시키다'는 '교육시키다', '복직시키다', '입원시키다', '취소시키다', '이해시키다', '진정시키다', '화해시키다' 등에서처럼 서술성이 있는 일부 명사(대부분 한자어) 뒤에 붙어 사동의 뜻을 더하는 낱말이다. '~하다'로도 뜻이 충분히 통하거나 남으로 하여금 그렇게 하도록 하는 것이 아닐 경우에는 '~시키다'를 쓰지 않는 게 바람직하다. 요즘 매스컴에 자주 오르내리는 '구속시키다', '소개시키다' 등이 대표적인 예이다. 다음 예의 경우도 마찬가지다.

남북불가침선언 채택을 실현하기 위한 방법과 절차를 구체화시키고 있다.
⇨ 방법과 절차를 구체화한다.

빗발처럼 쏟아지는 빔 하나가 전투기의 오른쪽 날개에 명중시켜버렸다.
⇨ 오른쪽 날개에 명중했다.

또한 최현배(1983)도 '시키다'가 군더더기로 쓰이는 예를 지적하였다.[38]

김 아무개가 민중을 선동시켜서 소란을 일으켰다. ⇨ 민중을 선동해서
술이란 것은 신경을 자극시킨다. ⇨ 신경을 자극한다.
그이들이 그릇된 미신을 타파시켰다. ⇨ 미신을 타파하였다.
경찰이 그이를 불법으로 감금시켰다. ⇨ 불법으로 감금하였다.

다음 예는 우리말 '~하다'로도 뜻이 충분히 통하는 일본어 사동 구문을 일본어 원문 그대로 '~시키다', '~하게 하다'로 번역한 예이다. 자연스런 우리말 표현으로 다시 고쳐보았다.

---

[38] "세상에는 흔히 '시키다'를 그릇 쓰는 수가 있나니, 그는 '하다'로 넉넉한 것을 공연히 '시키다'로 하는 것이다. 제움직씨[자동사]의 '하다 따위 움직씨'를 남움직씨[타동사]같이 만들어 쓰는 데는 '시키'가 필요하지마는, 본디 남움직씨를 그저 단순한 남움직씨로 쓰는 데에는 조금도 하임의 뜻을 보이는 '시키'가 필요 없는 것이거늘, 흔히들 이것을 깨치지 못하고, 조심 없이 '시키'를 붙여 씀은 우서운 일이라 아니할 수 없다."(최현배, 1983: 416)

来年の一月までに湯呑みを二つ完成させればいいのだ。私は梨恵たちの結婚祝いに、手作りの夫婦茶碗を贈るつもりだった。(『明日の記憶』, 52)

내년 1월까지 찻잔을 두 개 완성시키면 되는 거다. 나는 리에의 결혼 축하 선물로, 손수 만든 부부 찻잔을 전할 생각이었다.(『내일의 기억』, 64)

⇨ 찻잔을 두 개 완성하면 되는 거다.

中納言は、いいことを聞いたと思いました。すぐさま足場をはずして、下から、見張らせていると、夕方になりました。
중납언은 좋은 말을 들었다고 생각했습니다. 곧 발판을 뜯고 아래에서 지켜보게 하고 있으려니 저녁이 되었습니다.(『모모타로』, 179)

⇨ 아래에서 지켜보고 있으니

다음 예는 일본어 원문은 사동형이 아니나 번역문은 '~시키다'의 사동형으로 번역된 예이다. 능동형으로 번역하는 것이 더 자연스럽고 간결하며 이해도 쉽다.

さて、もひとつ、私が皆さんにお話ししておきたいのは、子供の時に自分で勉強を伸ばしてゆく、ひろげて行きもするということを、どのようにやるかです。そして、それを大人になっての、働きながら生きる勉強にどうつないでゆくか、ということです。(『『自分の木』の下で』, 106)

그러면 또 한 가지, 내가 여러분한테 말해두고 싶은 것은 어렸을 때 어떻게 스스로 <u>공부를 신장시키고</u> 또한 넓혀가야 하는가 하는 것입니다. 그리고 그것을 어른이 되어서 일하면서 살아가는 공부에 <u>어떻게 연결시켜가는가</u> 하는 것입니다.(『'나의 나무' 아래서』, 98)

▷ 그러면 여러분께 한 가지 더 드릴 말씀은 어릴 때 어떻게 스스로 <u>공부를 하고</u> 지식을 넓혀가느냐는 문제입니다. 그리고 그 공부를 어른이 된 뒤 삶을 배우는 공부와 <u>어떻게 연결하느냐는</u> 점입니다.

4) 동사 중심 한국어 명사 중심 일본어

영어는 원래 명사가 아닌 단어도 동명사, 부정사, 명사절로 만들어 명사화한다. 우리말로 옮길 때 대부분 동명사는 '~기'로, 부정사는 '~것'으로 옮기며, 'beautiful-beauty'와 같이 형용사와 명사가 대비되는 경우 명사 'beauty'는 '아름다운 것', '아름다움' 등으로 옮기고, 'possible-possibility'의 경우에도 'possibility'를 '가능함' 등으로 옮긴다. 이러한 '~것'과 '~함'이 우리글에서도 과용되고 있다.(황찬호, 1988)

국립국어원에서는 2000년부터 3년에 걸쳐 한국인들의 글에 나타난 현대국어의 사용 빈도 실태를 조사했는데, 빈도가 가장 높게 나타난 다섯 단어는 의존명사 '것', 동사 '하다', 보조용언 '있다', 형용사 '있다', 그리고 동사 '되다' 순이었다.(안정효, 2006)

한국어와 일본어를 언어 유형과 언어 구조 면에서 비교하면 한국어는 동작 중심형, 동사 지향 구조verbal-oriented structure의 언어이고 일본어는 피동작 중심형, 명사 지향 구조nominal-oriented structure의 언어이다. 한자로 된 명사구 중심의 문장은 딱딱하고 무거운 인상을 준다. 대체로 명사 표현 문체의 특성은 정적이고 추상적이며, 동사 표현은 동적이고 구체적이다. 동사화할 수 있는 명사구를 동사구로 바꾸어 쓰면, 자연스럽고 우리말다운 편안한 말이 된다.

일본어와 한국어는 통사 구조가 매우 흡사한 언어이지만, 실제 표현에서는 다음 예(번역은 내가 한 것이다)처럼 명사 구조와 동사 구조라는 표현 구조의 차이가 드러난다.

雨の日には

雨の中を

風の日には

風の中を(『生きていてよかった』, 53)

⇨ 비 오는 날에는

빗속을

바람 부는 날에는

바람 속을

다음에서는 무정명사 표현과 흔히 우리말 '~것이다'로 번역되는 '~ものだ', '~というものだ', '~というものば' 등의 의존명사 표현을 각각 살펴보기로 한다.

명사 풀어 쓰기(무정명사 표현)

무정명사 표현이 흔한 영어와는 달리 우리말에서는 무생물 주어의 쓰임이 적다. 송민(1979)은 근대국어와 현대국어의 통사 구조 차이를 보여주는 예로 현대국어에서 비인칭대명사나 무정명사가 주어의 위치에 오는 것과 지시대명사가 필요 이상으로 증가한 현상을 꼽는다. 우리말에서는 감정을 나타내는 경우, 직접 감정을 유발한 주체나 감정의 영향을 받은 주체도 명시하지 않는 경우가 많다.

그것은 어느 비 오는 날이었다. (주어는 비인칭대명사 '그것')
서울의 기후는 부산의 그것보다도 춥다. (필요 이상으로 나타나는 지시대명사 '그것')
그 길이 나를 끝없는 곳으로 이끌어갔다. (주어는 무정명사 '길')(송민, 1979)

다음은 일한 번역문의 무정명사와 비인칭대명사 표현의 예이다. 이러한 표현은 먼저 일본어가 영어 구문에서 영향을 받고, 그다음 우리말이 일본어를 번역하는 과정에서 영향을 받았을 가능성이 높다.

ひさしの長い家が、親せきのように肩をならべてよりそい、何億年もの歳月をかけてもっとも安らかな形に削りこまれた山が、その家々の屋根を靜かに見守っていた。(『愛、深き淵より』, 261)
처마가 긴 집들이 마치 친척이나 되는 것처럼 어깨를 나란히 맞대고 옹기종기 들어서 있고, 몇 억년이란 세월에 걸쳐 가장 편안한 형태로 깎여진 산이 그 집들의 지붕을 조용히 내려다보고 있었다.(『극한의 고통이 피워 낸 생명의 꽃』, 260)

それは山に降りそそぐ秋の日光そのもののようで、ああと彼は感情を染められたのだった。それを白萩と思ったのだった。
그것은 산에 내리쬐는 가을 햇빛 그 자체와도 같아서, 아아, 하고 그

는 도취되었던 것이다. 그것을 흰싸리꽃이라고 생각했던 것이다.(『설국(下)』, 11)

月は、まだ薄色で冬の夜の冷たい冴えはなかった。鳥一羽飛ばぬ空であった。
달은 아직 엷은 빛깔로 겨울밤의 차가운 투명함은 없었다. 새 한 마리 날지 않는 하늘이었다.(『설국(上)』, 150)

　　번역문에서 원문의 무정명사를 같은 의미의 다양한 품사로 풀어서 적절히 담아내지 못하고 그대로 직역하면 우리말 어법에도 맞지 않고 뜻도 모호한 번역투로 이어지기 쉽다. 다음은 원문의 무정명사를 술어로 바꾸거나 이해하기 쉽게 풀어 쓴 예이다.

人を生へと励ますこの認識は、離俗を志す江戸の文人たちにとってどれほどかの鼓舞となったかしれないと思うのだ。(『清貧の思想』, 127)
이러한 삶에 대한 심오한 인식은 속세를 벗어나는 데 뜻을 둔 시대의 문인들에게 얼마나 큰 힘이 되었는지 모른다.(『清貧の思想』, 137)
⇨ 이와 같이 삶을 깊이 인식하는 것은

「そういうこともあるわけだな」青年はことの重大さを理解しかけた。
"그런 일도 있을 수 있군" 청년은 일의 중대함을 이해하기 시작했다.(『중요한 부분』, 60)
⇨ 일이 중요하다는 사실을 이해하기 시작했다.

いまや、荘絶な美しさが、類稀れな野卑と淫靡さから生み出されることを、男と女も承知したまま、その淫靡な世界に堕ちていく。
(『失楽園(上)』, 187)
지금이야말로 장엄한 아름다움이 유례없는 야비와 음탕함에서 태어나 장식되고 있다는 것을 남자도 여자도 알면서 바로 그 세계로 빠져들려 하고 있다.(『실락원 1』, 196)
⇨ 이제 남자나 여자나 장렬한 아름다움이 엄청나게 야비하고 음탕한 곳에서 비롯된다는 사실을 알면서도 그 세계로 빠져든다.

早苗は母を帰し、夫の実家へも電話を入れて、心配ないことを知らせた。
사나에는 어머니를 돌려보내고 남편의 본가에도 전화를 걸어 걱정할 게 없음을 알렸다.(『예약석』, 45)
⇨ 전화를 걸어 걱정하지 말라고 알렸다.

間もなく満たされるという期待が、私を有頂天にさせていた。
머지않아 가득 채워진다는 기대가 나를 기뻐서 어쩔 줄 모르게 만들고 있었다.(『중요한 부분』, 10)
⇨ 머지않아 가득 채워진다고 기대하니 나는 기뻐 어쩔 줄 몰랐다.

너덜너덜 '~것이다'(의존명사 표현)

'~ものだ'의 한국어 번역인 '~것이다', '~법이다', '~셈이다' 등의 서술성 의존명사는 주로 특정한 관형사형 어미와 결합하고 상위문 서술어 '이다'가 결합된 구성의 형태를 취하여 명제 내용에 대한 화자의

진술 태도를 나타내는 양태 의미적인 기능을 한다. '~것이다'는 문장의 명제 내용에 대해서는 아무런 영향을 미치지 않으면서 문장에 일정한 양태 의미를 첨가해줌으로써 발화 내용을 부각시켜주는 기능을 한다. 즉 '~것이다'는 발화 내용이 단순한 객관적인 사실 이상의 현상으로 화자에게 인식되고 있음을 나타내는데, 문제의식의 제기를 통해 강조, 환언, 단정이라는 주관적 판단이 개입되는 것이다. '~법이다'는 보편적이고 일반적인 사실을 나타내는 양태 의미를 표현한다. '~셈이다'는 '화자가 바라지 않은 상황을 나타내는 부정적 판단의 양태 의미'를 표현한다.(안효경, 2001: 91~141)

일본어 문말 표현 '~ものだ'는 그 의미 및 기능에 대한 정의가 학자들에 따라 다를 뿐만 아니라 그 용법이 매우 복잡하고 까다로워 학습하기 어렵고 의미를 혼동하기 쉬운 표현이며, 특히 일한 번역에서도 오역 사례가 많이 나타나는 표현 중 하나이다. '~ものだ'는 대개 문맥에 따라 본성·성질, 당위, 과거의 습관·회상, 감정·감개, 설명·해설의 다섯 가지로 의미가 분류되며 흔히 한국어로 '~것이다'로 번역되지만 그 의미와 용법에 따라 얼마든지 다양한 표현이 가능하다.(오경순·한선희, 2006 참조)

'人は誰でも語り尽くさずに死ぬものだ。'라는 문장에서 '死ぬものだ'는 본성·성질[39]의 의미이므로 막연한 직역투 표현 '~것이다'보다는 '~마련이다', '~법이다' 등과 같이 독자가 문맥의 흐름을 이해하

---

[39] 나는 일한 번역 수필 3편, 시나리오 3편 그리고 한일 번역 드라마 2편에 나오는 본성·성질을 뜻하는 '~ものだ'의 번역 예를 조사하였는데 '~법이다'가 가장 많았고, '~이리라', '~마련이다'가 그 뒤를 이었다. 그 외 본성·성질을 뜻하는 '~ものだ'의 다양한 번역 예는 오경순·한선희(2006)를 참조하기 바란다.

기 쉽도록 구체적이고도 명확한 그리고 다양한 표현을 찾아 쓰기 위해 번역자는 노력해야 한다. 다음은 신문 기사 내용 중 '～ものだ'의 직역 투 번역인 '～것이다'를 이해하기 쉬운 다른 표현으로 바꾼 예이다.

現在、194ヵ所に過ぎないゴルフ場を増やして、海外に流れる年間 1兆ウォンのお金を国内消費に回し、萎縮した建設景気の<u>回復も図れるというものだ。</u>
현재 194곳에 불과한 골프장을 늘려 해외로 나가는 연간 1조 원의 돈을 국내 소비로 돌리고, 위축된 건설 경기도 <u>살리자는 것이다.</u>(『동아일보』 2005. 7. 1)
⇨ 건설 경기도 <u>살리자는 요량이다.</u>

'～것이다'의 '것'은 말의 자릿수를 늘리는 데도 한몫한다. '없었다', '들어주었다', '찾아갔었다', '돌아오지 않았다'라고 하면 쉽고 간결한데, '없었던 것이다', '들어주었던 것이다', '찾아갔었던 것이다', '돌아오지 않았던 것이다'라고 하면 글이 쓸데없이 늘어지는 느낌이다. 긴 문장보다는 짧은 문장이 읽기도 쉽고 이해하기도 쉬우며 힘이 있는 좋은 문장이다.

そのとき、トットちゃんは、なんだか、生まれて始めて、本当に好きな人に逢ったような気がした。だって、生まれてから今日まで、こんな長い時間、自分の話を聞いてくれた人は、<u>いなかったんだもの。</u>そして、その長い時間のあいだ、一度だって、あくびをしたり、退屈そうにしないで、トットちゃんが話してるのと同じように、身をのり

出して、一生懸命、聞いてくれんだもの。(『窓ぎわのトットちゃん』, 33)
그때, 토토는 왠지 태어나서 처음으로 진짜 좋아하는 사람과 만난 것 같은 기분이 들었다. 그도 그럴 것이 태어나서 지금까지 이렇게 긴 시간 동안 자기 얘기를 들어준 사람이 없었던 것이다. 그리고 그 오랜 시간 동안 한 번도 하품을 하거나 지루한 표정을 짓지도 않고, 토토가 얘기할 때처럼 똑같이 몸을 앞으로 내민 채 열심히 들어주었던 것이다.(『창가의 토토』, 28)

⇨ 자기 얘기를 들어준 사람이 없었다. …… 몸을 앞으로 내민 채 열심히 들어주었다.

서울서 총을 구해 온 후 무료하여 김 훈장을 찾아갔었던 것이다.(『토지』 1부 2권, 25)

⇨ 김 훈장을 찾아갔었다.

올 때부터 빨래 방망이랑 버선이랑 걸레가 든 통이 나동그라져 있었는데 임이네가 빨래를 헹굴 즈음까지 임자는 돌아오지 않았던 것이다.(『토지』 1부 2권, 83)

⇨ 임자는 돌아오지 않았다.

　대상을 구체적으로 가리키지 않고 막연하게 표현하는 일본어 명사 'もの'는 흔히 우리말로는 '것'으로 표현된다. 『표준국어대사전』을 보면 '것'은 "사물, 일, 현상 따위를 추상적으로 이르는 말"로 나와 있다. 이렇게 추상적이고도 막연한 표현인 '것'을 일본어 'もの'에 글자 그대로 대입하다 보면 문장이 늘어지고 너절해질 뿐 아니라 결코 좋은 문장이 못 된다. 쉽고 간결하고 명료한 문장이 세련된 문장이며 좋은 문장이다. '~というものは' 표현을 '~(이)라고 하는 것'으로 기계적으로 번역하면 번역투로 이어지기 쉬우므로 '~란' 혹은 '~는/은'으로 간결하게 번역하도록 노력해야 한다.

또한 번역문의 품사 범주는 원문의 품사 범주와 일치하지 않는 경우가 흔하다. 우리말로 옮길 때는 이 점에 주의하여 적절한 우리말 품사 범주로 바꿔주어야 한다. 일한 번역문에서 명사문과 '~것'과 '~함'이 남용되는 원인으로는 앞에서 황찬호(1988) 등이 지적한 바와 같이 영어의 동명사와 부정사를 우리말로 옮길 때 대부분 판에 박은 듯이 '~기'나 '~것'으로 옮기는 영어 교육 및 일본어의 '~というもの', '~(という)ものだ', '~ということ', '~(という)ことだ' 따위 구문의 영향을 들 수 있다. 다음이 그러한 번역문의 예인데 간결한 표현으로 다듬어보았다.

> まったくの話、<u>仕事というものは</u>、この程度のことで愉快になる。その反対は最悪だ。
> 정말이지, <u>일이라는 것은</u> 이 정도의 일로 유쾌해진다. 그 반대는 최악이다.(『기다리는 남자』, 16)
> ⇨ 정말이지, <u>일이란/일은</u> 이 정도의 일로 유쾌해진다.

> 年寄りと<u>2人で暮らすというのは</u>、ひどく不安なことだ。元気であればあるほどそうだった。(『キッチン』, 31)
> 나이 든 사람과 <u>둘이서 산다는 것은</u> 아주 불안한 일이다. 건강하면 할수록 더욱 그렇다.(『키친』, 29)
> ⇨ 나이 든 사람과 <u>둘이 생활하면</u> 아주 불안하다.

神戸というのは、これがたぶんあたしの人生の中ではじめての接点だろう。知ってはいるが、知ってるというだけの地名である。その神戸の渡辺さん。……渡辺博子さん。(『ラブレター』, 21)
고베라고 하는 것은 이것이 아마 내 인생에서 처음 접촉하는 것일 게다. 알고는 있지만 알고만 있을 뿐인 지명이다. 그런 고베의 와타나베 씨. ……와타나베 히로코 씨.(『러브레터』, 20)
⇨ 고베는 아마 이번이 내 인생에서 처음 접촉하는 것일 게다.

私には愛というものがほとんどわからない。毎日毎日顔をつきあわせている平静な顔つきの狂気のほかに、私は世間で愛と呼んでいるらしいものを知らないの。
나는 사랑이라고 하는 걸 거의 알지 못해. 매일매일 얼굴을 맞대고 있는 평정한 표정의 광기 외에 나는 세간에서 사랑이라고 부르고 있는 것 같은 걸 알지 못한다.(『열대수』, 80)
⇨ 나는 사랑을 거의 알지 못해.

リトミックというのは、ダルクローズという人が考えた、特別なリズム教育で、この研究が発表されると、一九〇五年(明治三十八年)頃のことなんだけで、全ヨーロッパ、アメリカなどが、いち早く注目して、各国に、その養成所とか、研究所が、できたくらいだった。(『窓ぎわのトットちゃん』, 117~118)
리드미크라는 것은 달크뢰즈라는 사람이 고안해낸 특별한 리듬 교육인데, 1905년경 이 연구가 발표되자 전 유럽과 미국 등의 나라가 재빨리 주목하여 그 양성소나 연구소가 각국에 속속 생겨났다.(『창가의

토토』, 93)

⇨ 리드미크는 달크뢰즈라는 사람이 고안해낸 특별한 리듬 교육인데,

「世の中というのは原理的に不公平なものなんだよ。それは俺のせいじゃない。はじめからそうなってるんだ。」(『ノルウェイの森(下)』, 102)

"세상이란 건 원리적으로 불공평해. 그건 내 탓이 아냐. 처음부터 그렇게 되어 있는 거라구."(『상실의 시대』, 313)

⇨ "세상이란/세상은 원리적으로 불공평해.

「火ねずみの皮衣というのは、話に聞いてはいるが、見た人が、ほとんどないというくらい珍しい物です。それを搜すというのは、たいへん苦労です。

"불쥐의 가죽옷이라는 것은 이야기로는 듣고 있지만 본 사람은 거의 없다는 정도로 진기한 물건입니다. 그것을 찾는다는 것은 대단한 고생입니다.(『모모타로』, 165)

⇨ "불쥐의 가죽옷은 이야기로는 듣고 있지만 …… 그것을 찾아내기란 여간 고생이 아닙니다.

父親というものは、むすめをいつのまにか恋人と錯覚しているのではないか。

아버지라는 사람은 딸을 어느샌가 연인으로 착각하고 있는 게 아닌지.(『유머 걸작선』, 100)

⇨ 아버지는 딸을 어느샌가 연인으로 착각하고 있는 게 아닌지.

それが誕生というものだとしたら、ひどく呆気ないものであった.
그것이 탄생이라는 것이라면 대단히 싱거운 일이었다.(『중요한 부분』, 6)

⇨ 그것이 탄생이라면 대단히 싱거운 일이었다.

'집에서 바둑을 두고 있었던 것이다.'처럼 불필요한 '것'을 늘어놓으면 어색할뿐더러 깔끔한 표현이 되지 못한다. 일한 번역문에서뿐 아니라 일상 대화에서도 문장을 누추하게 만드는 '것'이란 말을 되도록 적게 쓰려는 노력을 기울여야 한다.

5) 이중부정 꼬리 다듬기

이중부정 표현은 일본어 표현 구조의 큰 특징 중 하나이다. 일본어의 이중부정 표현은 강조의 뉘앙스가 있기는 하나 결국 긍정을 나타내며 일본어에는 우리말처럼 긍정을 강조할 표현 수단이 달리 없는 까닭에 이중부정 표현을 쓴다. 예를 들어 '난 지금쯤 바로 저 버스에 타고 있어야 한다.'를 일본어로 바꾸면 '私は今ごろちょうどあのバスに乗っていなければならないのだ。'가 일반적이며 자연스러운 문장이라 할 수 있다. 따라서 일본어의 이중부정 표현을 글자 그대로 '~하지 않으면 안 된다'식의 직역투로 번역하는 것은 자연스러운 우리말이 아니다.

임팔용(2005)은 한국어도 일본어와 같이 이중부정형으로 표현할 수는 있으나 대체로 일본어 직역투가 되어 자연스럽지 않으며, 특히 다음 예문과 같은 일상 대화에서는 문장이 늘어져 어색하고 부자연스러워진다고 했다.

A: 오늘 영화 보러 안 갈래?

B: 오늘? 나 <u>일찍 집에 가지 않으면 안 되는데</u>.

A: 몇 시까지 <u>가지 않으면 안 되는데</u>.

B: 집에 5시까지는 <u>가지 않으면 안 돼</u>.

A: 5시까지? 그럼 안 되겠네.

한편 정광(1995)은 현대국어의 문어에서 독특하고 새로운 구조의 문장이나 관용구가 나타나는 것은 외국어 학습이나 이중 언어 사용 또는 번역 과정과 같은 언어 접촉을 통한 간섭 때문일 거라면서, 1920~30년대 현대국어가 형성될 당시 영어를 비롯한 서양 외국어 교육이 일본어로 이루어졌고 먼저 일본어로 번역된 것을 다시 우리가 중역하는 과정에서 국어의 번역이 영향을 받았을 가능성이 매우 높다고 했다.

다음 예는 일한 번역에서 일본어 이중부정 표현인 '~なければならない', '~なくてはならない'를 '~하지 않으면 안 된다' 식으로 직역한 것을 자연스런 표현으로 다듬은 것이다.

その頃にはまだ在日外国人の指紋押捺制度があって、十六歳になると、役所の外国人登錄課に行き、まるで犯罪人のように指紋を<u>押さなくではならなかった</u>。(『GO』, 73)

당시 재일 외국인은 지문을 날인해야 하는 제도가 여전히 남아 있다. 열여섯 살이 되면 구청의 외국인 등록과에 가서 마치 범죄자처럼 지문을 <u>찍지 않으면 안 되었다</u>.(『GO』, 76)

⇨ 지문을 <u>찍어야만 했다</u>.

三年間は過保護に大切に育てなければならない。育兒というのは三年間が勝負で、あとは生まれ持った生命力で育つ。(『命』, 38)
아이는 3년 정도 과보호라고 할 만큼 소중하게 키우지 않으면 안 된다. 육아라는 것은 처음 3년이 중요하다. 그 뒤에는 아이가 스스로 가지고 태어난 생명력으로 자라나게 마련이라고 말해주었다.(『생명』, 62)
⇨ 소중하게 키워야 한다.

いずれにしろ両親には打ち明けなければならない。(『命』, 45)
어쨌든 부모님께 사실대로 털어놓지 않으면 안 되겠다.(『생명』, 70)
⇨ 사실대로 털어놓아야 한다.

これは現在のこの国の大人である私たちが、なにより子供のあなたたちの近い未来を考えながら、よく議論して決定してゆかなければならないことです。(『「自分の木」の下で』, 203)
이것은 현재 이 나라의 성인인 우리들이, 무엇보다도 아이인 여러분들의 가까운 미래를 생각하면서, 자세히 논의해서 결정해나가지 않으면 안 되는 일입니다.(『'나의 나무' 아래서』, 189)
⇨ 자세히 논의해서 결정해나가야 하는 일입니다.

あなたは、この千ドルのかたをつけたら、早速、その使途について、私どもに報告しなければならんことになっております。
당신은 이천 달러를 다 쓰면, 즉시 그 용도에 대해서 저희에게 보고하지 않으면 안 되게 되어 있습니다.(『오 헨리 걸작선』, 137)
⇨ 저희에게 보고하도록 되어 있습니다.

그러므로 일본어 이중부정 표현 '～なければならない'는 '～하지 않으면 안 된다'라고 직역투로 번역하기보다는 '～해야 한다'로 번역하는 편이 더 간결하고 우리말 어법에도 맞다. 다음 예는 일본어의 이중부정 표현을 우리말 어법에 알맞게 번역한 것이다.

帰社途中、軽い目眩。今週はこれで三度目。休暇をとれ、無理をするなと、枝美子は言うが、人間、無理をしなければならない時もある。(『明日の記憶』, 56)
회사로 오는 도중 가벼운 현기증. 이번 주 들어 세 번째. 휴가를 내라. 무리하지 말라고 에미코는 말하지만, 인간은 어쩔 수 없이 무리해야 하는 때도 있다.(『내일의 기억』, 68)

「少し、お前の生き方を見習わなければならない。」(『失楽園(上)』, 152)
"자네의 생활 방식을 좀 배워야겠어."(『실락원 1』, 159)

刑務所にはいれる何か別の方法を見つけ出さなければならない。
형무소에 들어갈 수 있는 뭔가 다른 방법을 찾아내는 수밖에 없다.(『오 헨리 걸작선』, 116)

子供の喘息のためとは言え、まとまった金を出すこともいやなら、女房が子供を連れて行ったあと、一人で炊事をしなければならないことに耐えられない方が普通である。
아이의 천식을 위해서라고는 해도, 목돈을 내놓기도 꺼릴 뿐 아니라 마누라가 아이를 데리고 간 뒤 혼자서 취사를 해야 하는 일을 못 견

디는 쪽이 보통이다.(『부부가 있는 정경』, 25)

叔母に言われることがある度に、小夜子は理性的にそう思って<u>感謝しなければならぬ</u>、とは考えていたが、実感は伴わなかった。
숙모에게서 들을 때마다 사요코는 이성적으로 그렇게 생각하고 <u>감사해야 한다고는</u> 생각하고 있었으나, 실감은 따르지 않았다.(『부부가 있는 정경』, 153)

そんな着物でも、自分では着られないから、美容院に行かねばならず、着つけ代を<u>払わねばならない</u>のは痛かったし、美容師が下手くそで、こちこちに見える着つけをしてしまったことは更に情けなかった。
그런 기모노도 혼자서는 입을 수가 없어서 미장원에 가지 않으면 안 되고, 옷 입혀주는 값을 <u>내야만 하는</u> 것이 속상했는데, 게다가 미용사가 서툴기 짝이 없어서 딱딱해 보이는 옷매무새가 되고 만 것이 더욱 한심했다.(『부부가 있는 정경』, 161)

ご存知かも知れませんが、Sホテルにたどり着くまでには人気ない道をしばらく<u>歩かなければいけません</u>からね。
아실지 모르겠지만 S호텔에 당도하기까지에는 인적 없는 길을 한참 동안 <u>걸어야 하니까요</u>.(『기다리는 남자』, 137)

私はあすの朝の船で東京に<u>帰らなければならない</u>のだった。
나는 내일 아침 배로 도쿄에 <u>돌아가야만</u> 했다.(『이즈의 무희』, 69)

이중부정의 효과는 말뜻을 강조하는 것이므로 강하게 단정하거나 강조하려는 것이 아니라면 이중부정을 삼가는 게 좋다. 자칫 말마디를 헝클어뜨리거나 말뜻을 엉뚱하게 몰아가기 쉽기 때문이다.

6) 접속사 군살 빼기

접속사의 잉여 표현이란 '만일 ~한다면', '왜냐하면 ~이기 때문이다', '그 이유는 ~때문인 것이다', '~에 따르면 ~라고 한다' 등과 같이 의미가 중복되는 표현을 말한다. 말과 글은 되도록 간결해야 이해도 쉽고 전달도 빠르다. 중복되는 단어의 나열은 군더더기일 뿐 아니라 문맥의 흐름을 이해하는 데에도 방해가 된다. 'なぜなら ~からである'는 '왜냐하면'을 생략하고 '~인 때문/까닭이다'만으로 표현해도 이유를 나타내기에 충분하다. 또한 열거 시 마지막 쉼표 다음에 접속부사 '그리고'를 넣는 것은 일본어와 영어의 영향으로 우리말에서는 빼는 것이 더 자연스럽다.

접속사의 잉여 표현(중복 표현)은 일본어와 영어 표현을 그대로 직역하면서 받아들인 외국어의 부정적인 영향이라 볼 수 있으며, 우리말에는 근대 이후 다수 등장하기 시작하였다.

다음 예문에서 '그리고'를 빼는 것이 자연스러운 우리말 표현이다.

ここに幾日かいるうちに、残飯集め、ビルの窓拭き、そして便所専門の掃除と、様々な仕事を見る。何でも人の役に立つ大変な仕事なり。

여기에 며칠인가 있는 동안에 먹다 남은 밥 모으기, 빌딩 창 닦기, 그리고 변소 청소 전문 등 여러 가지 직업을 보다. 모두가 사람들에게 도움이 되는 힘든 일이다.(『북국일기』, 124)
⇨ 먹다 남은 밥 모으기, 빌딩 창 닦기, 변소 청소 전문 등 여러 가지 직업을 보다.

다음 번역문의 '만일 ~한다면', '왜냐하면 ~이기 때문이다', '그 이유는 ~때문인 것이다' 등의 표현은 접속사의 잉여 표현일 뿐이다. '~한다면', '~므로', '~니까' 등으로 불필요한 말을 없애거나 품사를 바꾸어 번역하는 것이 자연스럽다.

しかし<u>もし</u>現実の世界にこういうデウス・エクス・マキナというのが<u>あったとしたら</u>、これは楽でしょうね。(『ノルウェイの森(下)』, 82)
그러나 <u>만일</u> 현실 세계에 이런 데우스 엑스마키나가 <u>있다면</u> 일은 편할 겁니다.(『상실의 시대』, 296)
⇨ 그러나 현실 세계에 이런 데우스 엑스마키나가 있다면 일은 편할 겁니다.

こいつはあっしの考案なんでが、二階は支那料理とチャプスイ、三階はマニキュアと外国公館、そして四階を公開賭博場にするんです。<u>もし旦那が本気であるんなら</u>―。
이건 제 생각인데, 2층은 중국 요리랑 잡채, 3층은 매니큐어랑 외국 공관, 그리고 4층을 공개 도박장으로 만드는 겁니다. <u>만약 나리가 진심으로 하실 마음이 있으시다면</u> ―.(『오 헨리 걸작선』, 140)
⇨ 나리가 진심으로 하실 마음이 있으시다면

「だめよ。この電車は、この学校のお教室なんだし、あなたは、まだ、この学校に入れていただいてないんだから。もし、どうしても、この電車に乗りたいんだったら、これからお目にかかる校長先生とちゃんと、お話してちょうだい。そして、うまくいったら、この学校に通えるんだから。わかった？」(『窓ぎわのトットちゃん』, 26)
"아직 안 돼. 이 전철은 이 학교 교실이고, 넌 아직 이 학교에 다니지 않으니까. 만약 꼭 이 전철을 타고 싶으면 이제 교장 선생님을 뵐 테니까 말씀을 잘 드려봐. 그래서 일이 잘 되면 이 학교에 다닐 수 있을 테니까. 알겠니?"(『창가의 토토』, 24)
⇨ 꼭 이 전철을 타고 싶으면

しかし、もし幾年でも生きのびたら、それだけ励ましくなる筈だ。自分の病気は自分だけの問題ではない。
그러나 만일 몇 년이라도 목숨을 이어가면 그만큼 격려가 될 터이다. 내 병은 나만의 문제가 아니다.(『북국일기』, 202)
⇨ 그러나 몇 년이라도 목숨을 이어간다면 그만큼 격려가 될 터이다.

なぜ季節のことまで正確にいえるかというと、学校でいったんは自分のものになったゴムマリの購入券を、シャツの胸ポケットにいれて、昂奮して家に駆け戻った情景が思い出にかさなっているからである。(『「自分の木」の下で』, 88)
어째서 계절까지 정확하게 말할 수 있느냐 하면, 학교에서 일단은 내 것이 된 고무공의 구입권을 셔츠 주머니에 넣고 흥분해서 집으로 달려 들어가던 광경이 추억과 겹쳐져 있기 때문입니다.(『'나의 나무' 아

3장 번역투의 유혹 | 163

래서』, 83)

⇨ 계절까지 정확하게 말할 수 있는 것은 …… 집으로 달려왔던 광경이 추억과 겹쳐졌기 때문입니다.

今日は、トットちゃんにとって、大仕事の日だった。どうしてかっていうと、いちばん大切にしてる、お財布を、トットちゃんは、学校のトイレに落としてしまったからだった。(『窓ぎわのトットちゃん』, 67)
오늘은 토토가 대작업을 한 날이었다. 왜냐하면 토토가 가장 소중하게 여기는 지갑을 그만 학교 화장실에 빠뜨렸기 때문이었다.(『창가의 토토』, 55)

⇨ 토토가 가장 소중하게 여기는 지갑을 그만 학교 화장실에 빠뜨렸기 때문이었다.

彼女の予想していた通り、山川夫人はちゃんと知っていたのである。なぜならそれから三日後に行われた仮免の試験で、実技では清子が四点勝ったが、学科においては何と十点のひらきで山川夫人が追い拔いていたからだった。
그녀가 예상했던 대로 야마카와 부인은 정확히 알고 있었던 것이다. 왜냐하면 그로부터 3일 후에 치러진 가면허 시험에서 실기에서는 기요코가 4점 앞섰지만, 학과에서는 무려 10점 차이로 야마카와 부인이 앞서고 있었기 때문이다.(『유머 걸작선』, 38~40)

⇨ 그로부터 3일 후에 치러진 가면허 시험에서 …… 야마카와 부인이 앞서고 있었기 때문이다.

私がなぜこんなこまかいことをいったかというと、私は子供の時、とくに辞書を熱心に引いたからです。(『「自分の木」の下で』, 112)
내가 어째서 이렇게 상세하게 말하는가 하면, 나는 어렸을 때, 특히 사전을 열심히 찾아보았기 때문입니다.(『'나의 나무' 아래서』, 105)
⇨ 내가 이렇게 상세하게 말하는 것은 어렸을 때 특히 사전을 열심히 찾아보았기 때문입니다.

大人の自殺と子供の自殺のちがうところは、子供の自殺は、生き残る者たちに決して理解できない、ということです。なぜかといえば、子供にとって、——取り返しがつかない！ということは絶対にないからです。(『「自分の木」の下で』, 197)
어른의 자살과 아이의 자살이 다른 점은 아이의 자살은 살아 있는 자들이 결코 이해할 수 없다는 것입니다. 왜냐하면 아이들에게, '돌이킬 수 없다!'고 하는 일은 절대로 있을 수 없기 때문입니다.(『'나의 나무' 아래서』, 184)
⇨ 아이들에게 '돌이킬 수 없다!'고 하는 일은 절대로 있을 수 없으니까요.

7) 그 밖의 표현

여기서는 겔레스탐(Gellerstam, 1986)의 용어로 말하면 '자동반사적 번역push-the-button'[40]을 할 가능성이 큰 유형으로, 한국어 어법에 맞지

---

[40] 겔레스탐의 '자동반사적 번역'과 안정효(1996)의 '무조건반사 번역'은 상통되는 개념으

않고 부자연스러워 번역투로 이어지기 쉬운 표현들을 '~임에도 불구하고(〜にもかかわらず)', '~임에 틀림없다(〜にちがいない)'를 중심으로 살펴보기로 한다.

군더더기 표현 '~임에도 불구하고'

'それにもかかわらず'의 직역인 '그럼에도 불구하고'의 '불구하고'는 췌사贅辭로서 있으나 마나 한 군더더기 말에 불과하다. '~(에)도 불구하고'는 대부분 그냥 '~(에)도'만으로 끝내더라도 표현이 충분하다. 이 외에도 '그런데도, 그렇지만, 그러나, ~지만, ~건만, ~으나, ~기로, ~거늘, ~(어)도, ~임에도, ~이긴 해도, ~일지라도, ~(이)더라도, ~할지라도, ~와 상관없이, ~에 얽매이지 않고' 등과 같은 다양한 표현이 가능하다. 틀로 찍어낸듯한 조건반사적인 표현보다는 다양한 표현을 활용하려는 노력이 필요하다.

> それにもかかわらず、きみが成績上位者の常連でなかったという事実は、微笑ましい注釈だ。(『いま、会いにゆきます』, 96)
> 그럼에도 불구하고 네가 늘 성적 우수자 명단에 들었던 것은 아니라는 사실은 저절로 미소가 번지게 하는 재미있는 주석이다.(『지금 만나러 갑니다』, 89)
> ⇨ 그럼에도 네가 늘 성적 우수자 명단에 들었던 것은 아니라는 사실은

로 오역의 원인을 제공한다. 특히 일한 번역의 경우 한자어를 번역하면서 '가짜 동족어'를 선택하거나, 'A는 B이다' 식의 대표적인 사전적 정의대로 번역하면 번역투로 이어질 위험성이 높다.

にもかかわらず芭蕉といえば旅、漂泊者といえば芭蕉というくらい
彼と旅との印象が強く結びついているのは、旅に賭けたその心持に
やはり特別のものがあったからだろうか。(『清貧の思想』, 147)
그럼에도 불구하고 바쇼라고 하면 여행, 방랑자라고 하면 바쇼라고
생각할 정도로, 그와 여행과의 인상이 강하게 이어져 있는 것은 여행
에 대한 그의 마음에 역시 특별한 것이 있었기 때문이리라.(『清貧의 思
想』, 158)
⇨ 그러나/그럼에도 바쇼라고 하면 여행, 방랑자라고 하면 바쇼라고
생각할 정도로,

実のところ体調は良かった。800mのタイムはオフシーズンにもかか
わらず、すでに自己のベストタイムを上回っていた。ぼくの肉体は
かつてないほど高められ、意識はどこまでも澄み渡っていた。(『い
ま、会いにゆきます』, 185)
실제로 몸 상태는 좋았다. 내 800m 기록은 오프시즌임에도 불구하고
이미 기존의 기록을 상회하고 있었다. 나의 육체는 전에 없이 고양되
고 의식은 한없이 맑게 깨어 있었다.(『지금 만나러 갑니다』, 169)
⇨ 내 800m 기록은 오프시즌임에도 이미 기존의 기록을 웃돌았다.

「メグレ警部」が、"痩せた"と言う意をもつ名前にもかかわらず、
大男でがっちりしている、とされているのにちなんで、
"메그레 경감"이「말랐다(메그레)」고 하는 의미를 지니는 이름임에도
불구하고 덩치 큰 남자로 딱 벌어진 체격을 하고 있다고 되어 있는
것에 관련지어(『중요한 부분』, 102)

⇨ 의미를 지니는 <u>이름임에도/이름이지만</u>

'~임에 틀림없다'는 틀린 표현

영어의 특정한 구문이 일본어로 번역되어 사용되다가 그것이 그대로 국어에 유입된 경우도 적지 않다. 일본어 '~に違いない'의 우리말 번역인 '~임에 틀림없다'는 영어를 번역한 일본어 구문에서 영향을 받아 우리말과 일본어 표현이 유사해진 예라 할 수 있다.(정광, 1995)

'~に違いない'를 '~(임)에 틀림없다'로 번역하는 것은 직역의 번역투이다. 우리말 '틀림없다'는 형용사나 부사로 쓰이므로 다음 예문 「真面目なこと」だったにちがいない.'를 번역한 '진지한 일이었음에 틀림없다.'는 우리말 어법에도 맞지 않는다. '진지한 일이었음에 틀림없다.'가 아니라 '틀림없이 진지한 일이었다.' 혹은 '분명 진지한 일이었다.'가 우리말 어법에 맞는 올바른 표현이다.

> いいなずけではなかったにしても、彼の療養費を稼ぐために、ここで芸者に出たというのだから、<u>「真面目なこと」だったにちがいない</u>。
>
> 약혼자는 아니었다 해도 그의 요양비를 벌기 위해서 여기서 기생으로 나섰다고 하니까 <u>'진지한 일'</u>이었음에 틀림없다.(『설국(下)』, 56)
> ⇨ 기생으로 나섰다고 하니까 <u>틀림없이/분명 '진지한 일'이었다.</u>

다음은 '~に違いない'를 '~(임)에 틀림없다'로 번역한 일한 번역문을 우리말 어법에 맞는 자연스런 표현으로 고쳐 쓴 예이다.

もちろんこれは、警部の冗談には違いない。ただ英策は、その言葉のかげに、いま捜査陣全体にみなぎっている焦慮の感情を見てとった。

물론 이것은 경감의 농담임에 틀림없다. 다만 에사쿠는 그 말의 이면에 지금 수사진 전체에 팽배해 있는 초조감을 간파했다.(『잃어버린 과거』, 84)

⇨ 물론 이것은 경감의 농담이 틀림없다(분명 경감의 농담이다).

げんに、彼は信子のあとをつけたわけですから、ちゃんとしたアリバイがあるとは思えません。と言うよりも、やはり信子を殺したのは、平岡に違いないんです。

실제로 그는 노부코의 뒤를 밟은 것이므로 어엿한 알리바이가 있을 것으로 생각되지도 않습니다. 그렇다기보다는 역시 노부코를 죽인 것은 히라오카임에 틀림없습니다.(『잃어버린 과거』, 186)

⇨ 히라오카가 틀림없습니다/분명 히라오카입니다.

いずれにしても天国の彼がひきあわせてくれた人である。きっといい人に違いない。博子はこの奇妙な出会いを彼と神様に感謝した。(『ラブレター』, 41)

어쨌든 천국에 있는 그가 붙여준 사람이다. 분명 좋은 사람일 게 틀림없다. 히로코는 이 기묘한 만남을 그와 신에게 감사했다.(『러브레터』, 38)

⇨ 분명 좋은 사람이다/좋은 사람이 틀림없다.

そればかりか、見覚えのある家が一つもありません。でも、山の形
や、村を流れる川には、はっきり見覚えがあります。なつかしい<u>村
にはちがいありません</u>。

그뿐인가, 낯익은 집이 하나도 없습니다. 하지만 산의 모양이나 마을
을 흐르는 시냇물은 분명히 본 기억이 있습니다. 그립던 <u>마을임에는
틀림없습니다</u>.(『모모타로』, 87)

⇨ <u>그립던 마을이 틀림없습니다</u>.

でも、太郎は、ひょっとしたら、竜宮での三年は、人間の国の三百
年になるのかしらと思いました。やっぱり、<u>それに違いありませ
ん</u>。

하지만 타로는 어쩌면 용궁에서의 3년은 인간 나라의 300년이 되는
것이 아닐까 생각했습니다. 역시 <u>그럼에 틀림없습니다</u>.(『모모타로』,
89)

⇨ <u>틀림없이 그렇습니다/그것은 틀림없습니다</u>.

다음은 '~に違いない'의 올바른 번역 예이다.

あのおとめたちは、さっきの<u>白鳥にちがいない</u>。
저 아가씨들은 아까의 <u>백조가 틀림없다</u>.(『모모타로』, 125)

다음 문장(①~③)의 ⇏ 표시 번역은 모두 번역투이다. ⇨ 로 표시한
표현이 우리말 어법에 맞는 올바른 번역이다.

① それは私を尊敬する気持であるにちがいない。

⇏ 그것은 어디까지든지 나를 존경하는 마음일 것임에 틀림없다.

⇨ 그것은 어디까지든지 나를 존경하는 마음이 틀림없다.

⇨ 그것은 어디까지든지 틀림없이 나를 존경하는 마음이다.

② この飯は妻がみずから炊いたにちがいない。

⇏ 이 밥은 분명 아내가 손수 지었음에 틀림없다.

⇨ 이 밥은 분명 아내가 손수 지었다.

⇨ 이 밥은 아내가 손수 지었음이 틀림없다.

③ それは恐しい絶望に違いない。

⇏ 그것은 또 무서운 절망임에 틀림없다.

⇨ 그것은 또 무서운 절망이 틀림없다.

⇨ 그것은 또 틀림없는 무서운 절망이다.

영어투와 일본어투에서 온 표현

영어를 번역한 일본어 구문에서 영향을 받은 우리말 표현에는 '~임에도 불구하고(~にもかかわらず)', '~임에 틀림없다(~に違いない)' 외에도 다음과 같은 표현들이 있다.(정광, 1995: 100~101 참조)

영어 구문	일본어 번역	우리말 번역
from~ to~	~から ~まで	~로부터 ~까지
as soon as~	~するやいなや	~하자마자[41]
rather than~	~よりはむしろ	~보다는 오히려
it means to~	~を意味する	~을 의미하다
just as if~	~あたかも ~かのごとく	마치 ~인 것처럼
must be~	~であらねばならぬ	~하지 않으면 안 된다
enough to~	~すべくに十分である	~하기에 충분하다
for the world	どうしても	어떻게 해서든지
as for~	~はどうかといえば	~는 어떤가 하면
no less than~	~に他ならない	~에 다름 아니다

다음은 '他ならぬ'의 일한 번역문의 예이다. 일본어 '他ならない', '他ならぬ'의 우리말 번역어는 '다름 아니다'가 아니라 '다름없다' 혹은 '바로 ~이다'가 맞다.

その口火を切ったのが他ならぬ山川夫人だった。

그 도화선을 끊은 것이 다름 아닌 야마카와 부인이었다.(『유머 걸작선』, 22)

⇨ 바로 야마카와 부인이었다.

그리고 우리말 '~에 다름 아니다'는 일본 말 '~に他ならない'를 직역한 번역투이다. 우리는 서술어로 '다름이다/같음이다'를 쓰지 않고

---

[41] '~하기가 무섭게', '~하는 것과 동시에', '~하기를 기다렸다는 듯이' 등으로 옮길 수 있는 영어의 'as soon as' 구문을 천편일률적으로 '~하자마자'로 옮기는 것은 분명 문제가 아닐 수 없다.(김정우, 2003: 156)

'다르다/같다'를 쓴다. 이를 부정하는 말도 '다름 아니다/같음 아니다'가 아니라 '다르지 않다/같지 않다'이다. '다르다/같다'와 함께 쓰는 조사도 '에'가 아니라 '와/과'다. 그리고 '견주어 보아 같거나 비슷하다'는 뜻으로 '다름없다'라는 훌륭한 단어가 있다. 따라서 '~에 다름 아니다'는 마땅히 '~와/과 다름없다/다르지 않다/마찬가지다/같다'로 바로잡는 것이 좋다.(중앙일보 어문연구소 '우리말 바루기' 팀, 2005b: 273)

한창 피어나는 결식 청소년에게는 따뜻한 한 그릇의 밥은 밥이 아니라 <u>희망이며, 생명수에 다름 아니다</u>.(중앙일보 어문연구소 '우리말 바루기' 팀, 2005b: 273)
⇨ <u>희망이며 생명수와 다름없다</u>.
⇨ <u>희망이며 생명수이다</u>.
⇨ <u>희망이며 생명수와 같다</u>.

자연환경의 오염과 자연 훼손은 인간의 <u>죄악에 다름 아니다</u>.
⇨ 인간의 <u>죄악과 다름없다</u>.
⇨ 인간의 <u>죄악이다</u>.
⇨ 인간의 <u>죄악과 마찬가지다</u>.

말은 짧지마는 이 말을 남작에게 하는 것은 엘리자베트에게 <u>큰 부끄러움에 다름없었다</u>.(『약한 자의 슬픔』, 30)
⇨ 엘리자베트에게 <u>큰 부끄러움이었다</u>.

4장 어문규범
● ● ●

매끄러운 번역을 위해서 번역자는 국어 어문규범을 이해할 필요가 있다. 현행 한국어의 표기는 한글맞춤법 규정에 따르는 것이 원칙이며, 번역자는 우리말 표준어 및 외래어표기법의 일본어 가나의 한글 표기 등의 어문규범을 올바르게 익히고 이해해야 한다. 어문규범은 번역 결과물의 가독성 평가 측면에서 반드시 고려해야 하는 사항이다.

다음 번역문에서처럼 일본어 원문에 있는 쉼표를 번역문에 그대로 적용하면 우리말 문장부호인 쉼표의 규범[1]에 맞지 않는 어색한 번역문이 되고 만다. 우리말에서는 쉼표를 없앤 문장이 자연스럽다.

雨におおわれた夜景が闇ににじんでゆく大きな<u>ガラス、</u>にうつる自分と目が合う。(『キッチン』, 15)
어둠 속에서 비에 젖은 밤 풍경이 번져 있는 커다란 <u>유리창, 에</u> 비치

---

[1] 쉼표는 문장 안에서 짧은 휴지를 나타낸다. 우리말의 쉼표 기능은 15가지로 세분된다. 쉼표의 각 기능과 자세한 예문은 국립국어원의 어문 규정을 참조하기 바란다.

는 자신과 눈이 마주친다.(『키친』, 16)
⇨ 커다란 <u>유리창에</u> 비치는 자신과 눈이 마주친다.

<u>世の中に</u>、この私に<u>近い血</u>のものはいないし、どこへ行って何をするのも可能なんてとても<u>豪快</u>だった。(『キッチン』, 16)
<u>세상에</u>, 나와 핏줄이 닿는 인간은 없고, 어디에 가든 무엇을 하든 모두가 능하다니 아주 호쾌했다.(『키친』, 16)
⇨ <u>세상에</u> 나와 핏줄이 닿는 인간은 없고,

<u>マディソン・スクエア</u>のいつものベンチで、ソーピーは、もぞもぞと<u>身体</u>を<u>動か</u>していた。
<u>매디슨 스퀘어의</u>, 늘 앉는 벤치에서 소피는 꿈지럭거리면서 몸을 움직이고 있었다.(『오 헨리 걸작선』, 114)
⇨ <u>매디슨 스퀘어의</u> 늘 앉는 벤치에서

이 장에서는 문장부호 중에서 인용 부호와 외래어표기법의 일반 원칙 및 일본어 가나의 한글 표기만 살펴보기로 한다.

1. 인용 부호

인용引用quotation은 다음 예문에서처럼 인용자가 자신의 직접적인 언어 행위와 별도로 이루어진 표현을 따다가 자신의 문맥 안에 종속 관계로 내포시키는 서술 방식을 말한다.

그 사람이 "가을 하늘은 정말 맑지요?"라고 말했다.
아이가 갑자기 배가 아프다고 말했다.

인용되는 대상에는 인용자가 속으로 하는 말이나 생각 따위도 포함될 수 있다. 본디 인용은 다른 사람이 한 표현을 대상으로 하는 것이 예사이지만, 인용자 자신이 속으로 하는 말이나 생각 따위도 다른 사람의 것을 따오듯이 인용 방식으로 표현할 수가 있다.

나는 "아무래도 안 되겠어."라고 중얼거렸다.
나는 아무래도 안 되겠다고 중얼거렸다.

또 누가 말하거나 생각한 것이 아니라도 인용 형식으로 나타내는 수가 있다.

"글"이란 글자로 나타낸 말이다.
글이라고 하는 것은 글자로 나타낸 말이다.

간접 인용indirect quotation은 인용 형태소가 '고'가 되는 것이 주요 특성이다. 이는 직접 인용direct quotation의 인용 형태소가 기본적으로 '(이)라고'인 것과 대조된다.

서술문: 그이는 청중에게 자기가 뽑혀야 <u>한다고</u>/*한다라고 주장했다.
의문문: 그이는 나에게 어디 <u>가느냐고</u>/*가느냐라고 물었다.

명령문: 주인이 머슴더러 나가라고/*나가라라고 명령했다.

청유문: 아이들이 같이 놀자고/*놀자라고 말했다.

즉 간접 인용의 경우, 형태소는 서술문에서는 '(다)고'가 자연스러우며 '(다)라고'는 어색하다. 의문문에서는 '(느냐)고'가 자연스럽고 '고'를 '라고'로 바꾸면 어색하다. 명령문과 청유문에서는 각기 '(라)고'와 '(자)고'가 자연스럽다. '고' 대신에 '라고', '하고' 따위를 쓰는 일이 있으나 이는 직접 인용과 혼동하는 데 따른 것이다.

이상을 정리하면 대화, 인용, 특별 어구 따위를 나타낼 때, 직접 인용, 직접화법의 경우는 직접 인용 보문자 '(이)라고'가 첨가되어 '누가 "~"(이)라고 했다.'의 형태가 되며, 간접 인용, 간접화법의 경우는 인용 부호 없이 간접 인용 보문자 '(다)고'가 첨가되어 '누가 ~(다)고 했다.'가 일반적이다.[2]

한편 우리말 어문 규정에는 가로쓰기에는 큰따옴표(" ")와 작은따옴표(' ')를 사용하고 세로쓰기에는 겹낫표(『 』) 낫표(「 」)를 사용한다고 나와 있다.[3] 따라서 세로쓰기인 일본어를 가로쓰기인 한국어로 번역할 경우, 일본어 원문에 있는 겹낫표와 낫표는 우리말 문장부호에 맞게 큰따옴표와 작은따옴표로 옮겨주어야 한다.

다음 예문에서처럼 일본어 원문에 있는 문장부호 '낫표'와 '겹낫표'는 우리말 직접 인용문에 해당하므로 번역문에서는 직접 인용문의

---

[2] 국어학자에 따라 직접 인용과 간접 인용에 쓰는 인용 형태소는 차이를 보인다. 예를 들면 이필영(1993: 18)은 '하고'는 '(이)라고'와 함께 직접 인용의 형태소라 했고, 김상대(1977: 14)는 직접 인용에서 '고'만 쓰이고 '하고'는 거의 안 쓰인다고 했다.
[3] 큰따옴표double quotation mark는 겹따옴표, 쌍따옴표라고도 하며, 작은따옴표single quotation mark는 홑따옴표, 따옴표라고도 한다.

문장부호인 큰따옴표로 옮겨주어야 우리말 어문규범에 맞는 올바른 번역이다.

今まで片目をつぶって世の中を見てたんだわ、と私は、思う。「<u>どうして、私を呼んだんでしたっけ？</u>」私はたずねた。「<u>困ってると思って</u>」親切に目を細めて彼は言った。(『キッチン』, 16)
지금까지, 한쪽 눈으로만 세상을 보아왔어, 라고 나는 생각한다.
「왜, 나를 부른 거죠?」 내가 물었다.
「힘들 것 같아서」 그는 눈을 가늘게 뜨고 상냥하게 말했다.(『키친』, 16)
⇨ "왜, 나를 부른 거죠?"라고 내가 물었다.
"힘들 것 같아서."라고 그는 눈을 가늘게 뜨고 상냥하게 말했다.

『<u>そんなにまでして生きたいのか。そんなに命が惜しいのか</u>』と言いました。わたしは『<u>命が惜しい</u>』と言いました。自分の命は惜しくなければならないのです。
『<u>그렇게까지 해서 살고 싶은가. 그렇게 목숨이 아깝냐</u>』고 말했습니다. 저는 『<u>목숨 아깝다</u>』고 말했습니다. 자신의 목숨을 소중히 생각하지 않으면 안 됩니다.(『북국일기』, 84)
⇨ "그렇게까지 해서 살고 싶은가. 그렇게 목숨이 아깝냐."라고 말했습니다. 저는 "목숨이 아깝다."라고 말했습니다.

その頃、雑誌のインタビューなどで「妻と母と作家と、三つの立場をどう<u>両立させていますか</u>」などと質問されると私は「<u>両立させていません。どれも、いい加減にやっています</u>」と答えていた。(『緑の

指,」37)

⇨ 그 무렵 잡지의 인터뷰들에서 "아내와 엄마, 작가로서의 일 모두를 어찌 그렇게 잘 해내십니까?" 따위의 질문을 받게 되면, 나는 "<u>잘 하지는 못합니다. 어느 일이든 적당히 합니다.</u>"라고 대답했다.

2. '오뎅' 아니고요 '오덴' 맞습니다(표기법)

'막무가내'를 뜻하는 일본어 'むてっぽう'는 외래어표기법 규정을 따르면 '무텟포'이지만 국립국어원의 『일본어투 용어 순화 자료집』(2005)에는 '무뎃뽀'로 나와 있고 국어사전에는 '무데뽀'로 되어 있다. 꼬치를 뜻하는 'おでん'이나 도시락을 의미하는 'べんとう', 투정을 뜻하는 'てんかん'도 외래어표기법 규정을 따르면 '오덴', '벤토', '덴칸'이지만 우리 국어사전에는 '오뎅', '벤또', '뗑깡'으로 나와 있다. 이것은 일본어 발음 'ん'이 뒤에 이어지는 음에 따라 네 가지(m[ㅁ], n[ㄴ], [ŋ], N[ㅇ+비음])로 다르게 발음되는 특수한 음절인 이유도 있지만 우리가 일본어 발음에 가까운 '무데뽀', '오뎅', '벤또', '뗑깡'이라는 말을 오랫동안 써온 탓에 이 표기가 관용적으로 굳어졌기 때문이다. 이렇듯 관용적 표현이나 원음原音에 가까운 국어사전의 표기와 외래어표기법의 일본어 가나의 한글 표기가 일치하지 않는 예는 많다.

우리말을 한글맞춤법에 맞게 적듯이 일한 번역 시 일본어 가나 및 외래어도 외래어표기법에 맞게 적어야 한다. 외래어 표기는 우리말 발음 구조에 맞는 표기 방식을 취한 것이기 때문에 원음과 차이가 나는 경우가 있다. 예를 들어 밥공기를 뜻하는 일본어 '茶碗(ちゃわん)'의 우리말 표기는 '자완'이며, 일본의 실내 난방장치의 하나인 '火燵(こたつ)'는 '고타쓰'로 표기한다.

원칙적으로 외래어 표기에는 된소리(ㄲ, ㄸ, ㅃ, ㅆ, ㅉ)를 쓰지 않으나 일본어 'つ'의 경우에만 유일하게 된소리 '쓰'로 표기한다. 그리고 똑같은 일본어 가나의 경우라도 몇몇 글자는 어두語頭에 올 때와 어중語中, 어말語末에 올 때 다음과 같이 우리말 표기가 달라진다. 다시 말해서 어두에 올 때는 거센소리(ㅋ, ㅌ, ㅊ) 표기를 하지 않고 평음(ㄱ, ㄷ, ㅈ)으로 표기하며 어중, 어말에 올 때는 거센소리 표기를 한다.

かいせき(会席) ⇨ 가이세키   ないかく(內閣) ⇨ 나이카쿠
たたみ(畳) ⇨ 다타미   きたぐに(北国) ⇨ 기타구니
くま(熊) ⇨ 구마   おたく(お宅) ⇨ 오타쿠

그리고 다음처럼 일본어 '촉음'4) 'ッ', 'っ'는 'ㅅ'으로, '발음'5) 'ん'은 'ㄴ'으로 통일하여 표기한다.

サッポロ(札幌) ⇨ 삿포로
トットリ(鳥取) ⇨ 돗토리
ホッカイドウ(北海道) ⇨ 홋카이도

---

4) 촉음促音은 독립적으로 쓰이지 않으나 한 음절(한 박자)의 길이만큼 끌어서 발음한다. 표기는 청음(일본어 가나의 오십 음 중 'ん'을 제외한 모든 음)의 'つ'를 글자와 글자 사이에 1/4 크기로 작게 'っ'로 표기하고 뒤에 오는 자음에 따라 p, t, k, s로 발음한다. 촉음은 고유 일본어나 외래어에도 적지 않게 나타나지만 특히 한자어에 많이 나타난다.
5) 발음撥音은 단독으로 쓸 수 없고 어두에도 쓸 수 없는 음절이나 독립되어 있기 때문에 한 음절(한 박자)의 길이로 발음한다. 이러한 이유로 특수 음절이라고 한다. 음가는 m, n, ɲ, N으로 나눌 수 있는데 바로 뒤에 이어지는 음에 의해 결정된다.

ぐんま(群馬) ⇨ 군마

えん(円) ⇨ 엔

べんとう(弁当) ⇨ 벤토

おでん(御田) ⇨ 오덴

또한 다른 외래어 표기와 마찬가지로 장음 표기는 따로 하지 않는다.

とうきょう(東京) ⇨ 도쿄

にいがた(新潟) ⇨ 니가타

きゅうしゅう(九州) ⇨ 규슈

おおさか(大阪) ⇨ 오사카

きょうと(京都) ⇨ 교토

おかあさん(お母さん) ⇨ 오카상

おとうさん(お父さん) ⇨ 오토상

그리고 일본어 인명이나 지명은 우리 한자음이 아닌 일본어의 발음에 따라 적는다. 따라서 '伊藤博文'는 '이등박문'이 아닌, '이토 히로부미'로, 지명 '京都'는 '경도'가 아닌 '교토'로 '北海道'는 '북해도'가 아닌 '홋카이도'로 표기한다. 그러나 '도쿄/동경東京', '타이완/대만臺灣'처럼 일본 및 중국의 지명 가운데 경우에 따라 한국 한자음으로 읽는 관용이 있는 것은 이를 허용하기도 한다. 일본 인명을 한글로 표기할 때는 성과 이름을 띄어 적는다.

夏目漱石(なつめそうせき) ⇨ 나쓰메 소세키

志賀直哉(しがなおや) ⇨ 시가 나오야

川端康成(かわばたやすなり) ⇨ 가와바타 야스나리

曾野綾子(そのあやこ) ⇨ 소노 아야코

堀辰雄(ほりたつお) ⇨ 호리 다쓰오

大江健三郎(おおえけんざぶろう) ⇨ 오에 겐자부로

太宰治(だざいおさむ) ⇨ 다자이 오사무

山田五十鈴(やまだいすず) ⇨ 야마다 이스즈

浜之上幸(はまのうえみゆき) ⇨ 하마노우에 미유키

塚本秀樹(つかもとひでき) ⇨ 쓰카모토 히데키

그 외의 일본어 가나의 한글 표기는 문교부 고시 제85-11호(1986. 1. 7 시행) 규정을 따르는 것이 원칙이다.

다음은 일한 번역문에서 일본어 가나의 한글 표기가 잘못된 것을 바로잡은 예이다.

> 昼休み、外食に出たサラリーマンのなかには、千鳥ヶ淵や皇居のほうまで足を伸ばして、日向ぼっこを楽しむ者もいるらしい。小春日和とは、まさしくこういう日をいうのだと、九木は「徒然草」の一節を思い出す。(『失楽園(上)』, 148)
>
> 샐러리맨 중에는 점심시간을 이용해서 치도리가후치나 황궁의 따듯한 양지에서 볕 쬐기를 즐기는 사람들도 많은 모양이다. 소춘의 날씨란 바로 이를 두고 한 말임을 실감하며, 《츠레즈레구사》의 한 구절을 떠올린다.(『실락원 1』, 155)
>
> ⇨ 지도리가후치나 ……《쓰레즈레구사》의 한 구절을 떠올린다.

「来たわよー」。勉強してたクラス中の子供は、全員、その声で窓のところに、つめかけて、口々に叫ぶ。「チンドン屋さーん」。すると、トットちゃんは、チンドン屋さんに頼む。「ねえ、ちょっとだけ、やってみて？」学校のそばを通るときは、音をおさえめにしているチンドン屋さんも、せっかくの頼みだからというので盛大に始める。(『窓ぎわのトットちゃん』, 19)

"왔어!" 그 소리에 공부를 하고 있던 반 아이들은 일제히 창가로 몰려가 입을 모아 외친다. "친동야 아저씨!!" 그러면 토토는 친동야를 조른다. "아이, 아저씨, 조금만 해보세요." 학교 옆을 지날 때는 일부러 소리를 낮추는 친동야도 모처럼의 부탁이라 성대하게 연주를 시작한다. (『창가의 토토』, 19)

⇨ 진돈야

그러나 다음 예처럼 우리말 독자에게도 친근한 서양의 고유명사나 지명을 일본어로 표기한 용어의 경우에는 외래어표기법(일본의 가나와 한글 대조표)을 그대로 적용하면 오히려 가독성을 떨어뜨릴 수 있다. 따라서 번역자는 우리말 독자가 쉽게 이해할 수 있게끔 일본어 표기가 아닌 원어의 외래어표기법에 따라 다음과 같이 옮겨주어야 한다.

アッシジ ⇨ 아씨지
アンツィラベ ⇨ 안치라베
マダガスカル ⇨ 마다카스카르
スミソニアンの天文台 ⇨ 스미스소니언 천문대

リラは去年あたりも花をつけなければ、おかしいと思っていましたら、一年遅れて咲きました。(『今日をありがとう』, 228)

⇨ 라일락은 작년쯤 꽃이 피지 않으면 뭔가 잘못됐다고 생각하던 차, 일 년 늦게 꽃이 폈습니다.

관상용 식물인 라일락lilac은 일본어로 'ライラック'과 'リラ' 두 가지로 번역된다. 번역자가 일본어 원문 'リラ'를 '외래어표기법'에 따라 그대로 '리라'로 번역한다면 일본어를 모르는 독자는 이해하기 쉽지 않을 것이다. 우리말 독자에게 친근한 '라일락'이 맞는 번역이다.

イスタンブールのトプカピ宮殿の宝物殿に行った時、同行の神父のお一人が熱心に宝石のコレクションを見ておられた。(『今日をありがとう』, 73)

⇨ 이스탄불의 톱카프Topkapi 궁전의 보물 전시실에 갔을 때 동행한 한 신부가 열심히 보석 콜렉션을 보고 계셨다.

このスミソニアンの天文台が出している星図には、何とまあ、気の遠くなるような数の星が記入されているのである。(『今日をありがとう』, 40)

⇨ 스미스소니언 천문대가 발행하는 항성도恒星図에는 거의 까무러칠 정도로 무수히 많은 별 이름이 있었다.

이 예문에서 일본어 'トプカピ宮殿'은 영어 'Topkapi'의 번역어이며 'スミソニアン天文台'는 영어 'Smithsonian Institution'의 번역어이

다. 일본어 원문 'トプカピ宮殿'과 'スミソニアン天文台'를 외래어표기법에 따라 각각 '도프카피 궁전'과 '스미소니안 천문대'로 번역하면 우리말 독자에게는 친숙하지 않다. 우리말 독자에게 익숙하고 원어 발음에 가까우며 외래어표기법에 맞는 '톱카프 궁전', '스미스소니언 천문대'로 번역해야 이해가 쉽다.

> 甘いものが来た、ということは、サメが血を嗅ぎつけたように、バナナと砂糖キビと<u>マニョック</u>薯の畑の間を伝って行ったのだろうか。(『原点を見つめて』, 266)
> ⇨ 달콤한 사탕이 왔다는 소식이 상어가 피 냄새를 맡은 듯, 바나나와 사탕수수와 <u>마니옥</u> 감자 밭 사이를 타고 전해진 것일까.

'マニョック'은 'manioc'의 번역어이다. 'manioc'은 브라질의 중요한 식자재이자 인디오들이 주식으로 이용하는 작물로, 우리의 감자와 비슷하게 생겼으며 껍질이 검은색이다. 'マニョック'를 외래어표기법대로 '마뇻쿠'로 번역하면 이해하기 어렵다. 우리가 잘 알고 있는 '마니옥'으로 번역해야 이해가 쉽다.

> 人間離れというからには、何に似ていると思うのですか？と問い詰めたら、<u>強いて言えばサラブレッド</u>のあの精悍で無駄のない気品のある肢体と似ていると言う。(『中年以後』, 50)
> 인간답지 않다면 대체 무엇과 비슷한지 물으면, 굳이 비유한다면 <u>서러브레드(경주용 말)</u>의 미끈하고 군더더기 없는 기품 있는 몸과 닮았다고 말한다.(『중년이후』, 55)

'サラブレッド'는 'Thoroughbred'의 번역어로 경주용으로 품종 개량된 세계에서 가장 빠르고 몸이 잘 발달된 날렵하고 세련된 경주마를 말한다. 'Thoroughbred'의 어원語源은 'thorough(철저히)+bred(개량된 품종)' 혹은 '순수 혈통'을 뜻하는 아랍어라는 말도 있다. 'サラブレッド'의 번역은 일본어 발음을 외래어표기법대로 읽은 '사라부렛도'가 아니라 '서러브레드' 혹은 '서러브레드(경주용 말)'가 맞다.

> 「ねえ、サイコメトリングって知ってる？」意志のこもった、きちんとした声だった。(『GO』, 43)
> "있지. 사이코머트리psychometry라고 혹시 알아?" 의지가 담긴, 또박또박한 목소리였다.(『GO』, 45)
> ⇨ "있지. 사이코메트리라고 혹시 알아?"

'サイコメトリング'는 신비력 혹은 심령적心靈的 행위나 초자연적인 능력을 의미하는 'psychometry'의 번역어이다. 영한사전에는 '사이코머트리'가 아닌 '사이코메트리'로 나와 있다. 'サイコメトリング'는 우리말로 '사이코메트리' 또는 '초자연적인 능력'으로 풀어서 번역할 수도 있다.

> 芦ノ湖で獲れたという虹鱒にサワークリームを添えたオードブルがでてきて、再び赤ワインでグラスを重ねてから、九木は先程の書のことを思い出す。(『失楽園(上)』, 109)
> 잠시 후 아시노코에서 잡았다는 옥새송어에다 샤워크림을 곁들인 오르되브르가 나온다. 레드 와인을 몇 잔 마신 후 구키는 조금 전의 화

제였던 서예에 대해 생각한다.(『실락원 1』, 115)

'オードブル'는 서양식 식사에서 식욕을 돋우기 위하여 식전에 간단하게 먹는 음식 혹은 전채前菜를 의미하는 프랑스어 'hors-d'œuvre'의 번역어이다. 국어사전에는 '오르되브르'로 나와 있다. 따라서 '오ードブル'의 번역은 일본어 발음을 외래어표기법대로 읽은 '오도부루'가 아니라 '오르되브르'라고 해야 맞다.

> リトミックは、こんなふうに、体と心にリズムを理解させることから始まり、これが、精神と肉体との調和を助け、やがては、想像力を醒し、創造力を発達させるようになればいい、という考えのものだった。(『窓ぎわのトットちゃん』, 122)
> 리드미크는 이런 식으로 몸과 마음에 리듬을 이해시키는 것에서부터 시작하여 이것이 정신과 육체와의 조화를 도와, 이윽고 상상력을 깨우치고 창조력을 발달시키게 되었으면 하는 발상에서 만들어진 것이었다.(『창가의 토토』, 96)

'リトミック'란 스위스의 음악 교육가 에밀 자크 달크로즈 Emile Jaques Dalcroze가 개발한 리듬감을 발달시키는 음악교육 방법인 'rythmique'의 번역어이다. 우리에게는 '리드미크'로 잘 알려져 있다. 그러므로 'リトミック'의 우리말 번역은 '리토밋쿠'가 아닌 '리드미크'이다.

성서 용어도 일본어 가나를 '외래어표기법'을 그대로 적용해 옮기기보다는 우리말 독자에게 익숙한 우리말 성서의 한글 표기로 옮겨주어야 번역문을 읽는 독자가 이해하기 쉽다.

パウロ ⇏ 바우로 ⇨ 바울(개신교)/바울로(가톨릭)

ヨブ記 ⇏ 요부기 ⇨ 욥기

キリキア ⇏ 기리키아 ⇨ 길리기아

ステファノ ⇏ 스테화노 ⇨ 스데반

ダマスコ ⇏ 다마스코 ⇨ 다메섹

ガマリエル ⇏ 가마리에르 ⇨ 가말리엘

アンティオキア ⇏ 안티오키아 ⇨ 안디옥

ミラの港 ⇏ 미라항 ⇨ 미항

エフェソ ⇏ 에훼소 ⇨ 에베소

シャローム ⇏ 샤로무 ⇨ 샬롬

パリサイ派 ⇏ 파리사이파 ⇨ 바리새파

문장부호도 그러하지만 외래어표기법의 일본어 가나의 한글 표기도 현실과 부합되지 않는 부분이 더러 있다. 외래어표기법은 우리의 필요와 편의를 위해서 우리가 정한 우리끼리의 약속이라 할 수 있다. 영어든 일본어든 외국어 발음을 한글로 똑같이 적는 데는 분명 한계가 있다.

그러나 번역자는 일한 번역 시 일본어 가나 및 외래어를 우리말의 외래어표기법에 맞게 옮겨주어야 한다. 일단은 외래어표기법의 기본 원칙을 따른 다음, 차이가 나는 부분은 상식과 관례를 참고하고 관용慣用을 받아들이는 것이 바람직하다. 독자의 혼란을 최소화하기 위해서라도 번역자는 외래어표기법을 사전에 충분히 숙지하고 한글맞춤법의 원칙을 지켜야 한다. 양질의 번역 결과물 생산을 위해 한글맞춤법 어문규범에 대한 체계 있는 교육도 번역 교육 과정에서 반드시 병행되어야 할 것이다.

5장 일한 번역 연습

● ● ●

　이 장에서는 일한 번역 연습의 실제 사례를 보이고 번역문에 나타난 번역투를 고찰한 후, 대안 번역을 제시한다. 이는 기존의 연구와는 차별화된 실험적 시도이다. 단 이 장에서 설명한 내용은 앞의 3장의 내용과 중복되는 부분이 있다. 이는 실제 번역 연습에서 드러난 번역투 유형을 다시 한 번 강조하기 위한 것이다.

　대안 번역 제시 이전 단계에서 일한 전문 번역가[1] (A그룹: 활동 기

---

[1] 우리나라에서 출판 번역을 전문으로 하는 소위 전문 번역가에 대한 정보나 자료는 거의 공개되지 않을 뿐 아니라 최소한의 기본적인 자료조차 전무한 상태이다. 예를 들어 현재 우리나라에서 활동하는 전문 번역가는 총 몇 명인지, 각 언어별 전문 번역가 수는 어느 정도인지, 번역가로서 활동 기간과 번역물이 어느 정도라야 전문 번역가로서 자타가 공인하는지 등에 관해 조사된 자료나 알려진 정보는 매우 미미한 실정이다.
1999년 『미메시스 번역서 가이드북』 창간호에 열린책들 편집부가 실시한 '출판인들이 뽑은 한국을 대표하는 번역가들'이란 설문 조사가 실렸는데, 각 출판사의 대표나 편집인들에게 번역이 가장 탁월하다고 생각하는 국내 번역가 추천을 의뢰한 다음, 30개 출판사로부터 추천받은 90명의 번역가들에게 설문지를 보내 회수하는 방식으로 이루어진 설문 조사였다. 설문에 응한 51명의 번역가들이 번역한 책은 평균 30.9권이었고 과반수 이상이 1950년대 후반 출생으로 평균 나이는 45세였다. 그중 10권 이상의 번역서를 출간한 번역가는 총 38명이었고, 출판 번역에 종사한 평균 기간은 13년이었다. 학력은 모두 학사 이상이었으며 외국에서 석, 박사 학위를 취득한 사람도 15명이나 되어 전체의 39%를 차지했다. 학부 전공은 어문학이 가장 많았다. 번역 권수를 출판 번역 종사 기간으로 나누어

간 2~6년, 평균 4년, 출판 번역물 1~25권, 평균 7권), 통번역대학원생(B그룹: 한국외국어대학교, 이화여자대학교 통역번역대학원생), 일반 대학원생(C그룹: 고려대학교대학원 일어일문학과 석사 이상, 박사 수료 및 박사 졸업자)에게 번역 연습 자료인 총 26사례의 번역을 일차로 의뢰하였다. 일차 번역 연습에 응한 인원은 그룹별 10명씩 모두 30명이다.[2]

각 그룹 번역자에게는 번역자가 내용의 흐름을 파악하는 데 도움을 주기 위해 번역 연습 텍스트를 문맥 단위로 제시하였지만, 번역은 번역투 분석 대상인 밑줄 친 부분(뒤에 나오는 번역 연습 1~26 참조)만 하도록 했다. 따라서 번역투 유형별 번역 사례도 밑줄 친 부분만을 제시하기로 한다.

통번역대학원생과 일반 대학원생을 구분하여 번역 연습을 실시한 이유는 번역 이론과 실무를 주로 공부하는 통번역대학원생 그룹과 그렇지 않은 일반 대학원생 그룹 간에는 이 책의 핵심 주제인 '일한 번역의 번역투'라는 비교적 생소한 분야에 대해 분명 인식과(사전 학습의 의미) 이해의 차이가 있을 것이라 생각했기 때문이다.

또한 각 그룹의 특성상 번역 결과에도 차이가 있으리라는 일반적 통념을 실제 번역 연습을 통해 확인해보기 위해서였다.

그러나 예상과는 달리 번역 연습 결과 세 그룹 모두 번역투 문제에서 자유롭지 못하다는 결과가 나타났다. 그래서 각 사례의 말미에는 가능한 한 번역투를 제거한 대안 번역을 제시해두었다. 독자들은 연습 사례

연간 번역 권수를 계산한 결과 가장 많은 경우가 9.5권, 가장 적은 경우가 0.6권이며 평균 3.8권이었다. 이상의 설문 결과로 얻은 출판 전문 번역가의 평균 모습은 학부 혹은 대학원에서 어문학을 전공하고 3개월에 한 권 정도를 번역하는 45세의 번역가였다.
2) 뒤의 본문에서 일한 전문 번역가는 A-1~A-10, 통번역대학원생은 B-1~B-10, 일반 대학원생은 C-1~C-10으로 표기하였다.

와 대안 번역을 비교해봄으로써 번역투의 문제점을 다시 한 번 되짚어 볼 수 있을 것이다.

번역 연습(총 26사례)에 대한 각 그룹의 기본 설문 조사 정보, 번역 과정, 번역물 결과 및 가독성 평가 결과는 이 책에서 다루지 않기로 한다. 이에 대한 상세한 내용은 나의 박사 학위 논문(오경순, 2008)을 참조하기 바란다.

대안 번역의 몇 가지 기준은 다음과 같다.

될 수 있는 한 직역의 방법으로 원문의 '정신spirit'과 '의미sense'를 살리려고 노력했으며, '자연스럽고 편안한 표현easy form of expression'으로 원문 독자가 느끼는 동일한 반응과 감동을 우리말 독자가 느낄 수 있도록 고려하였다. 또한 일본식 한자어와 일본어투 용어와 구문은 가능한 한 배제하고, 뜻이 어렵거나 명확하지 않은 말은 이해하기 쉽고 편안한 우리말로 표현하는 데 중점을 두었다.

번역에 정답이 없듯 내가 제시한 대안 번역은 우리말 어법에 맞는 가장 자연스럽고 편안한 우리말 번역을 찾아가기 위한, 말 그대로 하나의 번역 방안으로서, 이것만이 유일하고 완벽한 모범 답안이라는 뜻은 아니나 바람직한 번역 방향을 제시하기 위한 하나의 실험적 시도이다.

대안 번역은 모두 내가 한 것으로, 먼저 고려대학교대학원 일어일문학과 박사 수료자인 두 명의 일본인에게 일차로 일한 번역 감수를 받았고, 그다음에는 객관성 있고 신뢰할 수 있는 대안 번역 도출을 위해 가독성 평가 전문가 그룹에게 번역문의 최종 가독성 검증을 받았다. 가독성 평가 전문가 그룹은 출판 편집 전문가, 국어 전문가, 일반 독자 각 3명씩 총 9명으로 구성되었다.[3] 내가 이 평가자 그룹에게 제시한 가독성 평가 기준은 다음과 같다.

① 한국어 어문 구조(문법의 정확성)
② 자연스러운 한국어 표현
③ 문맥상 적절한 어휘 사용
④ 번역물 내용의 이해 정도
⑤ 번역투(어색한 직역투) 용어 및 구문 출현 정도

평가자 구성에 일반 독자 3명을 포함한 이유는 출판 편집 전문가나 국어 전문가 그룹에서는 전문적이고 체계적인 평가가 다각도로 이루어지겠지만, 가독성이란 앞에서 언급했듯이 번역문과 번역문 독자와의 관계를 기반으로 하는 독자 중심의 개념이기 때문에 일반 독자도 그 나름의 가독성 평가 기준이 있을 것이며 일반 독자의 평가도 중요하다고 판단했기 때문이다.

일한 번역 연습 텍스트로는 소노 아야코의 에세이류(〈표 4〉 참조) 중에서 총 26개의 사례를 추출하였다. 소노 아야코의 에세이류는 현재도 일본에서 폭넓은 독자층으로부터 사랑받고 있으며 현대 일본어의 표현 및 특징, 일본의 문화 요소를 파악하기에 적절한 텍스트이다. 특히 소노

---

3) 그룹별 가독성 평가자 9명의 상세 정보는 다음과 같다.
　- 출판 편집 전문가 평가자(3명): 대졸, 석사 수료의 학력으로 현재 출판 편집 경력 5년 이상 10년 이하인 출판 편집 전문가.
　- 국어 전문가 평가자(3명): 국어국문학과 석사 과정, 박사 과정, 박사의 학력으로 현재 카피라이터로 활동하거나 번역 관련 일에 종사하는 국어 전문가.
　- 일반 독자 평가자(3명): 모두 대졸 학력으로 평소 한 달에 4권 정도 책을 읽고 인터넷 서점 등에 서평이나 글을 자주 올리는 독서에 관심이 많은 일반 독자.

아야코의 초창기 베스트셀러인 『계로록戒老錄』은 1972년 초판 이후 1996년 완본이 출간된 이래 30년 이상 120쇄를 거듭하며 일본에서 꾸준히 판매되고 있다.

    번역 연습 텍스트를 선정하면서 특히 중점을 둔 부분은 고찰하고자 하는 번역투 유형인 어휘·표현이 고루 포함되어 있어 가독성 평가 자료로 유효한가였다. 또한 텍스트가 고도로 전문 분야이거나 지나치게 난해한 경우 혹은 특정 소수 문화 개념의 이해를 요하는 경우는 배제하였는데, 이는 복잡하고 난해한 텍스트 자체가 번역투를 파악하는 데 불필요한 영향을 끼칠 수 있기 때문이다.

〈표 4〉 번역 연습 텍스트 목록

원서 제목	출판사	출판 연도
『戒老錄』	祥伝社	1996
『中年以後』	光文社	2000
『今日をありがとう』	德間書店	2000
『原点を見つめて』	祥伝社	2002
『緑の指』	PHP研究所	2002

번역 연습 1

<u>芸術の分野において、けなされることのない老大家になったら、もうその時は、社会はその名を盲目的にあがめているか、さもなくば実は識者たちから見限られているのだと思い、ひそかに筆を折るほうがいい。</u>

この項目だけは、私に関係のないことであるが、一つのパターンとして小説家を選んだ。芸術ばかりではなく、他のあらゆる仕事の分野において、老いは光栄と盲目とを同時に与える。偉大な栄誉を持つ人ほど、その盲目ぶりを指摘されることなく、実は世間から敬して遠ざけられている。当人は気がつかないままに、まだ世間は自分を尊敬しているのだと思う。(『戒老録』, 113)

번역 사례

(A-2) 예술 분야에 있어서 혹평받을 일이 없는 노대가가 되면 이제 그때는 사회가 그 이름을 맹목적으로 우러러본다. 그러나 그렇지 않다면 사실상 식자들로부터 가망이 없다고 여겨지고 있는 것이라 생각하여 조용히 붓을 꺾는 게 좋다.

(B-1) 예술의 분야에 있어서 더 이상 혹평당할 일이 없는 노대가가 되면 이미 그때는 사회가 그 이름을 맹목적으로 숭상하고 있다. 그러나 실은 식자들로부터 버림받은 것이라고 생각하고 조용히 붓을 꺾는 편이 낫다.

(C-1) 예술 분야에 있어서 흉잡히는 일 없는 나이든 대가가 되면 이미 그때 사회는 그 이름을 맹목적으로 숭배하지만, (만약) 숭배하는 것이 아니라면 실은 사람들에게 더 이상 가망성이 없다고 버림받은 거구나라고 생각해서 조용히 붓을 내리는 게 좋다.

번역투

- 어휘: 일본식 후치사(~において), 조어 '~적的'(盲目的)

– 표현: '피동문+～고 있다'(見限られている), 관용 표현(筆を折る), 접속사의 잉여 표현(さもなくば)

'芸術の分野において'를 번역한 '예술 분야에 있어서'는 전형적인 번역투 표현이다. 일본식 후치사 '～において'를 우리말로 그대로 옮긴 '～에 있어(서)'는 글의 간결성을 떨어뜨리는 군더더기 표현으로, 대부분 없어도 의미 전달에 아무런 지장이 없다. '～에게 있어서', '～함에 있어서'는 '～에', '～에서', '～에게', '～의', '～이', '～할 적에/때' 등으로 문맥에 맞게 번역한다.

일본식 조어 '的'이 붙은 '맹목적盲目的'의 뜻은 '주관이나 원칙 없이 덮어놓고 행동하는'이므로 '무조건'이나 '덮어놓고' 따위로 바꿔주는 것이 자연스럽다. 'さもなくば'는 뒤에 대구되는 말이 따라오므로 구태여 '그렇지 않으면', '아니면'으로 번역할 필요가 없다. 'A이거나, B이다'라고 번역하는 것이 간결하여 이해하기 쉽다.

우리말에는 능동형으로 써야 하는 문장과 피동형으로 써야 하는 문장이 구분되어 있다. 주어가 능동적으로 행동할 수 없는 문장 외에는 되도록 피동형을 쓰지 않아야 우리말 어법에 맞다. 다음 예의 경우도 피동 표현보다는 능동으로 바꾼 표현이 힘 있고 자신 있게 들린다.

경기가 다시 <u>침체될 조짐을 보이는</u> 가운데 특히 체감 경기가 최악입니다. 현재 경기를 보는 정부의 인식이 서민들의 눈높이와 큰 차이가 있다는 지적, <u>귀담아들을 필요가 있어</u> 보입니다.(〈SBS 8시 뉴스〉, 2006. 8. 5)
⇨ 경기가 다시 <u>침체될 조짐이 있는</u> 가운데 …… 귀담아들을 <u>필요가 있습니다</u>.

'見限られているのだ'는 능동형으로 바꾸고 진행형이 아닌 현재형으로 번역하는 것이 자연스럽다. 그리고 '붓을 꺾다'는 '筆を折る'를 직역한 번역투이다. '붓을 놓다' 혹은 '문필 생활을 그만두다' 등의 다양한 우리말 표현을 찾아 쓰려는 노력이 필요하다. 일본어를 그대로 직역한 관용적 비유 표현으로는 다음과 같은 것들이 있다.(표 5) 현재 우리는 이런 표현이 일본어를 그대로 직역한 표현인 줄 모른 채 일상적으로 쓰고 있다.

〈표 5〉 일본어를 직역한 관용적 비유 표현

한국어 표현	일본어 표현	한국어 표현	일본어 표현
애정을 쏟다	愛情を注ぐ	한숨을 쉬다	ため息をつく[5]
노여움을 사다	怒りを買う	숨을 헐떡이다	息を切らす[6]
엉덩이가 무겁다	尻が重い	숨이 막히다	息が詰まる
십자가를 지다	十字架を負う	더할 나위 없는	この上なく
입이 가볍다	口が軽い	한도를 알다	限度を知る
얼굴에 먹칠을 하다	顔に泥を塗る	엉덩이에 뿔이 나다	尻に角が生える
귀신이 웃는다	鬼が笑う	엉덩이가 근질근질하다	尻がむずむずする
일에 쫓기다	仕事に追われる	염두에 두다	念頭に置く
이름을 더럽히다	名を汚す	하나부터 열까지	一から十まで
자취를 감추다	姿を消す	코웃음 치다	鼻で笑う
웃을 일이 아니다	笑い事ではない	부평초, 떠돌이 인생	根無し草
붓을 꺾다	筆を折る	손을 빌리다	手を借りる
핀트가 어긋나다	ピントが狂う	지축을 흔들다	地響きを立てる
입에 풀칠하다	口に糊する	일벌레	仕事の鬼
고양이 목에 방울을 달다	猫の首に鈴をつける	뿌린 대로 거둔다	蒔かぬ種は生えぬ
엉덩이를 때리다	お尻を叩く	벌어진 입이 다물어 지지 않는다	開いた口が塞がらない
입에 거미줄 치다	口にくもの巣をかける	입/아귀에 거품을 물다[7]	口角泡を飛ばす
공포에 사로잡히다	恐怖に捉えられる(襲われる)		

대안 번역

예술 분야에서 더 이상 비판받지 않는 나이 많은 대가가 되면, 이미 그때는 세상이 그의 명성을 무조건 우러러보거나, 지식인들이 가망이 없다고 여겨 상대하지 않는다고 생각하고 슬그머니 붓을 놓는 게 현명하다.

번역 연습 2

私にとって、これこそカレンダーだ、と思えるのは一つしかないのである。よく商店の店頭などにかかっている、いわゆる日めくり、と言うのだろうが、一日一日破り捨てるようになっている暦で、この手のカレンダーは贅沢なのか旧式で人気がないのかめったにいただかないし、買うチャンスもあまりない。

日めくりが好きなのは、そこに格言のようなものが書いてあるからである。そば屋さんの店で、たぬきうどんなどを注文し、目の前にその日めくりがかけてあったりすると、うどんが運ばれてくる前に、じっとそこに書いてあることばを見て考えるから、待ち時間が

---

5) '입에 거품을 물고' 병든 남편에게 달려들어 쥐어뜯을 기세를 보인다. 용이는 이를 갈았다. 이마에 기름땀이 난다.(『토지』1부 1권, 404)
6) 「ああ、あ」彼女は今も溜息をつきながら、「あたし、自動車でも習おうかしら。このままじゃあ、生活に張りがないわ」
"아아, 아" 그녀는 이번에도 한숨을 쉬면서, "나, 자동차라도 배울까 봐요. 이대로는 생활에 활기가 없어요."(『유미 걸작선』, 18)
7) 「早く支度して」わたしは息を切らしていった。(『命』, 16)
"빨리 준비해야지" 하고 나는 숨을 헐떡거리면서 말했다.(『생명』, 33)

ちっとも長く感じられない。(『今日をありがとう』, 1)

번역 사례

(A-4) 날별로 뜯어내는 달력을 좋아하는 것은 거기에 격언과 같은 것이 적어져 있기 때문이다. 소바 가게에서 다누키 우동 등을 주문하여 눈앞에 그 달력이 걸려 져 있거나 하면 우동이 배달되어 오기 전에 가만히 거기에 쓰여져 있는 말을 보면서 생각하기 때문에 기다리는 시간이 조금도 길게 느껴지지 않는다.

(B-2) 일력을 좋아하는 것은 거기에 격언과 같은 문구가 써 있기 때문이다. 우동을 먹으러 소바집에 갔을 때 이런 일력이 걸려 있다면 우동이 나올 때까지 가만히 거기 씌여 있는 문구를 바라보면서 생각할 수 있어 기다라는 시간이 조금도 지루하지 않다.

(C-8) 일력을 좋아하는 이유는 격언 같은 것이 쓰여 있기 때문이다. 소바 가게에서 다누키 우동 등을 주문한 뒤 눈앞에 그 일력이 걸려있기라도 하면, 우동이 나오기 전까지 계속 거기에 쓰여 있는 말을 보고 생각하기 때문에 기다리는 시간이 전혀 길게 느껴지지 않는다.

번역투
- 어휘: 음역 차용어(そば屋, うどん)
- 표현: 피동 표현(~運ばれてくる)

『일본어투 생활용어 순화 자료집』에는 'そば'는 메밀(국수)로, 'う

どん'은 가락국수로 순화하여 쓰자고 나와 있다. 또한 김성동(1998)도 「우리말 우리글 일본식 용어 999가지」에서 우동은 일본식 용어이므로 우리식 용어인 왜면倭麪이나 왜국수로 바꿔 쓰자고 주장한다. 나도 '소바'를 '메밀국수'로 '우동'을 '가락국수'로 쓰자는 주장은 일본식 용어에 가려진 우리말을 찾아 가꾸고 다듬는 차원에서 바람직하다고 생각한다.

'たぬきうどん'은 일한사전에 '잘게 썬 파와 튀김 부스러기를 얹은 가락국수'로 나와 있으나 우리나라에는 없는 일본 우동의 한 종류로 취급해 고유명사 그대로 '다누키우동'으로 직역함으로써 오히려 '낯설게 하기' 번역 효과를 꾀할 수도 있다. 혹은 '잘게 썬 파와 튀김 부스러기를 얹은 가락국수'로 이해하기 쉽게 풀어서 역주로 처리할 수도 있다. 이처럼 번역문Target Text 독자의 가독성을 고려한 번역은 '친숙하게 하기'의 번역 방법이라 할 수 있다.

대안 번역

일력을 좋아하는 것은 격언 등의 문구가 있기 때문이다. 메밀국수 가게에서 다누키우동 따위를 주문하고 눈앞에 일력이 걸려 있으면, 우동이 나올 때까지 물끄러미 거기 적힌 글귀를 음미하느라 기다리는 시간이 조금도 지루하지 않다.

번역 연습 3

すべての人には、努力によってその人の可能性の分野を広げることができる部分も確かにあるが、その程度は限られている。「成せ

ば成る」などというのはひどい思い上がりである。

しかし限度は少しも惨めなことではない。その人が何をして生涯を生きるかには、その人が望む部分と、神によって命じられる部分とがある。その接点で生きるのが、一番いい生き方なのだ。そういう考え方だから、怠けるわけではないが、生きる方に無理をしなくなるのである。(『今日をありがとう』, 70)

번역 사례

(A-5) 모든 사람에게는 노력에 의해서 그 사람의 가능성의 분야를 넓힐 수 있는 부분도 틀림없이 있지만 그런 정도에는 한계가 있다. 「하면 된다」라고 하는 것은 심한 교만함이다.

(B-8) 누구에게나 노력에 의해 그 사람의 가능성 있는 분야를 넓힐 수 있는 부분도 확실히 있기는 하지만 그 정도에는 한계가 있다. 하면 된다와 같은 말은 심한 착각인 것이다.

(C-7) 모든 사람에게는 노력에 의해 그 사람의 가능성이 있는 분야를 넓일 수 있는 부분도 분명히 있지만, 그 정도는 한정되어 있다. "하면 된다"따위는 심한 교만함이다.

번역투

- 어휘: 복수 접미사 '들'(すべての人), 일본식 후치사(~によって)
- 어문규범: 낫표「」

우리말에서는 이야기의 흐름으로 복수임을 짐작할 수 있거나 문장 안에 복수를 나타내는 어휘가 있는 경우 복수 접미사 '들'을 붙이지 않는다. 'すべての人'는 복수를 나타내는 'すべて'라는 부사가 명시되어 있으므로 '모든 사람들'이 아닌 '모든 사람' 혹은 '누구나'로 번역해야 간결하고 자연스럽다. 여기서는 이 부분이 잘 번역되었다.

'~によって'를 '~에 의해', '~에 의하여', '~에 의한', '~에 의하면', '~에 따르면', '~로 인해서'로 번역하는 것은 번역투의 전형이다. '努力によって'는 '노력으로' 혹은 '노력으로 말미암아'로 번역하는 것이 우리말 어법에 맞다.

원문에 문장부호가 있을 때는 목표 언어(번역문)의 어문규범에 맞게 문장부호도 함께 번역해주어야 한다. 원문의 「 」는 문장에서 중요한 부분을 두드러지게 하기 위해 쓴 부호이다. 우리말의 가로쓰기에서는 작은따옴표[7]가 드러냄표 대신 쓰이므로 작은따옴표로 바꾸어주어야 한다. 세로쓰기에서는 작은따옴표 대신 낫표(「 」)를 사용한다.

대안 번역

누구라도 노력하면 자신이 가능성 있는 분야를 확대할 수 있는 것은 분명하나, 한계가 있다. 따라서 '하면 된다'라는 말은 매우 교만한 생각이다.

---

7) 한글맞춤법에서는 작은따옴표(' ')와 낫표(「 」)를 다음과 같이 규정한다.
가로쓰기에는 작은따옴표, 세로쓰기에는 낫표를 쓴다. ① 따온 말 가운데 다시 따온 말이 들어 있을 때에 쓴다. ② 마음속으로 한 말을 적을 때에 쓴다. ③ 문장에서 중요한 부분을 두드러지게 하기 위해 드러냄표 대신에 쓰기도 한다.
그러나 작은따옴표의 쓰임이 신문 기사나 번역본에서도 일관성이 없으며 작은따옴표의 규정에 국어학자들도 이견을 보이는 경우가 있으므로 보편적이고 현실에 부합하는 한글맞춤법 문장부호 규정이 하루빨리 통일되어야 한다.

번역 연습 4

<u>もはや一年中で一日としてすっきりした透明な青空をみせることはないのではないかと思われるような、白くにごった東京の空が、慌しく暮れようとするところだった。</u>
この大都会には、透明な感情というものがもはや育ちにくそうだった。透明な恋、透明な喜び、透明な悲しみ、或いは涙。そういったものが、その純粋さを保つためには何かが欠け、何かが多すぎるのであった。(『今日をありがとう』, 293)

번역 사례
(A-9) 이젠 일년 내내 하루라도 맑고 투명한 푸른 하늘을 보여주는 일이 없는 게 아닌가 하고 생각되는 듯한 뿌옇게 흐린 동경의 하늘이 부산하게 막 저물려고 하고 있었다.

(B-5) 이제는 1년 중에 한번이라도 맑고 청명한 푸른 하늘을 보여 줄 수 없을 것만 같은 뿌연 도쿄 하늘이 저물어 가고 있었다.

(C-2) 이미 1년 중에 하루라도 상쾌하고 투명한 창공을 보여주는 일은 없는 것이 아닐까하고 생각되는 듯한, 하얗게 먼지 낀 동경의 하늘이 서둘러 저물려고 할 때였다.

번역투
- 표현: 무정명사

무정명사 표현이 흔한 영어와는 달리 우리말에서는 무생물 주어의 쓰임이 적다. 우리말에서는 감정을 나타내는 경우, 직접 감정을 유발한 주체나 감정의 영향을 받은 주체도 명시하지 않는 경우가 많다. 특히 일기나 기상 관련 표현에서는 날씨를 주어로 번역하면 어색해지므로 조사나 술어 동사를 활용하여 풀어서 번역하는 것이 이해하기 쉽다.

'~思われるような'는 '생각되는듯한', '생각이 들법한', '생각되어지는' 같은 직역투의 번역보다는 '~것 같은', '~싶을 정도로'라고 표현하는 것이 간결하며 자연스럽다. 주어가 무생물인 '透明な青空をみせる'도 그대로 직역하면 우리말로는 어색하며 번역투로 이어지기 쉽다. 이 경우에도 사람을 주어로 하는 능동 표현으로 바꾸어 번역해야 한다.

대안 번역

이제 맑고 투명한 푸른 하늘을 일 년 중 단 하루도 보지 못하게 될 것처럼 희뿌옇게 흐린 도쿄 하늘이 황망히 저물려 할 때였다.

번역 연습 5

<u>アフリカでは、何もかも意味ありげに見える。しばしば病気や貧困さえ、哲学的な意味を持っているように見えるから困ったものだ。</u>そして彼ら自信の誰もがかかっている病気の「部族抗争」という熱は、今のところ解熱作用のある特効薬がないからおさまるわけがない。観念の平和論など、全く入り込む余地はないのである。

(『緑の指』, 24)

번역 사례

(A-2) 아프리카에서는 모든 것이 의미 있는 것처럼 보인다. 때때로 질병이나 빈곤조차 철학적인 의미를 갖고 있는 것처럼 보이기 때문에 곤란했었다.

(B-3) 아프리카에 가면 무슨 일이나 다 의미가 있는 것처럼 보인다. 병이나 가난조차도 철학적인 의미를 지닌 것처럼 보일 때가 많으니 도리가 없다.

(C-7) 아프리카에서는 뭐든지 의미 있는 듯이 보인다. 자주 병이나 빈곤조차 철학적인 의미를 갖고 있는 듯이 보이므로 곤란한 것이다.

번역투

- 어휘: 조어 '~적的'(哲学的)
- 표현: '~고 있다'(持っている), 의존명사(ものだ)

'哲学的な意味'의 경우 천편일률식으로 '철학적인 의미'로 번역하기보다는 '철학의 의미'로 번역해도 전혀 손색이 없다. 혹은 '~적'이란 말을 꼭 쓰고 싶다면 '철학적인 의미'보다는 '철학적 의미'로 '~인'을 빼는 편이 군더더기 없는 간결한 표현이다.

'意味を持っている'를 직역한 '의미를 갖고 있다'는 번역투 표현으로 '의미(가) 있는'이 자연스럽다. '困ったものだ'에서 의존명사 'ものだ'는 상식이나 일반 개념과는 다른 특정한 사항에 대해 화자가 놀라는 감정을 나타내는 말이므로 직역투의 '곤란한 것이다'보다는 '곤란한 노

릇이다', '곤란하다', '난감하다' 등의 다양한 표현을 찾아 쓰려는 노력이 필요하다.

대안 번역

아프리카에서는 모든 것이 의미가 있어 보인다. 가끔 질병이나 빈곤조차 철학의 의미가 있는듯해 난감하다.

번역 연습 6

大学の四年生の時に私は学生結婚をした。結婚した年に初めて原稿が「売れる」ようになり、その翌年に子供が生まれた。私は自分の母を挍く利用した。母の手を借りなかったら、子育てと原稿を書くことと、とても両立はしなかったのである。

その頃、雑誌のインタビューなどで「妻と母と作家と、三つの立場をどう両立させていますか」などと質問されると私は「両立させていません。どれも、いい加減にやっています」と答えていた。

一日は二十四時間だし、それから睡眠時間を引けば、残り時間は決まって来る。その時間をすべて一つのことに当てれば充分な仕事もできるだろうが、三つの仕事に分ければ、どれもおろそかになるのは当たり前なのである。(『緑の指』, 37)

번역 사례

(A-2) 그때 잡지 인터뷰 등에서 「아내, 어머니, 그리고 작가라는 세 가

지 입장을 어떻게 양립시키고 있습니까?」라는 식의 질문을 받고 나는 「양립하고 있지 않습니다. 다 적당히 하고 있어요」라고 대답했다.

(B-8) 그 무렵 잡지 인터뷰 등에서 「아내와 엄마와 작가, 세 개의 위치를 어떻게 양립시켜나가고 있습니까?」와 같은 질문을 받으면 나는 「양립시키고 있지 않습니다. 전부 적당 적당히 하고 있어요」라고 대답했다.

(C-4) 그 무렵 잡지의 인터뷰 등에서 「아내와 어머니와 작가라는 세 가지의 입장을 어떻게 양립시키고 있습니까.」라는 질문을 받으면 나는 「양립시키고 있지 않습니다. 모두 적당히 하고 있습니다.」라고 대답하였다.

번역투

- 어휘: 일본식 한자어(立場, 等)
- 표현: 사역 표현(両立させる), '~고 있다'(両立させていますか)
- 어문규범: 직접 인용 부호「 」

'양립兩立'이란 두 가지가 동시에 따로 성립한다는 뜻으로 동사형은 '양립하다' 혹은 '양립되다'이다. 주어 자신이 행위의 주체가 되므로 '양립시키다'는 우리말 어법에 어긋나는 표현으로 이 문장에서 일본어 '両立する'의 사동형 '両立させる'는 '양립하다' 혹은 '모두 잘하다'로 번역하는 것이 우리말 어법에 맞고 자연스럽다.

일본어투 용어 '입장立場'은 '일', '처지'로 바꿔 쓰려는 노력이 필요하며, 맥락에 따라 '원칙, 태도, 방침, 견해' 등의 말로 대체하거나 경우에 따라서는 번역을 하지 않는 편이 오히려 자연스러울 때도 많다.

한문과 일본어에서 자주 쓰는 일본어투 용어인 등等(など)은 다음 예처럼 문장에 따라 '들'이나 '따위'로 고쳐 쓰도록 노력한다.

"빌려준 돈을 받기 위해 폭력배 등을 고용해 채무자를 납치, 감금 폭행하는 등의 사례가 빈발하고 있다."(『동아일보』 2006. 3. 31)
⇨ 폭력배들을 고용해 …… 폭행하는 따위의 사례가

"단말기 보조금 제도 시행 이전에 '공짜 폰' '1만 원 폰' 등등이 가능했던 것은 이동통신사가 몇몇 단말기에 지원금을 몰아줬기 때문이거든요."(『동아일보』 2006. 3. 31)
⇨ '1만 원 폰'들이/ '1만 원 폰' 따위가 가능했던 것은

'~고 있다(~ている)' 표현도 대부분의 경우 현재 시제로 번역해도 전혀 의미가 달라지지 않으며 오히려 우리말다운 표현이 된다. 또한 직접 화법의 부호는 큰따옴표[8] (" ")이며, 그다음에 형태소 '라고'가 첨가되는 점에 주의한다.[9]

---

[8] 한글맞춤법에서는 큰따옴표(" ")와 겹낫표(『』)를 다음과 같이 규정한다.
가로쓰기에는 큰따옴표, 세로쓰기에는 겹낫표를 쓴다. 대화, 인용, 특별 어구 따위를 나타낸다.
① 글 가운데서 직접 대화를 표시할 때에 쓴다. (예) "전기가 없었을 때는 어떻게 책을 보았을까?" / "그야 등잔불을 켜고 보았겠지."
② 남의 말을 인용할 경우에 쓴다. (예) 예로부터 "민심은 천심이다."라고 하였다. / "사람은 사회적 동물이다."라고 말한 학자가 있다.

[9] 현행 한글맞춤법 문장부호 규정의 예문에서는 큰따옴표 안의 인용문에 마침표가 찍혀 있

대안 번역

그 무렵 몇몇 잡지의 인터뷰에서 "아내와 엄마, 작가의 일 모두를 어찌 그렇게 잘 해내십니까?" 따위의 질문을 받게 되면, 나는 "모두 잘 하지는 못합니다. 어느 일이든 적당히 합니다."라고 대답했다.

번역 연습 7

サボテンと言えば、毎年、目や体の不自由な車椅子の人たちと、イスラエルへ行くが、私たちのグループはいわゆる有名料理店は避けて、実質的においしい店で食事をする計画を旅行社に立ててもらっている。そのうちの一つにポーランドからの移民の夫婦がやっている東欧料理の店があって、おふくろの味的なスープが二種類もたっぷりと出るので評判がいい。

<u>彼らのレストランは、街道沿いの平凡な野原の中にあるのだが、夫婦が栽培している鉢植えの花が溢れている。</u>(『緑の指』, 71)

번역 사례

(A-1) 그들의 음식점은 도로에서 그리 멀지 않은 평범한 들판 속에 있다(8번 주석 ②의 예문 참조). 그러나 마침표 사용에 대한 정확하고 통일된 규정이 없어 다소 혼란스럽다. 한글맞춤법의 예문에 마침표가 찍혀 있다는 것을 근거로 학교 교과서에서는 철저히 마침표를 찍지만, 신문의 경우는 인용문에 마침표를 찍지 않는다. 마침표를 비롯한 한글맞춤법의 문장부호 규정에 적지 않은 문제가 있음을 지적하는 학자도 있다. (이익섭, 2002) 따라서 혼동을 막기 위해서도 현행 한글맞춤법의 문장부호 규정을 현실에 맞게 개정하고 보완하는 일이 시급하다.

는데 부부가 재배하고 있는 꽃이 화분들마다 넘쳐나고 있었다.

(B-6) 그들이 운영하는 레스토랑은 간선도로변에 있는 들판 중앙에 자리 잡고 있는데, 음식점은 부부가 재배하는 꽃 화분들로 넘쳐나고 있다.

(C-3) 그들의 레스토랑은 길가를 따라 펼쳐진 평범한 들판 한가운데 있었지만, 부부가 재배하는 화분의 꽃이 가득 넘치고 있었다.

번역투
- 어휘: 일본식 한자어(夫婦)
- 표현: '~고 있다'(栽培している, 溢れている)

우리말에서는 굳이 수를 드러낼 필요가 없는 경우에는 단수 명사를 쓰는 것이 일반적이며, 복수라 할지라도 복수 접미사 '들'을 사용하면 어색한 경우가 많다. '彼らのレストラン'은, 바로 이어지는 구절인 '街道沿いの平凡な野原の中にあるのだが'이 'レストラン'을 부연 설명하는 삽입구라고 보았을 때 '夫婦'로 연결되며 또한 '彼ら'는 '夫婦'를 가리키며 복수를 뜻하므로 '그들의 레스토랑'보다는 '그 레스토랑'이 간결한 표현이다.

국립국어원은 『한국어문규정집』(1995)에서 '레스토랑(レストラン)'을 기본 외래어로 분류했으며, 문화체육부(1995)는 '레스토랑'을 순화용어인 '(양)식당'으로 쓰도록 권장한다. '레스토랑'을 '밥집', '식당'으로 부르지 않는 것에 대해 우리말 비하 의식으로 보는 3단계 의미론[10]도 있다. '부부夫婦'는 일본식 한자어로, 우리 전통식 한자어는 '내외內

外'이다. 되도록이면 우리식 한자어를 찾아 쓸 것을 제안한다.

'栽培している', '溢れている'의 번역은 '재배하고 있는', '넘쳐나고 있었다' 보다는 '재배하는', '넘쳐났다'의 표현이 똑같이 동작의 진행과 상태의 계속을 의미하면서 우리말 어법에도 맞다.

대안 번역

도로를 따라 펼쳐진 평범한 들판 가운데에 있는 그 레스토랑에는 내외가 키우는 화분이 가득했다.

번역 연습 8

私のうちは、鉄骨を上げて網を張ったスカッシュ・コートみたいな中で畑をしている。これは始めかなりの屈辱だった。「素人ほど、こんなところにバカ金をかけて、中で何をやるつもりだかね」と言われる声が聞こえるよう気がしたからである。

でも私はそういうことは一切考えないことにした。私にとって畑作りは趣味道楽なのだからお金がかかることは予め覚悟していたし、私一人で毎回、鳥避けの網を張ることなどできるわけがな

---

10) 여전히 우리말에 대한 비하 의식은 남아 있다. 비근한 예로 '알몸, 나체, 누드'의 3단계 의미론을 들 수 있다. 알몸은 신문의 사회면 기사에서 사용된다. "알몸으로 발견됐다." '알'의 뉘앙스는 대단히 중요하다. 진짜배기, 알갱이, 핵심 등을 나타낸다. 그런데도 알몸은 3등 단어로 전락했다. 한자어가 대부분 그러하듯 나체는 우리 의식에서 2등 단어이다. 최소한의 비하는 없다. 그리고 누드는 예술과 관계하는 고상한 단어이다. 이런 3단계 의미론은 '밥집', '식당', '레스토랑'에서도 그대로 반복된다.(이한우, 2002: 159)

<u>かった</u>。網なしでは、あらゆる作物は動物に食べられてしまうのである。(『緑の指』, 85)

번역 사례

(A-5) 하지만 나는 그런 것 들은 일체 생각하지 않기로 했다. 나에게 있어서 밭농사는 취미 도락(趣味道樂)이기 때문에 돈이 드는 일은 미리 각오 하고 있었고, 나 혼자서 매번 새를 쫓는 망을 짜는 일조차 할 수 없었다.

(B-8) 하지만 나는 그런 것들은 전혀 개의치 않기로 했다. 내게 있어서 텃밭 가꾸기는 취미이자 도락이기 때문에 돈이 들어갈 것은 미리 각오하고 있었고 나 혼자서 매번 새를 쫓아내기 위한 그물을 칠 수는 없었다.

(C-1) 그러나 나는 그런 것은 일체 생각하지 않기로 했다. 나에게 있어서 밭을 일구는 것은 취미기 때문에 돈이 들것이라는 것은 처음부터 각오하고 있었고, 나 혼자서 매번, 새 쫓기 위한 그물치기 등이 가능할 리가 없었다.

번역투

– 어휘: 일본식 한자어(一切、趣味道楽), 일본식 후치사(~にとって)
– 표현: '~고 있다'(覚悟していた)

한자어 '一切'는 뒤에 부정문이 올 때는 '일절'로 번역하며, '죄다',

'모든 것'의 뜻일 때는 '일체'로 번역한다. 그리고 '趣味道楽'의 '道楽'은 '재미나 취미 삼아 하는 일', '소일消日' 혹은 '소일거리'의 뜻으로 취미와 중복되는 표현이다.

'私にとって'를 '나에게 있어서'로 번역하는 것은 번역투의 전형적인 표현이다. '~에 있어서', '~에게 있어서', '~함에 있어서'는 '~에', '~에서', '~에게', '~의', '~이', '~할 적에/때' 등으로 문맥에 맞게 번역한다. 1인칭 화자인 '私'를 매번 번역하는 것도 군더더기 표현이 되기 쉽다.

우리말에는 진행형이 발달하지 않았기 때문에 되도록이면 '~고 있(었)다' 표현은 피하는 편이 좋고, '覚悟していた' 표현도 '각오하고 있었다'보다는 단순 과거 시제인 '각오했다'로 번역하는 것이 깔끔하고 이해가 쉽다.

대안 번역

그런 말은 일절 생각지 않기로 마음먹었다. 처음부터 돈이 들어갈 것은 각오했었고 내게 밭일은 취미 삼아 하는 일이므로 새가 주는 피해를 막자고 매번 망을 칠 수는 없는 노릇이었다.

번역 연습 9

十一月、十二月は、私たち作家にとっても、もちろん編集者にとっても、魔の季節である。お正月休みと、新年号、新春号の発行に向けて、すべての雑誌の締切りが繰り上がるから、やたらに忙

しい。私のように不流行作家でも、欲求不満になるくらい仕事に追われる。
しかし最も厳しい仕事のピークが過ぎたと思われると、私はすぐ三浦半島の週末の家に出掛けて行き、すっかり冬の光に変わった海の眺めを楽しんだ。(『緑の指』, 170)

번역 사례

(A-2) 나 같은 비인기 작가도 욕구불만에 걸릴 만큼 일에 쫓긴다.

(B-8) 나처럼 안 팔리는 작가도 욕구불만에 빠질 정도로 일에 쫓기게 된다.

(C-8) 나 같은 비베스트셀러 작가도 불만을 느낄 정도로 일에 쫓긴다.

번역투

- 어휘: 조어 '불不~'(不流行作家)
- 표현: 관용 표현(仕事に追われる)

일본식 조어 요소인 접두사 '不~'을 그대로 직역하면 우리말 어법에 어울리지 않는 어색한 표현이 되기 쉬우므로 다음 예와 같이 풀어 쓰는 것이 좋다.

누구든지 병역의무의 이행으로 인하여 불이익한 처우를 받지 아니한

다.(헌법 제39조 ②항)

⇨ 불리한 처우를 받지 아니한다.

'不流行作家'를 '비베스트셀러 작가', '유행하지 않는 작가', '불유행 작가', '비유행 작가'로 번역하면 번역투이자 우리말 어법에도 맞지 않는 어색한 표현이 되고 만다. '인기 없는 작가'나 '유행과는 거리가 먼 작가', '유명하지 않은 작가' 등의 표현이 무난하다.

우리말의 관용 표현 중에는 일본어 관용구를 직역함으로써 거의 우리말로 굳어진 것이 상당히 많다. 일본어뿐만 아니라 영어를 비롯한 서양어도 우리말의 관용 표현에 많은 영향을 미쳤다. 단지 어떤 관용구가 일본어 혹은 영어 표현과 유사하다는 사실 하나만 가지고 영향을 받았다고 단정하기는 어려우므로 우리가 쓰는 관용 표현의 어원이 한문인지 서양어인지 혹은 우리말 자체인지를 충분히 살펴본 다음에 일본어 관용 표현의 영향을 확인하는 작업이 이루어져야 할 것이며 이 방면에는 앞으로 더 많은 연구가 필요하다.

그리고 우리말의 관용 표현이 일본식 표현이라면 그대로 쓸 것이 아니라 우리말로 대치 가능한 표현을 찾아보고 우리 고유의 새로운 표현을 만들고자 하는 번역자의 시도와 지속적인 노력이 필요하다. 예를 들어 관용 표현 '仕事に追われる'의 경우 획일적으로 '일에 쫓기다'로 번역하기보다는 '일에 치이다', '일이 쌓이다', '정신없이 바쁘다' 등 다양한 표현으로 번역을 시도할 필요가 있다.

대안 번역

나처럼 인기 없는 작가조차도 욕구불만이 될 정도로 일에 치인다.

번역 연습 10

ところどころで消毒をしている人もいたが、それでおもしろい話を思い出してしまった。先日東京の有名ホテルのアイスコーヒーにハエの死骸が浮いていたという新聞記事である。
<u>新聞は、ハエ入りのコーヒーのことを「あり得べからざることが起きた」と書いたいたが、私は途上国ではそんなことは日常茶飯事なので、「あり得ることが日本でも起きた」と感じただけであった</u>。(『緑の指』, 173)

번역 사례

(A-9) 신문은 파리가 들어간 커피에 대해「있을 수 없는 일이 일어났다」라고 쓰고 있었지만, 나는 개발도상국에서는 그러한 일이 흔한 일이므로「있을 수 있는 일이 일본에서도 일어났다」라고 느꼈을 뿐이었다.

(B-8) 신문은 파리가 빠진 커피소동을 있을 수 없는 일이 일어났다고 적고 있지만 나는 개발도상국에서 그런 일은 일상다반사로서, 「일어날 수 있는 일이 일본에서 일어났다」라고 느껴질 뿐이었다.

(C-5) 신문에서는 커피에서 파리가 나온 것을「있을 수 없는 일이 일어났다.」고 쓰고 있지만, 나는, 개발도상국에서는 그런 일이 흔히 있기 때문에「그럴 수도 있는 일이 일본에서도 일어났다.」고 느꼈을 뿐이다.

번역투
- 어휘: 한자어(日常茶飯事)
- 표현: '있을 수 없는', '있을 수 있는'(あり得べからざる, あり得る)
- 어문규범: 간접 인용 부호「」

'~있을 수 있다', '~당연히 있어야 할', '마땅히 있음직한' 같은 표현들은 현대국어에서는 많이 사용되나 그 이전에는 사용하지 않던것들로 송민(1979), 정광(1995)은 이 표현들이 일본어의 영향을 받았음을 밝히고 있다. 또한 요즘 우리말에 '~ㄹ 수 있는'이라는 표현이 난무하는 원인은 '수'에 어떤 일을 할만한 힘이나 가능성의 의미가 있고, 영어의 'can'을 '할 수 있다'로 직역하면서 무의식적으로 굳어져버린 번역투 탓이다. 그러나 어떤 번역가는 영어의 'can'은 부정적인 가능성도 함께 뜻하기 때문에 긍정적인 해결 능력을 의미하는 우리말 '수'와는 크게 다르고 'can'의 정확한 우리말 번역은 '~하기도 한다'나 '~될지도 모른다'이므로 우리말 '수'의 의미를 정확히 알고 가려 쓰자고 제안하기도 한다.

『표준국어대사전』에 나오는 예문 '모험을 하다 보면 죽는 수도 있다.'에서처럼 '수'가 부정적인 가능성을 의미하는 경우도 있으므로 우리말 '수'가 긍정적인 가능의 의미만 내포하는지에 대해서는 좀 더 논의가 필요하다고 생각한다. 다만 다음 예문에서처럼 가급적 '수'를 대치 가능한 다양한 우리말로 바꿔 쓰려는 노력은 필요하다고 본다.

항공안전본부는 항공사·공항공사 등과 협의해 승객의 불편을 <u>최소</u>

화할 수 있는 방안을 강구할 방침이다.
⇨ 승객의 불편을 최소화할 방안을 강구할 방침이다.(최인호, 2006: 105)

다국적기업 제품들은 전 세계 표준으로 국내 소비자들에게 만족을 주려 할 때 우리는 우리 식에 맞춰 적시적소에 가장 시원하게 가려운 곳을 긁어줄 수 있는 묘안을 짜내야 한다.
⇨ 가려운 곳을 긁어줄 묘안을 짜내야 한다.(최인호, 2006: 105)

자신이 원하는 것은 무엇이든지 이룰 수 있으며, 자신이 대단히 독특한 존재임을 깨달을 수 있게 해줍니다.
⇨ 원하는 것은 무엇이든지 이루게 하고, …… 독특한 존재임을 깨닫게 해줍니다.(최인호, 2006: 105)

일본어 'あり得る', 'あり得ない'의 우리말 번역의 경우 천편일률식인 '있을 수 있는', '있을 수 없다' 외에도 다음 예처럼 '있어서는 안 된다' 혹은 '일어나서는 안 된다', '있을법한' 등의 표현도 가능하다.

そんなことば あり得ない。
그러한 일은 있을 수 없다.
⇨ 그러한 일은 있어서는 안 된다.

있을 수도, 일어날 수도 없는 일이다.
⇨ 있어서도 일어나서도 안 될 일이다.

幸いなことにあたりに人影はなし。好都合なことに街灯も暗いときでいるわ。まわりを見まわし諸君、ズボンのボタンをはずす……<u>ありうる事態でしょうが</u>。

다행히 주변에 인기척은 없다. 마침 가로등도 침침하단 말씀이야. 주위를 둘러보고 여러분은 바지 단추를 푼다…… <u>있을법한 사태일 텐데요</u>.(『유머 걸작선』, 142)

한자어 '日常茶飯事'는 다음 예처럼 쉬운 우리말인 '예삿일', '흔한 일'로 순화하여 쓰면 이해하기도 쉽고 편안하다.

"얼핏 사회적 책임이 높은 대기업 CEO로서 '<u>일상다반사</u>'처럼 하는 당연한 이야기처럼 들리지만 속내를 들여다보면 그 의미는 사뭇 다르다."(『EBN 산업뉴스』 2007. 9. 28)
⇨ 대기업 CEO로서 '<u>예삿일</u>'처럼 하는

「あり得べからざることが起きた」는 신문 기사를 간접 인용한 것이므로 간접 인용 부호인 작은따옴표를 써야 하며,「あり得ることが日本でも起きた」는 마음속으로 한 말이므로 역시 작은따옴표를 써야 현행 우리말 어문 규정에 맞다.

대안 번역
커피에 파리가 들어간 것을 두고 신문은 '있어서는 안 될 일이 벌어졌다.'고 떠들었지만, 그런 일은 개발도상국에서는 무척 흔하므로 '일어날만한 일'이 일본에서도 일어났을 뿐이라 느꼈다.

번역 연습 11

強欲ということは、しかし考えてみると滑稽で有効な情熱である。砂糖を入れたかと思うほど甘い採り立てのエンドウを食べたいという情熱は、純粋というか、ばかげているというか、素朴すぎるというか、まことにはっきりしすぎていて、若い時ははずかしいくらいのものであった。

<u>しかし今は曖昧模糊としたものも、明瞭すぎるものも、共におかしく楽しく、そのまま人に話して笑えるようになった。</u>(『緑の指』, 188)

번역 사례

(A-7) 그렇지만 지금은 애매모호한 것이나 지나치게 명료한 것이나 모두 다 우습고 즐거워서 그대로 다른 사람들한테 이야기해주고 웃게끔 되었다.

(B-1) 그렇지만 지금은 애매모호한 것도 너무나도 명료한 것도 모두 이상하고 재밌어서 그냥 그대로 사람들에게 이야기하고 웃을 수 있게 되었다.

(C-7) 그러나 지금은 애매모호했던 일도, 너무 선명한 일도 모두 재미있고 즐겁게 있는 그대로 남한테 얘기해서 웃을 수 있게 되었다.

번역투

- 어휘: 일본식 한자어(曖昧模糊)

- 표현: '~으로 되다'(~になる)

무언가 확실하지 않고 불분명한 것을 가리킬 때 우리는 흔히 '애매모호하다'라는 말을 쓴다. 하지만 애매曖昧는 일본어로, 모호模糊와 같은 뜻을 가진 말이다. 그러므로 '애매모호'는 같은 뜻을 가진 두 단어가 중복된 겹말이라 할 수 있다. 중국에서는 두 단어를 같은 뜻으로 풀이하며 둘 다 사용한다. 그러나 우리나라에서는 '분명하지 않음'의 뜻으로 '모호'만 받아들여 사용하고 '애매'는 쓰지 않았다. 그런데 최근 '모호하다'와 함께 '애매하다', 나아가 '애매모호하다'는 말까지 사용하고 있다. 이는 우리가 일본 말을 무분별하게 수용한 결과다. 우리말로는 원래 우리가 쓰던 '모호하다' 하나로도 충분하다. 더군다나 '애매하다'에는 불분명하다는 뜻의 한자어 '애매曖昧하다'와 '아무 잘못 없이 꾸중을 듣거나 벌을 받아 억울하다.'는 뜻의 순우리말 '애매하다'가 있다. 순우리말인 '애매하다'와 한자어 '애매하다'의 뜻의 혼선을 막기 위해서도 일본식 한자어 '애매모호하다'를 쓰지 않아야 한다. 훌륭한 번역가가 되기 위한 세 가지 요소[11] 중 모국어 표현 능력이 들어가는 까닭을 음미해볼 필요가 있다.

다음은 우리가 흔히 쓰는 겹말의 예이다. 이러한 겹말은 우리 고유어와 한자어가 결합해 이루어지는 경우가 많은데 고유어와 한자어 중 하나는 잉여 표현이다.

---

[11] 요코이 다다오(橫井忠夫, 1971: 23)는 훌륭한 번역을 하기 위한 요소로 세 종류의 지식(혹은 능력)을 꼽는다. 즉 번역하는 외국어에 대한 지식(이해력), 일본어 지식(일본어 표현력), 주제에 관한 전문 지식(및 가능한 한 폭넓은 지식) 이렇게 세 가지이다.

초가집 ⇨ 초가	해변가 ⇨ 해변	황토 흙 ⇨ 황토
폭음 소리 ⇨ 폭음	넓은 광장 ⇨ 광장	남은 여생 ⇨ 여생
늙은 노모 ⇨ 노모	역전앞 ⇨ 역전	처갓집 ⇨ 처가
높은 고지 ⇨ 고지	홍시 감 ⇨ 홍시	신년 새해 ⇨ 신년
하얀 백발 ⇨ 백발	2월 달 ⇨ 2월	고목나무 ⇨ 고목
어린 소녀 ⇨ 소녀	매끼마다 ⇨ 끼니마다/매끼	

'~으로 되다' 표현은 역사적으로 우리말에 존재하지 않던 표현으로, 일본어 '~になる'와 관련이 깊은 것으로 보는 학자도 있다.(김광해, 1995) 요즘 매스컴에 자주 등장하는 '~이 되다' 표현도 일본어 '~になる'의 직역투 표현의 영향이라 생각한다. 다음 번역문에서처럼 '~이 되다' 표현보다는 '~이다' 표현이 간결하며 의미도 분명하다.

グローバルな情報化が進展することによって、多くの情報が全世界の人々にほとんど同時に共有されることになる。
글로벌한 정보화가 진전됨에 따라 전 세계의 사람들이 많은 정보를 거의 동시에 공유할 수 <u>있게 됩니다</u>.(韓日竝列Corpus檢索)
⇨ 공유할 수 <u>있다</u>.

三冊目から夫婦のアルバムは、梨恵の<u>アルバムになる</u>。(『明日の記憶』, 28)
세 번째부터 부부의 앨범은 리에를 위한 <u>앨범이 된다</u>.(『내일의 기억』, 36)
⇨ <u>리에를 위한 앨범이다</u>.

따라서 '笑えるようになった。'의 번역도 '웃을 수 있게 되었다.' 보다는 '웃을 수 있다.' 가 힘 있고 의미도 명료하다.

대안 번역

그러나 지금은 모호한 것이든 지나치게 명료한 것이든 우습고도 즐거워 있는 그대로 사람들에게 얘기하면서 웃을 수 있다.

번역 연습 12

人間も同じなのだ。この草木の生死の姿を見ていると、人間も同じでなければならないと思う。人の死だけがどうして悲惨で悲しまねばならないことがあろう。殊に私たち日本人のように、充分に食べさせてもらい、教育を受け、社会と国家の保護を受け、世界的な長寿の恩恵を受けた後では、生を終えることを、少しも悼んではならない。
植物は無言だけれど、現世で生きる姿を、私はいつも植物から教えられて来たのである。(『緑の指』, 194)

번역 사례

(A-4) 식물은 말이 없지만 현세에서 살아가는 모습을 나는 언제나 식물로부터 가르침을 받아 왔던 것이다.

(B-6) 식물은 말을 하지 않지만 현세에서 사는 모습을 나는 항상 식물

로부터 배워왔던 것이다.

(C-3) 식물은 아무 말이 없지만, 현세에서 살아가는 모습을 나는 항상 식물로부터 배워 왔던 것이다.

번역투
- 어휘: 한자어(無言, 現世)
- 표현: '~해왔다'(教えられて来た), '~인/한 것이다'(~のである), '~로부터'(~から)

우리말의 약 50% 이상이 한자어이며 일본식 한자어는 15~25%나 된다고 한다. 독자의 가독성을 위해서도 가능하다면 한자어는 쉬운 우리말로 풀어 쓰는 것이 좋고, 토박이 우리말이 있는 경우는 우리말로 바꿔 쓰려는 노력이 필요하다.

'植物は無言だけれど'에서 한자어 '無言'을 그대로 직역해 '무언'으로 번역하면 부자연스러우며 '식물은 말이 없지만/없으나'으로 표현하는 것이 무난하다. 또 '現世'는 직역투인 '현세'보다는 '이 세상'이 이해하기 편하다.

일본어 '~から'를 으레 '~로부터'로 번역하는데 이것은 번역투의 전형으로, 영어의 'from~ to~'를 획일적으로 '~로부터 ~까지'로 교육받고 '~로부터 ~까지'를 뜻하는 일본어 '~から ~まで'에서 영향을 받은 탓이라는 견해가 많다. 특히 '~로부터'는 우리말로 '~에서', '~의', '~에게', '~한테', '~에게서'로 바꿔 쓰면 자연스럽다. 우리말에서 여격조사는 '~에게(서)'이며, 구어에서는 '~한테(서)'가 널리 쓰인다.

「傷口から入った病原菌のようだな」
"상처 난 곳으로부터 들어온 병원균 같군"(『중요한 부분』, 52)
⇨ "상처 난 곳에서 들어온 병원균 같군"

"부동산 업자가 전직 건설 회사 간부인 A 씨로부터 도면을 넘겨받았다."(『연합뉴스』 2007. 1. 22)
⇨ A 씨에게서/한테서 도면을 넘겨받았다.

"칸딘스키가 진정 표현하고자 한 것은 음악회 '로부터의' 추상이 아니다. 이 경우 '추상'이라는 말은 심각한 오해를 불러일으킨다. 칸딘스키는 음악회의 '실재'를 그린 것이다."(『한계레』 2002. 4. 11)
⇨ 칸딘스키가 진정 표현하고자 한 것은 음악회 '의' 추상이 아니다.

　따라서 '植物から'는 '식물로부터'보다는 '식물에게서/한테서'가 우리말 어법에 맞는 자연스러운 표현이다. '教えられて来た'의 경우 일본어 '～てきた' 표현에 이끌린 번역투 '배워왔다'보다는 과거에도 배웠고 현재도 배운다는 의미로 '배운다'가 문맥상 매끄러운 표현이다.
　또한 일본어 '～のである'의 번역에서도 '～것이다'처럼 글자 수만 늘리는 막연한 직역투 표현보다는 독자가 문맥의 흐름을 이해하기 쉽도록 간결하고 명확한 표현을 찾아 쓰기 위해 번역자는 노력해야 한다. 다음은 '～のである'의 직역투인 '～것이다'를 없애고 고쳐 쓴 예이다.

　　そして五ヶ月ほど経ったある日、わたしはマンションを出てひとり暮らしをはじめたのである。(『命』, 16)

그리고 5개월쯤 지난 어느 날, 나는 맨션을 나와서 혼자 생활하기 시작했던 것이다.(『생명』, 33)

⇨ 혼자 생활하기 시작했다.

折柄、「島」が、ぼうっと、ソーピーの心の中にうかびあがってきたのである。
마침 그때 '섬'이 희미하게 소피의 마음속에 떠올라왔던 것이다.(『오헨리 걸작선』, 114)

⇨ 마음속에 떠올랐다.

男の顔には、何ともいえない興奮と動揺の色があらわれていたが、女は眉一筋も動かさなかったのである。
남자의 얼굴에는 뭐라고 말할 수 없는 흥분과 동요의 빛이 나타나 있었으나 여자는 눈썹 하나 까딱하지 않았던 것이다.(『잃어버린 과거』, 102)

⇨ 여자는 눈썹 하나 까딱하지 않았다.

夫が甲斐甲斐しく、荷造りも手伝ってくれ、車で運んでくれるというので、梅雨あけがまだ、はっきりしないうちにでかけだのである。
남편이 부지런히 짐 싸는 일도 도와주고 차로 실어다준다고 해서 장마가 끝난 것이 아직 확실치 않은 중에 나섰던 것이다.(『부부가 있는 정경』, 25)

⇨ 나섰다.

「土田という人は、来ていますか？」浩子が来ているかどうか、確かめたかったのである。

"쓰치다라는 사람은 왔나요?" 히로코가 왔는지 어떤지 확인하고 싶었던 것이다.(『예약석』, 157)

⇨ 히로코가 왔는지 어떤지 확인하고 싶었다.

いよいよ田をつぶしてここに何かを建てる工事が始まったのである。

마침내 논을 갈아서 여기에 무언가를 세우는 공사가 시작된 것이다.(『유머 걸작선』, 6)

⇨ 공사가 시작되었다.

今日は田口さんの友人で、長い間米国にいたS夫人が皆に、「シュークリームの作り方」を教えてくれることになっていたのである。

오늘은 다쿠치 씨의 친구이며 오랫동안 미국에 있었던 S부인이 모두에게, 「슈크림 만드는 법」을 가르쳐주기로 되어 있었던 것이다.(『유머 걸작선』, 6~8)

⇨ '슈크림 만드는 법'을 가르쳐주기로 되어 있었다.

대안 번역

식물은 말이 없으나, 나는 이 세상을 살아가는 자세를 늘 식물에게서 배운다.

번역 연습 13

私は自分で動いてお金を手にしていたので、それ以来時々、骨董というよりはむしろ古道具屋の店先で売っているような古いお皿を買って来て、それに里芋の煮付けとか、ちらしずしとかを盛りつけるようになった。しかしもちろん一枚割ると胸が痛むような値段のものは決して買わなかった。うちのおかずはそのような値段のお皿に似合わないからであった。夫はアユよりもイワシの方がおいしい、と言い、料亭の料理よりも朝鮮焼肉の方がいい、と言う人だったから、お皿もそれに見合うものがいいのであった。
<u>しかしそれにもかかわらず、私はこういうささやかな贅沢にいつもいくらかの罪悪感を抱いていた。そういう楽しみはすぐに壊れてまう「土の器」、つまり現世の虚栄を愛することだからやめなければいけない、とはっきり諭されていたからである。</u>(『中年以後』, 66)

번역 사례

(A-2) 그러나 그럼에도 불구하고 나는 이런 조촐한 사치에 대해 항상 약간의 죄책감을 품고 있었다. 그런 즐거움은 금새 망가져 버리는 「질그릇」, 즉 현세의 허영을 사랑하는 것이기 때문에 그만두지 않으면 안 된다, 고 확실히 타일러져 왔기 때문이다.

(B-10) 그러나 그럼에도 불구하고, 나는 이러한 작은 사치에 대해 언제나 얼마간의 죄책감을 가지고 있었다. 그러한 즐거움이란 금방 깨지고 마는 「질그릇」, 말하자면 세속적인 허영을 사랑하는 일이기 때문

에 그만두지 않으면 안 된다, 는 것이 뚜렷이 마음에 각인돼 있었기 때문이다.

(C-1) 그러나 그럼에도 불구하고, 나는 이러한 자그마한 사치에 늘 다소 죄악감을 느끼고 있었다. (왜냐면) 그러한 즐거움은 즉시 깨져버리는 〈흙으로 빚은 그릇〉, 즉 현세의 허영을 사랑하기 때문에 그만두지 않으면 안 된다는 것을 확실히 알고 있었기 때문이다.

번역투

- 표현: '~임에도 불구하고'(~にもかかわらず), '~하지 않으면 안 된다'(~なければいけない), '~고 있다'(諭されていた)

'~にもかかわらず'의 직역인 '~임에도 불구하고'의 '~불구하고'는 췌사로서 없어도 되는 군더더기 말에 불과하다. '~(에)도 불구하고'의 꼴은 대부분 그냥 '~(에)도'만으로 끝내더라도 표현이 충분하다. 이 외에 '그런데도, 그렇지만, ~지만, ~건만, ~으나, ~기로, ~거늘, ~(어)도, ~임에도, ~이긴 해도, ~일지라도, ~(이)더라도, ~할지라도, ~와 상관없이, ~에 얽매이지 않고' 등과 같은 다양한 표현이 가능하다.

일본어의 이중부정 표현을 이중부정 그대로 '~하지 않으면 안 된다' 식의 직역투로 번역하면 우리말 어법에 맞지 않다. 그러므로 번역 텍스트의 'つまり現世の虛榮を愛することだからやめなければいけない'의 이중부정 표현 '~なければいけない'는 '~해야 한다'로 번역하는 것이 간결하며 자연스러운 우리말이다.

'諭されていた'는 피동문을 그대로 직역한 '설득당하고 있었다',

'타일러져왔다'보다는 '깨우쳤다', '배웠다', '깨달았다'로 표현하는 것이 이해하기 쉽고 간결하다.

대안 번역

그런데도 나는 이 조촐한 사치에도 늘 죄악감이 드는 걸 떨칠 수 없었다. 그런 즐거움은 쉬이 깨져버리는 '질그릇' 같은 이 세상의 허영을 좇는 것이므로 포기해야 한다고 분명히 배웠기 때문이었다.

번역 연습 14

危機というものは一般的に三つの種類に分けられるという。第一の自然的災害は、洪水や干ばつ、火山の噴火、地震、崖崩れ、不測の伝染病の発生などをいう。第二の国防的災害は、戦争の勃発、地域紛争の顕現化、難民の流入、テロの頻発などのことだ。第三の社会構造的災害というのは、世界的にまたは国内的にさまざまな理由から、食料や燃料の不足、などを来す場合である。(『中年以後』, 190)

번역 사례

(A-7) 위기라고 하는 것은 일반적으로 세 가지 종류로 나뉜다고 한다.

(B-4) 위기라는 것은 일반적으로 다음의 세 가지 종류로 분류된다고 알려져 있다.

(C-9) 위기라는 것은 일반적으로 세 개의 종류로 나눌 수 있다고 한다.

번역투

- 어휘: 조어 '~적的'(一般的)
- 표현: 의존명사(~というものは)

'~というものは', '~という' 표현을 '~(이)라고 하는 것은', '~(이)라고 한다'로 옮기면 번역투가 된다. '~란' 혹은 '~는/은'으로 번역하는 것이 간결하고 뜻도 명확하다.

그리고 요즘은 '~적的'이 붙지 않은 글과 말을 찾아보기 어려울 만큼 '~적'이 우리 일상생활에 깊숙이 파고들어 굳어진 실정으로 오늘 당장 '~적'을 떼어내버릴 수는 없겠지만 점차 줄여 쓰면서 이해하기 쉬운 우리말로 바꿔가려는 노력을 기울여야 할 것이다. 꼭 필요한 경우는 어쩔 도리가 없겠으나 문제는 불필요한 '~적'의 남용이다. 다음 예에서처럼 '기본적 도리'보다는 '기본 도리'가 훨씬 명확하고 간결한 표현이다.

사람을 굶기는 것은 인간의 기본적 도리가 아니다.
⇨ 인간의 기본 도리가 아니다.

'~적'은 되도록이면 조사 '~으로', '~의'로 바꿔주거나 다음 예와 같이 접미사 '~스럽다', '~답다'로 풀어서 쓰거나 '~적'이 들어간 말을 동사로 바꾸어주는 등 다양한 표현을 찾아 쓰려는 노력을 기울여야 한다.

철학가적 사고방식 ⇨ 철학가다운 사고방식

고풍적인 분위기 ⇨ 고풍스러운 분위기

자극적인 요소 ⇨ 자극하는 요소

'一般的'의 경우 '흔히'나 '대개'로 번역해도 전혀 손색이 없다.

대안 번역

위기에는 대개 세 종류가 있다고 한다.

번역 연습 15

この世には不運ということがある。また、断念ということをしなければならぬ時もある。ところが、これらのことも社会では認められにくい。社会の側からは不運の結果をなくすようにし、断念しなくて済むように制度を作るべきなのだが、個人の側からは不運と断念を避けて通ってはならない。

<u>なぜなら不運を認めることと、断念を承認することは、人間完成の上に不可欠のものだからである。不運を認めない人は、自分の人生を本当に手に入れられない。断念を承認しない人は、人生を完結させられない。</u>(『今日をありがとう』, 30)

번역 사례

(A-9) 왜냐하면, 불운不運을 인정하는 것과 단념断念을 인정하는 것은

인간을 완성시킴에 있어서 불가결한 것이기 때문이다. 불운을 인정하지 않은 사람은 자기의 인생을 진정으로 손에 넣을 수 없고, 단념을 인정하지 않은 사람은 인생을 완결시킬 수가 없다.

(B-5) 왜냐하면 불행을 인정하는 것과, 단념을 인정하는 것은, 인간완성에 불요불가결한 것이기 때문이다. 불행을 인정하는 않는 사람은, 진정 자신의 인생을 자신의 것으로 만들 수 없다. 단념을 인정하지 않는 사람은, 인생을 완성시킬 수 없다.

(C-6) 왜냐하면 불운을 인정하는 것과, 단념을 승인하는 것은, 인간을 완성하는 데 있어 불가결한 것이기 때문이다. 불운을 인정하지 않는 사람은, 자신의 인생을 진정으로 손에 넣을 수 없다. 단념을 승인하지 않는 사람은, 인생을 완결시킬 수 없다.

번역투

 - 표현: 접속사의 잉여 표현(なぜなら ～からである), 사동 표현(完結させる)

접속사의 잉여 표현이란 '만일 ～한다면', '왜냐하면 ～이기 때문이다', '그 이유는 ～때문인 것이다', '～에 따르면 ～라고 한다' 등과 같이 의미가 중복되는 표현을 말한다. 말과 글은 되도록 간결해야 이해도 쉽고 전달도 빠르다. 중복되는 단어의 나열은 군더더기일 뿐 아니라 문맥의 흐름을 이해하는 데에도 방해가 된다. 'なぜなら ～からである'는 '왜냐하면'을 생략하고 '～인 때문/까닭이다' 만으로 표현해도 이유를 나타내기에 충분하다.

두 번째 문장의 행위 주체는 주어 자신이므로 '완결시키다'는 우리말 어법에 어긋나는 표현이다. '完結させられない。'는 '완결할 수 없다.', '완성할 수 없다.'라고 표현하는 것이 맞다. 특별히 강조하는 경우나 남에게 어떤 동작이나 행동을 하게 하는 경우 외에는 사동형 접미사 '~시키다'를 쓰지 말고 '~하다'로 쓰는 게 바람직하다.

대안 번역
불운을 받아들이고 단념할 줄 아는 것은 인간 완성에 필수 불가결하기 때문이다. 불운을 받아들이지 못하는 사람은 진정한 인생을 살 수 없고, 단념할 줄 모르는 사람은 인생을 완성할 수 없다.

번역 연습 16

<u>病気はもちろん願わしくないことですけれど、病気によって人間が立派になることは往々にしてありますし、私たちの社会は、健康な人と病む人とが共存してこそ、初めて人生そのものになる、というのが、私の実感です。</u>(『今日をありがとう』, 121)

번역 사례
(A-8) 물론 병은 바라지 않지만, 병으로 말미암아 인간이 훌륭해지는 일은 왕왕 있는 일이고, 우리들의 사회는 건강한 사람과 아픈 사람이 공존해야만 비로소 인생 그 자체가 된다는 것이 내 생각이다.

(B-3) 물론 병이라는 것은 바람직하지 못한 것이지만 병으로 인해 인격을 수양하게 되는 사람도 많이 있고 우리 사회에서는 건강한 사람과 병든 사람이 공존했을 때야말로 진정한 인생이 성립된다는 것이 제가 실감하는 바입니다.

(C-10) 병은 물론 바람직하지 않은 것입니다만, 병에 의해 사람이 성숙하게 되는 경우는 빈번히 있으며, 우리 사회는 건강한 사람과 병약한 사람이 공존해야만 비로소 인생 그 자체가 된다 라는 것이, 제가 실제로 느낀 것입니다.

번역투
- 어휘: 일본식 후치사(~によって), 일본식 한자어(往々), 복수 접미사 '들'(私たち)

우리말의 부사격조사 '~로'는 원인이나 이유를 나타내기도 하기 때문에 '病気によって'를 '병으로 인하여'로 번역하면 중복 표현이 된다.
'往々'은 일본식 한자어로서 우리말로는 '이따금'이다. 일한 번역에서 '往々'을 번역할 때 직역투인 '왕왕'보다는 '이따금', '가끔', '때때로' 등 다양한 표현을 구사할 필요가 있다.

簡単すぎる計算というのは、往々にして 妙な迷宮に迷いこんでしまうことがあるものだ。(『明日の記憶』, 30)
너무 간단한 계산은 왕왕 묘한 미궁에 빠져드는 때가 있기 마련이다.(『내일의 기억』, 39)

⇨ 너무 간단한 계산은 이따금 묘한 미궁에 빠져드는 때가 있기 마련이다.

복수 명사에 반드시 '들'을 붙여 쓰는 것은 영어식 표현에 이끌린 번역투로 볼 수도 있고, 잉여 표현으로도 볼 수 있다. 예컨대 수효나 분량, 정도 따위가 일정한 기준을 넘는다는 의미의 형용사 '많은'이 명시되어 있거나 복수임을 짐작할 수 있는 '우리'라는 말이 있으면 굳이 복수 접미사 '들'을 쓸 필요가 없다. 번역문에서 불필요하게 '들'을 사용하면 '들'이 군더더기로 작용하여 문장의 간결성이 떨어지고 읽기에도 불편해지므로 절제하는 것이 바람직하다. 따라서 '私たち'의 올바른 번역은 '우리들'이 아닌 '우리'이다.

대안 번역

물론 병은 바람직하지 않지만 이따금 인간을 훌륭하게 만들기도 하며, 건강한 사람과 병든 사람이 더불어 삶으로써 비로소 인생 그 자체가 됨을 실감합니다.

번역 연습 17

むしろどちらかというと、恋人は必ず私の待ち伏せした町角に現れない、というのが、私の実感的方程式なのである。
子供にも、世の中は決して理論通り行かない、ということを、幼いうちから容赦なく示して、その先の暗い未来をも見つめさせると

き、始めて彼らは昼間に星を見る力を持つようになるのである。

(『今日をありがとう』, 230)

번역 사례

(A-5) 오히려 어느 쪽 인가하면 애인은 틀림없이 내가 잠복해있는 길모퉁이에 나타나지 않는다고 하는 것이, 나의 실감적 방정식인 것이다.

(B-9) 오히려 내 경험상, 사랑하는 연인이 반드시 내가 기다리고 서 있는 길목에 나타나주지는 않는 것이 더 일반적인 것 같다.

(C-3) 오히려 어느 쪽인가 하면 애인은 반드시 내가 숨어서 기다리고 있는 골목에 나타나지 않는다는 것이 나의 현실적 방정식이다.

번역투

– 어휘: 격조사 'の', 조어 '~적的'(私の実感的方程式)

일본어 조사 'の'는 가장 많이 쓰이는 격조사로, 우리말의 '~의', '~이', '~의 것', '~인', '~하는' 등에 해당된다. 또한 일본어에서는 '私の作った料理はおいしいです。(내가 만든 요리는 맛있습니다)', '目の大きい少女(눈이 커다란 소녀)', '雪の降る夜(눈이 내리는 밤)'처럼 'の'가 주격조사 'が'의 의미로 쓰일 때가 있는데, 한국어에서 '의'는 그러한 기능을 하는 경우가 거의 없다. 어릴 적 자주 불렀던 노래 〈고향의 봄〉에 나오는 '나의 살던 고향'은 '내가 살던 고향'이라고 해야 우리말 어법에 맞는 표현이고, 고속도로에서 볼 수 있는 '만남의 광장'도 '만나는 광장'이 우리식 표현이다. 이처럼 우리말에서 '의'가 남용되는 배경에는 명사와 명사 사이에는 반드시 조사 'の'를 쓰는 일본식 표현의 영향이 있다고 할 수 있다.

'나의 실감적 방정식'으로 번역하면 우리 어법에도 맞지 않아 어색할 뿐 아니라 뜻도 명확치 않다. 예컨대 '雨の日には出かけません。', '英語の先生の山田さん'을 '비의 날에는 외출하지 않습니다.' '영어의 선생의 야마다 씨'로 번역한 것과 같다.

또한 일본식 조어 '~적的'은 꼭 필요한 경우 외에는 과감하게 생략하거나 이해하기 쉽게 풀어 쓰는 것이 좋다. '나의 실감적 방정식'보다는 '내가 실감한 방정식'이 훨씬 쉽게 이해되고 뜻도 명확하다.

대안 번역

오히려 더 정확히 말하면 연인은 내가 숨어서 기다리던 길모퉁이에는 결코 나타나지 않는다는 게 내가 실감한 방정식이다.

번역 연습 18

百歩はかなりの距離だったので、私は五十歩行ったところで懐中電灯を消して振り向き、それから慄然とした。私は自分の寝袋の所に戻れないことを発見したのである。漠然とした岡の稜線などは、とうてい目標にならなかった。後で考えると私は何も慌てることはなかったのだ。あと四時間ほど砂の上にひっくり返っていれば、東の空は僅かに白んで来るだろう。少しでもあたりの様子が

見えれば、私の寝袋の位置も見えるはずであった。それに砂漠は夜冷えるとは言っても、凍え死ぬほどの寒気ではない。それに砂漠は夜冷えるとは言っても、凍え死ぬほどの寒気ではない。
<u>それにもかかわらず</u>、私は<u>恐怖に捉えられた</u>。自分の居場所に戻れない、という不安はかつて体験したことのない、動物的な恐怖だった。いや、動物なら、こういう場合何なく自分の巣に戻るものだろう。(『原点を見つめて』, 12)

번역 사례

(A-3) 그럼에도 불구하고 나는 공포에 휩싸였다. 자신의 보금자리로 돌아갈 수 없다는 불안은 일찍이 느껴보지 못한 동물적 공포였다.

(B-2) 그럼에도 불구하고 나는 공포에 사로잡힌다. 자신의 거처에 돌아올 수 없을 거라는 불안은 일찍이 체험하지 못한 동물적 공포였다.

(C-5) 그럼에도 불구하고 나는 공포에 사로잡혔다. 자신이 있을 곳으로 돌아갈 수 없다는 불안은 지금까지 경험한 적이 없는 동물적인 공포였다.

번역투

 - 표현: '~임에도 불구하고'(~にもかかわらず), 관용 표현(恐怖に捉えられた)

'~にもかかわらず'를 직역한 번역투 '~임에도 불구하고'는 '그럼에도 불구하고 어찌어찌하였다'는 식의 판에 박은듯한 표현을 만들어내 말의 품위를 떨어뜨린다. 대체로 '그럼에도 불구하고', '이럼에도 불구하고' 따위에서 '그럼에도', '이럼에도'가 이미 사안을 강조하고 있으므로 굳이 상투적인 '불구하고'를 덧붙일 필요가 없다. 그러므로 '~にもかかわらず'의 우리말 번역투인 '~임에도 불구하고'의 꼴은 대부분 그냥 '~임에도'만으로 끝내더라도 표현이 충분하다.

일본어 관용 표현을 그대로 직역함으로써 우리말로 굳어진 일본식 관용 표현의 예는 상당히 많다. '공포에 사로잡히다', '공포에 휩싸이다'는 일본어 관용 표현인 '恐怖に捉えられる', '恐怖に襲われる'에서 왔을 가능성이 많다. 아무래도 번역 차용일 가능성이 높으며 이 부분의 확인 작업도 필요하리라 생각한다. 우리말로 굳어진 일본식 관용 표현에 대해서는 앞으로 학계 연구자들의 문헌 조사와 아울러 확인, 검증 작업이 필요하다고 생각한다.

'動物的な恐怖'는 직역투인 '동물적 공포'보다는 '동물의', '동물 같은', '동물이 느끼는', '동물의 본능에 가까운', '동물이 본능으로 느끼는 공포'처럼 '的'을 되도록이면 쓰지 않고 부드럽게 풀어 쓰면 이해하기 쉽다.

일본어투·번역투인지 아닌지를 가리고 고쳐 써야 할 범위를 정하는 것은 쉽지 않다. 말이란 처음엔 어색하고 낯설더라도 쓰다 보면 입과 귀에 익어 자연스럽게 들리기 마련이다. 문제는 다양한 우리말 표현 기회가 저해되고 늘 쓰는 말을 쓰게 되어 우리의 말과 글이 획일화·상투화되는 점이다.

대안 번역

그렇지만 나는 공포에 휩싸였다. 내 자리로 돌아갈 수 없다는 불안감은 일찍이 경험한 적이 없는 동물 본능의 공포였다. 아니, 동물이라면 이런 경우 아무렇지 않게 자신의 보금자리로 돌아갈 수 있으리라.

번역 연습 19

それでも途中の段階まで、私は自分一人なら計画を続行するのにと思っていた。飛行機は止まるまでは飛んでいるのだし、私一人なら、何とかワイロを使って燐国まで逃げ出すこともできそうな気がする。

<u>私はちょっとしたワイロを使うなどということに少しも良心の呵責を感じない破廉恥なところがある。</u>（『原点を見つめて』, 158）

번역 사례

(A-8) 나는 약간의 뇌물을 쓰는 일에 조금도 양심의 가책을 느끼지 않는 파렴치한 데가 있다.

(B-6) 나는 작은 뇌물을 바치는 것과 같은 행동에도 전혀 양심의 가책을 느끼지 않는 파렴치한 부분이 있다.

(C-2) 나는 약간의 뇌물을 사용하는 것 같은 것에 조금도 양심의 가책을 느끼지 않는 파렴치한 면이 있다.

번역투

- 어휘: 음역 차용어(와이로賄賂, ワイロ)

우리말에서 일본어의 차용 중 발음을 통한 직접 차용은 주로 구어에 많이 남아 있다. 일본어투 용어에서 문제가 되는 대상이 바로 '와이로賄賂'와 같은 음역 차용어이다. 이러한 음역 차용어들은 거부감을 줄 뿐 아니라, 우리말을 비속화하는 경우가 많다. 일본어투 용어를 순화한다는 것은 이러한 음역 차용어들을 우리 고유어나 우리 한자어로 바꾸는 것을 뜻하며, 이를 우리 한자음으로 바꾸어 읽기만 해도 자연스러운 우리말로 받아들여진다. '와이로'를 순화한 우리말은 '뇌물'이다. 앞서 세 그룹에게 실시한 번역 연습에서도 30명 전원이 '와이로'를 '뇌물'로 번역하였는데 이는 일한 번역에서 일본어투 용어에 대한 거부감 내지 배제 인식이 확산되고 있는 것으로 이해할 수 있다.

대안 번역

나는 사소한 뇌물을 쓰는 것쯤은 전혀 양심의 가책을 느끼지 않는 파렴치한 면이 있다.

번역 연습 20

食べもののない人には、たとえそれが私たちの眼から見たら犬の餌のようなものであっても、とにかく食べさせるのである。そうした慈悲心の出番が今の日本にはなくなった。だから日本の若者たち

の中には、他人に同情し、労力や金品をさし出そうとするような人は、ほんとうに少なくなった。

<u>しかし自発的な慈悲心のない人は、他にいかなる力を持っていても、基本的に「人間」にならないのである。なぜなら、動物の中で「慈悲」の心を持てるものは、人間だけだからだ。</u>(『原点を見つめて』, 191)

번역 사례

(A-3) 그러나 자발적 자비심이 없는 사람은 다른 어떤 힘을 가지고 있어도 기본적으로 「인간」이 라 할 수 없다. 왜냐하면 동물 중에서 「자비심」을 가질 수 있는 것은 인간뿐이기 때문이다.

(B-1) 그러나 자발적인 자비심을 갖고 있지 않은 사람은 다른 어떠한 힘을 갖고 있다 하더라도 기본적으로 "인간"이 될 수 없다. 왜냐하면 동물 중에서 자비로운 마음 갖고 있는 것은 인간뿐이기 때문이다.

(C-10) 그러나 자발적인 자비심이 없는 사람은 다른 어떠한 능력을 가지고 있다 하더라도, 기본적으로 「인간」이 되지 못한다. 왜냐하면, 동물 중에 「자비심」을 가질 수 있는 것은 사람뿐이기 때문이다.

번역투

- 어휘: 조어 '~적的'(自発的な慈悲心)
- 표현: 접속사의 잉여 표현(なぜなら ~からである)
- 어문규범: 낫표「 」

앞서 여러 번 강조했듯이 일본식 조어 '~적'은 되도록이면 쓰지 말고 다음 예와 같이 '~스럽다', '~롭다', '~답다' 처럼 명사를 형용사로 만들어주는 우리말 뒷가지를 넣거나 하여 쉽게 풀어 쓰는 것이 좋다.

  야만적인 행동 ⇨ 야만스러운 행동
  기만적인 말투 ⇨ 기만하는 말투
  창의적 자세 ⇨ 창의성 있는 태도
  조화적 인간관계 ⇨ 조화로운 인간관계
  여성적인 매력 ⇨ 여성다운 매력
  지도자적 자질 ⇨ 지도자다운 자질

'自発的な慈悲心'을 직역한 '자발적인 자비심'은 번역투이다. '스스로 우러나는 자비심' 등으로 쉽게 풀어 쓰면 일본식 조어 '~적'도 제거되며 뜻이 분명해진다.

'なぜなら ~からである'는 앞의 '왜냐하면'을 생략해도 '~인 때문/까닭이다' 만으로도 이유를 나타내기에 충분하며 또한 뒷부분을 생략한 '왜냐하면 ~이니까/이므로'도 이유를 나타내기에 부족함이 없다. 앞서 세 그룹 30명에게 실시한 번역 연습에서는 29명이 '自発的な慈悲心'을 '자발적인 자비심'으로 직역하였고, 'なぜなら ~からである'도 29명이 '왜냐하면 ~이기 때문이다'로 번역하였다.

위 문장에서「人間」,「慈悲」의 문장부호 낫표(「 」)는 지은이가 문장에서 중요한 말을 강조하기 위해 쓴 부호이다. 일본어처럼 세로쓰기를 할 때는 낫표를 쓰나 우리말로 번역할 때는 한글맞춤법에 맞게 작은따옴표로 바꿔주어야 한다. 질 좋은 번역 결과물 생산을 위해 한글맞춤법

어문규범에 대한 교육도 번역 교육 과정에서 체계적으로 병행해야 할 것이다.

대안 번역

그러나 스스로 우러나는 자비심이 없는 사람은 제아무리 능력이 뛰어나다 하여도 기본적으로 '인간'이 될 수 없다. 왜냐하면 동물 가운데 '자비심'이 있는 존재는 인간뿐이기에.

번역 연습 21

<u>人は誰でも語り尽くさずに死ぬものだ。それがふくよかな香りだ。</u>
(『今日をありがとう』, 351)

번역 사례

(A-6) 인간은 누구나 모든 말을 다 하지 못한 채 죽는다. 그것이 부드러운 향기라 할 것이다.

(B-3) 사람은 누구나 하고 싶은 말을 다 하지 못하고 죽는다. 그것이 짙은 향기이다.

(C-2) 사람은 누구나 다 말하지 않고 죽는 것이다. 그것이 탐스러운 향기다.

번역투

– 표현: 의존명사(ものだ)

'ものだ'의 의미는 대개 문맥에 따라 본성·성질, 당위, 과거의 습관·회상, 감정·감개, 설명·해설 등의 다섯 가지로 분류되며 흔히 직역하여 '~것이다'로 번역하지만 그 의미와 용법에 부합하는 다양한 표현이 얼마든지 가능하다. 위 문장에서 '死ぬものだ'는 본성·성질의 의미이므로 막연한 표현인 '~것이다'로 직역하기보다는 '~마련이다', '~법이다' 등 독자가 문맥의 흐름을 이해하기 쉽도록 구체적이고도 명확한 그리고 다양한 표현을 찾아 쓸 수 있도록 번역자는 노력해야 한다.

대안 번역

사람은 누구나 하고픈 말을 다 하지 못하고 죽는 법이다. 그것이 향기로운 향내이다.

번역 연습 22

敢えてジマン(?)をすれば、私はまだ二十歳くらいの時から、「盛大」や「発展」というものをすばらしいと思わずに、ただちにそれら華やかな運命に伴う苦悩や苦労を連想できる能力だけは持っていたということになる。家が広ければ、誰がその掃除をするか、という問題がついて廻るのだ。雇い人がたくさんいれば、誰がそれらの人たちを統括してきちんと働かせられるか、という苦労がつきま

とう。

「エライ人」になれば行動の自由はSPに見張られ、秘密の悪事もできなくなる。実に自由こそ最大の人間的な尊厳に基づいた幸福の出発点なのだが、それが叶えられていないエライ人はたくさんいて、自由がないほど自分は特殊な立場なのだ、と考えて自分を慰めているのである。(『中年以後』, 177)

번역 사례

(A-4) 훌륭한 사람이 되면 행동의 자유는 sp를 의식하여 비밀스런 나쁜 짓도 못하게 된다. 실로 자유야말로 최대의 인간적인 존엄에 바탕을 둔 행복의 출발점인 것이지만 그것이 충족되어 있지 않는 훌륭한 사람은 많이 있고 자유가 없을 정도로 자신은 특별한 입장인 것이다고 생각하며 자신을 위로하고 있는 것이다.

(B-1) "훌륭한 사람"이 되면 행동의 자유는 SP에 감시당하고 비밀스러운 나쁜 짓도 할 수 없게 된다. 사실은 자유야말로 최대의 인간적인 존경에 바탕을 둔 행복의 출발점이지만 그것을 이루지 못한 훌륭한 사람이 많이 있고 자유가 없을 정도로 자신은 특수한 위치에 있다고 생각하면서 자신을 위로하고 있는 것이다.

(C-2) 「훌륭한 사람」이 되면 행동의 자유는 SP에게 감시당해 비밀스런 나쁜 일도 할 수 없게 된다. 실로 자유야말로 최대의 인간적인 존엄에 근거한 행복의 출발점인데 그것이 이루어져있지 않은 훌륭한 사람은 많이 있어서 자유가 없을 정도로 자신은 특수한 입장에 있다,

라고 생각하고 자신을 위로하고 있는 것이다.

번역투

— 어휘: 조어 '~적的'(人間的), 일본식 한자어(立場)

— 표현: '~고 있다'(慰めている)

— 어문규범: 낫표「 」

'입장立場'은 '번역 연습 6'에서도 잠깐 언급했지만, 우리는 '입장을 바꿔놓고 한번 생각해보자.'라는 말을 종종 하기도 하고 듣기도 한다. 우리는 일본어의 立場이란 한자를 그대로 가져와서 '입장'이라고 말하고 있다. 말 그대로 하면 '선 자리'란 뜻이 되는 입장立場을 일본에서는 음독하지 않고 훈독하여 '다치바'라고 읽는다. 그렇다면 우리는 일본 한자어 立場을 뜻으로 들여와야 하는데 우리식으로 읽는 한자음(소리)으로 들여와 쓰고 있기 때문에 본래 일본 한자어 의미와는 전혀 상관없는 말이 되고 말았다. 『새국어사전』에도 나와 있듯이 일본어투 용어 '입장立場'은 '처지'로 바꿔 쓰든지 경우에 따라 '일', '생각', '뜻', '마음'이라는 우리말로 바꿔 써도 조금도 손색이 없다. '입장'과 같은 예로 '낭만'을 들 수 있는데 일본에서 'roman'을 처음 번역한 '浪漫'을 우리가 일본어에서 차용하여 '낭만'으로 쓴다. 다시 말하자면 '浪漫'은 'roman'을 그저 소리대로 적은 일본인들의 한자 표기에 불과할 뿐인데 우리는 그 한자어를 그대로 받아들여 '낭만'이라고 말하고 있으니 결국 원래 말인 '로망'과는 영 동떨어진 이상한 말이 생겨난 셈이다.

'自分を慰めているのである。'는 '자신을 위로하고 있는 것이다.' 나 '스스로를 위로하고 있다.' 혹은 '자위하고 있는 것이다.'보다는 '스

스로를 위로/위안한다.'나 '자위한다.'라고 표현하는 편이 군더더기 없이 간결하며 의미가 분명하다. '~고 있다', '~고 있었다'는 앞에서 여러 번 설명한 대로 '~한다', '~했다'라고만 표현해도 의미 차가 없으며 오히려 간결하고 이해가 쉽다.

대안 번역

'높은 사람'이 되면 경호원의 감시로 행동의 자유가 없고, 몰래 나쁜 짓도 못한다. 사실 자유야말로 최대의 인간다운 존엄에 바탕을 둔 행복으로 가는 출발점이지만, 그런 자유를 누리지 못하는 높은 사람은 대단히 많다. 그런 이들은 자유롭지 못할수록 자신이 특수한 처지에 있는 것이라 생각하며 자위한다.

번역 연습 23

最後に土を耕すことである。これが私にとっては一番苦手だ。やらないではないが、すぐ息を切らし、ため息をつく。(『緑の指』, 119)

번역 사례

(A-5) 마지막으로 흙을 가는 것이다. 이것이 나에게는 가장 힘든 일이다. 하지 않는 것은 아니지만 금방 숨이 차고 한숨이 나온다.

(B-8) 마지막으로 땅을 가는 것이다. 이것이 바로 내게 있어 가장 곤욕스러운 일이다. 안하는 건 아니지만 금방 숨이 차올라 한숨을 쉬게

된다.

(C-1) 마지막으로 농사를 짓는 것이다. 이것이 나에게 있어서는 가장 자신이 없다. 안 하는 것은 아니지만, 금세 숨을 헐떡거리고, 또한 한숨을 쉰다.

번역투
– 어휘: 일본식 후치사(~にとって)

'그에게 있어서 십년간의 일본 유학 생활은 끊임없는 도전과 인내의 시간이었다.'라는 문장은 '그에게 있어서'의 '있어서' 부분을 없애거나 '그의 십년간의 유학 생활은~'과 같이 써야 우리말다운 표현이 된다. 특히 법조문에는 일본어 직역투 표현이 많은데, 한 예로 '이 법 시행 전의 행위에 대한 벌칙의 적용에 있어서는 종전의 규정에 의한다.'라는 문장도 '이 법 시행 전의 행위에 대해 벌칙을 적용할 경우/때에는 종전의 규정을 따른다.'라고 표현하는 것이 이해도 쉽고 자연스럽다. 마찬가지로 '私にとって'를 '나에게 있어서'로 번역하면 번역투의 전형적인 표현이 된다. '~에 있어서', ~에게 있어서', '~함에 있어서'는 '~에', '~에서', '~에게', '~의', '~이', '~할 적에/때에' 등으로 문맥에 맞게 번역한다.

대안 번역
마지막으로 땅을 일구는 일이다. 나는 이 일이 가장 서투르다. 안 하는 것은 아니지만, 금방 숨이 차고 한숨을 내쉬게 된다.

번역 연습 24

<u>人間の個性はそもそも対立するようにできているものではなかろうか。何千人もの人間の中には、稀に、相性のいいという人もいるかも知れないが……それは奇跡に違いない。</u>(『今日をありがとう』, 21)

번역 사례
(A-2) 인간의 개성은 원래 대립하도록 되어 있는 것이 아닐까. 수 천 명이나 되는 인간 중에는 드물게 궁합이 잘 맞는 사람도 있을지 모르지만……그것은 기적임에 틀림없다.

(B-1) 인간의 개성은 원래 대립하도록 만들어져 있는 것은 아닐까? 몇 천 명 쯤 되는 인간 속에는 어쩌다가 궁합이 맞는 사람이 있을 지도 모르지만 ... 그건 기적임에 틀림없다.

(C-2) 인간의 개성은 원래 대립하도록 만들어져 있는 것이 아닐까 몇 천명의 사람 중에는 드물게 잘 맞는다고 하는 사람도 있을지도 모르지만... 그것은 기적임에 틀림없다.

번역투
- 어휘: 일본식 한자어(人間)
- 표현: '~(임)에 틀림없다'(~にちがいない)

'人間'을 우리말로 어떻게 번역해야 하는가도 한번쯤 생각해볼 문제

이다. 일한 번역에서 대체로 '人間(にんげん)'이나 '人(ひと)'는 다음 예와 같이 그때그때 적당히 문맥에 맞추어 '인간'이나 '사람'으로 번역한다.

第一条 すべての人間は、生れながらにして自由であり、かつ、尊厳と権利とについて平等である。
제1조 모든 사람은 날 때부터 자유롭고 동등한 존엄성과 권리를 가지고 있다.(韓日竝列Corpus檢索)

けれどもその二、三分のみじかいあいだに、わたしがハッサンカンの魔術の秘法をならう資格のない人間だということは、わたし自身にもミスラくんにも、明らかになってしまったのです。
그러나, 그 2, 3분이란 짧은 동안에 내가 하산 칸의 마술의 비법을 배울 자격이 없는 사람이라는 것은 나 자신에게나 미스라군에게도 분명해지고 말았던 것입니다.(『라쇼몽』, 155)

入籍はしていなかったので、そちらの問題はありませんでしたが、人間として、私は出きるだけのことをしたつもりです。
입적은 하지 않았었으므로 그 쪽의 문제는 없었습니다만, 인간으로서 저는 할 수 있는 한의 일은 했다고 생각합니다.(『잃어버린 과거』, 98)

김성동은 「우리말 우리글 속 일본식 용어 999가지」(1998)에서 '인간人間'은 일본식 용어이니 우리말인 '인생人生이나 사람'을 쓰자고 제안한다. 그 사전을 찾아보면 인간이 사람을 낮잡아 이르는 말로 쓰이는 경

우를 제외하곤 사람은 인간의 뜻을 모두 내포하며, '인간'보다 의미 영역이 더 넓고 다양하다. 게다가 '삶을 아는 존재'라는 뜻의 '사람'의 아름다운 어원을 제대로 안다면 한글 하나하나에 배어 있는 우리 조상의 슬기로움에 절로 감탄하게 된다.[12] 일본식 용어이긴 하나 '인간'이란 말도 우리의 입과 귀에 익숙한 탓에 일한 번역에서 '人間(にんげん)'을 무조건 사람으로 번역하는 것에는 무리가 있다. 그러나 번역자는 '인간'과 '사람'의 어원과 뜻을 정확히 이해하고 의미에 차이가 없는 한 되도록이면 순우리말인 '사람'으로 번역하는 것이 깊고 아름다운 뜻이 담긴 우리말을 살리며 가꾸는 길이란 생각이 든다.

'~に違いない'를 직역한 '~(임)에 틀림없다'는 번역투 표현이다. 우리말 '틀림없다'는 형용사나 부사로 쓰이므로 '기적임에 틀림없다.'는 우리말 어법에 맞지 않는다. 그러므로 'それは奇跡に違いない。'의 번역은 '그것은 기적임에 틀림이 없다.'가 아니라 '그것은 틀림없는 기적이다.' '그것은 틀림없이 기적이다.' '그것은 기적임이 틀림없다.' 혹은 '그것은 분명 기적이다.'라고 해야 우리말 어법에 맞는 올바른 표현이다.

대안 번역

사람의 개성은 원래 서로 대립하게 되어 있는 법이 아닐까? 수많은 사람 중에는 간혹 잘 맞는 사람이 있을지도 모르지만…… 그렇다면

---

[12] '사람'은 '살다'와 '알다'가 어우러진 낱말이다. 요즘 맞춤법으로 하자면 '살다'의 줄기 '살'에다 '알다'의 줄기 '알'을 이름꼴(앎)로 바꾸어서 붙인 셈이다. 그러니까 겉으로는 '살+앎'이겠으나, 속으로는 '삶+앎'으로 보아야 옳다. 삶을 아는 것이 사람이라는 뜻이다. 왜 사는지 어떻게 살아야 하는지를 알고, 어떤 삶이 보람차고 어떤 삶이 헛된지를 알고, 무엇이 값진 삶이며 무엇이 싸구려 삶인지를 아는 것이 사람이라는 말이다.(김수업, 「우리말 칼럼. 말뜻 말맛: 사람」, 『한겨레』 2006. 9. 11)

그건 틀림없는 기적이다.

번역 연습 25

しかし中年以後は、責任を回避するわけにはいかない。親が年取ってまだ生き残っていれば中年の息子は親の面倒を見る側に廻らねばならない。家族がいればなおのことだ。中年当人が父親でも母親でも、成長の途中にある者を何とかしなければならない責任を負っているのである。(『中年以後』, 191)

번역 사례

(A-3) 그러나 중년 이후에는 책임을 회피할 수 없다. 연로한 부모가 아직 살아 계시다면 중년의 아들은 부모를 부양하지 않으면 안 된다. 가족이 있는 경우라면 더욱 그렇다. 중년인 당신이 아버지든지 어머니든지 간에 성장하고 있는 자식을 어떻게든 책임지지 않으면 안 되는 것이다.

(B-3) 그러나 중년 이후는, 책임을 회피할 수는 없다. 부모가 나이 들어 아직 생존해 있으면 중년의 아들은 부모를 돌봐주는 쪽에 있어야 한다. 가족이 있으면 더군다나다. 중년 본인이 아버지든 어머니든, 성장 도중에 있는 아이를 어떻게든 하지 않으면 안 되는 책임을 짊어지고 있는 것이다.

(C-5) 그러나 중년 이후는 책임을 회피할 수 없다. 부모가 나이가 들어 아직 살아있다 면 중년의 아들은 부모를 돌보는 쪽으로 바뀌지 않으면 안 된다. 가족이 있다면 더욱더 그러하다. 중년인 당사자가 아버지이든 어머니이든 성장하는 도중인 사람을 위해 어떻게든 하지 않으면 안 되는 책임을 지고 있는 것이다.

번역투

- 표현: '~하지 않으면 안 된다'(~なければいけない)

일본어의 이중부정 표현은 강조의 뉘앙스가 있기는 하나 결국 긍정을 나타내며, 우리말처럼 긍정을 강조할 표현 수단이 달리 없는 까닭에 이중부정 표현을 쓴다. 따라서 일본어의 이중부정 표현을 '~하지 않으면 안 된다' 식으로 직역하는 것은 우리말 어법에 맞지 않다. 마찬가지로 우리가 흔히 듣고 쓰는 '아무리 강조해도 지나치지 않는다.' 는 말은 영어의 'too~ to~' 표현의 번역투이며, '~에 다름 아니다' 는 일본어의 '~に違いない' 의 번역투이므로 무의식적으로 쓰지 않도록 주의해야 한다.

따라서 번역 텍스트의 일본어 이중부정 표현 '~なければいけない' 는 '~하지 않으면 안 된다' 가 아니라 '해야 한다' 라고 번역해야 더 간결하며 우리말 어법에도 맞다.

대안 번역

그러나 중년 이후부터는 책임을 회피할 수 없게 된다. 연로하신 부모님이 아직 생존해 계시다면 중년의 자식은 마땅히 보살펴드려야 한다. 부양가족이 있다면 더욱더 그렇다. 중년의 부모로서 성장기의 자녀들을 어떻게든 뒷바라지해야 할 책임이 있다.

번역 연습 26

<u>人脈というものは、せいぜい利己的に考えても、情報源であればいい。つまり自分の知らない何かを教えてもらう相手である。それはその相手と私だけの関係だから、私は教えてもらうと感謝し尊敬しお礼を言うだけで、ほとんど二人の関係を世間に知られる必要がない。</u>
人脈を政治的に使ってはいけない。友達であることに、世俗的な付加価値を表面的につけようとしてはいけない。ただ会いたいと思う時に会え、話したいと思う時に時間を割いてくれ、病気の時には深く心に思い、そして男と女の関係を超えて、礼儀を守りつつ心の傷も話し合える人を友人として持つのがほんとうの人脈だろう。私の多くの友人はまさにそれに当てはまる。(『中年以後』, 35)

번역 사례
(A-4) 인맥이라고 하는 것은 기껏해야 이기적으로 생각하더라도 정보처 정도 이면 된다. 즉 자신이 모르는 무언가를 가르침을 받는 상대이다. 그것은 그 상대와 나만의 관계이기 때문에 나는 가르침을 받으면 감사하고 존경하며 감사함을 이야기하면 그뿐이고 대부분의 경우 두 사람의 관계를 세상에 알릴 필요는 없다.

(B-1) 인맥이라는 것은 아무리 이기적으로 생각을 해도 정보원(情報員)의 역할 정도면 충분하다. 즉 자신이 모르는 무언가를 배울 수 있는 상대이다. 그것은 그 상대와 나만의 관계이기 때문에 나는 무언가를 배우게 되면 감사하고 존경하고 감사의 뜻을 전하기만 하면 되고 두 사람의 관계를 세상에 알릴 필요는 거의 없다.

(C-2) 인맥이라는 것은 기껏 이기적으로 생각해도 정보원이면 된다. 즉 자신이 모르는 무언가를 가르쳐주는 상대이다. 그것은 그 상대와 나만의 관계이므로, 나는 배우면 감사하고 존경하고 감사인사를 드리는 것만으로 되는 것으로, 대부분 두 사람의 관계를 세상에 알릴 필요가 없다.

번역투

- 표현: 의존명사(~というものは), '~てもらう'(~教えてもらう)

대상을 구체적으로 가리키지 않고 막연하게 표현하는 일본어 명사 'もの'는 우리말로 흔히 '것'으로 번역되는데, 'もの'를 글자 그대로 '것'으로 직역하다 보면 문장이 늘어지고 의미가 모호해질 수 있으므로 되도록 '것'을 줄여 쓰는 것이 좋다.

'~というものは', '~という' 표현을 '~(이)라고 하는 것은', '~(이)라고 하는'으로 그대로 옮기면 번역투 표현이 된다. '~란' 혹은 '~는/은'으로 번역하는 것이 간결하다. 따라서 '人脈というものは'의 번역은 '인맥이라는 것은' 혹은 '인맥이라고 하는 것은'보다는 '인맥은' 혹은 '인맥이란'이라고 하는 것이 바람직하다. 또한 일본식 조어

'~적的'이 붙은 말 '利己的'은 '내게 유리하게' 혹은 '내 이익으로만' 등으로 얼마든지 '~적'을 쓰지 않고 알기 쉽게 풀어서 번역할 수 있다.

일본어에서 '주다·받다'를 표현하는 'くれる·くださる', 'やる/あげる·さしあげる', 'もらう·いただく' 등의 수수授受 본동사 및 이들 각각에 대응하는 수수 보조동사13)는 매우 복잡한 언어 체계이다. 'もらう'는 '상을 받다.' '칭찬을 받다.' '용돈을 받다.' '연말 선물을 받다.' '성적에 우를 받다.'와 같이 타인에게서 물건이나 칭찬 등을 받은 일을 받은 사람의 입장에서 기술하는 말이다. 피동 표현과는 달리 당사자에게 바람직하지 않은 일에는 쓰지 않는 것이 보통이다. 성적에 '우를 받다.'라는 말은 해도 '가를 받다.'라는 말은 일반적으로 하지 않는다. '가를 받았다.'고 할 때는 '可を付けられた.'와 같이 피동으로 표현하는 것이 자연스럽다. 일본어 'もらう'에는 '타인이 베푼 은혜를 입다.' 혹은 '타인이 내게 은혜를 베풀어주다.'라고 하는 감사나 영광의 마음이 함께하기 때문이다.(森田良行, 1988: 318)

일본어 수수 보조동사 표현인 '~てもらう'에 대응하는 한국어 표현과 관련하여 오크쓰 게이치로(奥津敬一郎, 1979)는 한국어에 '~받다' 표현은 있으나, '~てもらう'에 대응하는 '~아/어 받다'라는 표현은 없다고 지적하였고, 임팔용(1979)도 '~てもらう'에 대응하는 '~아/어 받다' 표현은 적어도 현대 한국어에서는 실제 성립하지 않는 표현으로 자연히 초점은 '~아/어 주다' 하나로 압축되며 여기에 '~아/어 달라'라는 일방적인 원망願望·명령을 의미하는 용법이 첨가된다고 하였다. 그

---

13) 연구자에 따라 '주고받는 동사やりもらい動詞', '수급동사受給動詞', '수익동사受益動詞'라고 부르기도 한다.

러나 내가 기존 일한 번역물에서 '～てもらう' 표현의 한국어 번역을 조사한 결과, 한국어 표현은 '～아/어 주다' 외에도 '～아/어 받다', '～아/어 달라고 하다' 등 다음 예와 같이 다양하게 나타났다.(오경순, 2005a: 270)

そして今日、とうとう、トットちゃんは、ママに三つ編みの、<u>おさげにしてもらったのだった。</u>(『窓ぎわのトットちゃん』, 179)
그리고 오늘 드디어 엄마는 토토의 머리를 두 갈래로 <u>땋아주었다.</u>(『창가의 토토』, 143)

<u>税関検査が済んで旅券を返してもらった人は下船してよろしい。</u>
세관 검사가 끝나고 여권을 <u>되돌려 받은</u> 사람은 하선해도 좋다.(『일본명수필선』, 170)

だからいちばん広い部屋を<u>用意してもらったんだ。</u>(『神の子ともたちはみんな踊る』, 33)
그래서 가장 넓은 방을 <u>준비해달라고 했어.</u>(『신의 아이들은 모두 춤춘다』, 40)

한국어로 그 의미를 정확히 표현하기 어려운 일본어 '～てもらう' 표현의 특수성 및 실제 번역 결과물에 대한 독자의 만족도, 가독성 등을 고려할 때 번역자가 '～てもらう' 표현의 정확한 이해나 사전 지식 없이 번역하게 되면 오역이나 번역투로 이어지기 쉽다. 이처럼 일대일대응이 어려운 일본어 수수 보조동사인 '～てもらう'를 번역할 때 번역자는 자연스러운 우리말 표현을 찾기 위해 특히 세심한 노력을 기울여야 한다.

대안 번역

아무리 내 편한 대로 생각해봐도 인맥이란 정보원이면 족하다. 다시 말해 내가 모르는 걸 가르쳐주는 상대이다. 인맥은 상대와 나, 둘만의 관계이므로 가르침을 얻게 되면 상대에게 감사하고 존경과 예의를 표하기만 하면 된다. 둘의 관계를 세상에 떠벌릴 필요가 없다.

| 참고 문헌 |

국내 논문·기사

고종석, 2006, 「한국어 산책. 말들의 풍경 17: 우리말 안의 그들 말」, 『한국일보』, 2006. 6. 27.
권재일, 2006, 「알면 쉬워지는 우리말 어순」, 『새국어생활』 제16권 1호, 국립국어원.
김광해, 1995, 「조망—국어에 대한 일본어의 간섭」, 『새국어생활』 제5권 2호, 국립국어원.
김세중, 1998, 「외래어의 개념과 변천사」, 『새국어생활』 제8권 2호, 국립국어원.
김정우, 2003, 「국어교과서의 외국어 번역어투에 대한 종합적 고찰」, 『배달말』 제33호, 배달말학회.
다테 타케히로伊達丈浩, 1998, 「현대 한국어 신어의 어휘 연구」, 고려대학교 대학원 국어국문학과 석사학위논문.
박갑수, 2006, 「법률과 실용문에 나타난 일본어 문투」, 『우리글에 스민 외래·번역 말투』, 한겨레말글연구소 학술발표회 자료집.
박양규, 1990, 「被動法」, 『국어연구 어디까지 왔나』, 서울대학교대학원 국어연구회, 동아출판.
박여성, 2002a, 「번역 교육을 위한 번역 파라디그마의 효용성」, 『지역학논집』 제6집, 숙명여자대학교 지역학연구소.
박여성, 2006, 「번역투(飜譯套)와 번역비평에 대한 텍스트 과학적 접근—귄터 그라스의 '양철북'과 한국어 번역본을 중심으로」, 『번역과 인문학』, 고려대학교 문과대학 설립 60주년 국제학술대회.
손재현, 2001, 「借用接尾辭 「的」 に關する計量的考察」, 『번역학연구』 2-2, 한국번역학회.
송민, 1979, 「언어의 접촉과 간섭 유형에 대하여—현대 한국어와 일본어의 경우」, 『성심여대 논문집』 10호, 성심여자대학교.
송민, 1988, 「국어에 대한 일본어의 간섭」, 『국어생활』 14호, 국어연구소.
송민, 1989, 「한국어내의 일본적 외래어 문제」, 『일본학보』 23집, 한국일본학회.
송철의, 1998, 「외래어의 순화 방향과 수용 대책」, 『새국어생활』 제8권 2호, 국립국어원.
신석기, 2004, 「한국어와 일본어의 수동표현에 관한 대조연구」, 단국대학교대학원 일어일문학과 박사학위논문.
沈在箕, 1989, 「漢字語 受容에 關한 通時的 硏究」, 『國語學』 18, 國語學會.
안증환, 2001, 「능동구조의 언어문화와 수동구조의 언어문화」, 『日本文化學報』 第10

輯, 韓國日本文化學會.
오경순, 2005a「「~てもらう」 구문의 한국어 번역상의 일고찰—겸양적 사역표현 번역문을 중심으로」, 『日語日文學研究』 제55집 1권, 韓國日語日文學會.
오경순, 2005b, 「日韓 飜譯의 實際—隨筆·詩·漫畵 飜譯事例를 中心으로」, 『第7回 國際學術大會 PROCEEDINGS』, 韓國日本語通飜譯學會.
오경순, 2006a, 「『The Catcher in the Rye』의 한·일 번역 비교—충실성과 가독성의 관점에서」, 『日本文化學報』 제30집, 韓國日本文化學會.
오경순, 2006b, 「『The Catcher in the Rye』의 한 일 번역 비교 고찰—주인공 홀든 콜필드(Holden Caulfield)의 어휘·말투를 중심으로」, 『日本硏究』 제5집, 高大日本研究會.
오경순, 2006c, 「효과적인 일한 번역 교수법—일한 번역의 번역투를 중심으로」, 『전문번역을 위한 일본어교수법 세미나 발표집』, 동의대학교.
오경순, 2007, 「일·한 번역의 번역투 고찰—텍스트 번역 실험 결과를 중심으로」, 『日語日文學研究』 제61집 1권, 韓國日語日文學會.
오경순, 2009a, 「韓日 兩言語의 飜譯과 '가짜동족어(false friends)'」, 『日本近代學研究』 제25집, 韓國日本近代學會.
오경순, 2009b, 「日韓 飜譯 戰略: 친숙하게 하기와 낯설게 하기—이문화 용어와 외래어 표기를 중심으로」, 『日本近代學研究』 제27집, 韓國日本近代學會.
오경순·한선희, 2006, 「「モノダ」의 韓國語 飜譯의 一考察—수필과 드라마 시나리오를 中心으로」, 『일본어학연구』 제17집, 한국일본어학회.
유명우, 2000, 「한국의 번역과 번역학」, 『번역학연구』 1권, 한국번역학회.
이경규, 2002, 「日本 字音語에 관련된 用語에 관한 考察」, 『日本文化學報』 제15집, 韓國日本文化學會.
이근희, 2005, 「영한 번역에서의 '번역투' 연구」, 세종대학교 대학원 영어영문학과 박사학위논문.
李左知子, 2004, 「일본 텔레비젼 드라마 자막에 나타난 오역에 관한 일고찰 「Summer Snow」 중에서」, KATRANS 2004년 가을 학술대회 발표논문집.
李秀卿, 2003, 「明治期における漢語接辭の研究—造出と定着の經緯」, 한국외국어대학교 대학원 일어일문학과 박사학위논문.
이익섭, 2002, 「문장 부호의 중요성과 우리의 현실」, 『새국어생활』 제12권 4호, 국립국어원.
이재호, 2006, 「영한사전과 번역」, 『새국어생활』 제16권 1호, 국립국어원.
이필영, 1988, 「국어의 복수표현에 대하여」, 『수련어논문집』 15, 수련어문학회.
이한우, 2002, 「번역에서 배운 우리말의 소중함」, 『새국어생활』 제12권 4호, 국립국어원.

임팔용, 2003, 「表現構造論考」, 『日語日文學硏究』 46, 韓國日語日文學會.
임팔용, 2005, 「日本語の否定表現に對する韓國語の肯定表現―表現構造の觀点から」, 『일본연구』 제24호, 韓國外國語大學校 日本硏究所.
정광, 1995, 「일본어투 문장 표현」, 『새국어생활』 제5권 2호, 국립국어원.
정영숙, 1994, 「日本語 接辭 '的'의 成立 및 韓國語로의 流入問題 考察」, 『일어일문학연구』 제25집, 한국일어일문학회.
조상은, 2004, 「TAP(Think-Aloud Protocol)에 나타난 일한번역학습자의 번역 성향」, 『통번역교육연구』 2권 1호, 한국통번역교육학회.
최인호, 2006, 「외래·번역문투 손질하기/ 보도문투를 중심으로」, 『우리글에 스민 외래·번역 말투』, 한겨레말글연구소 학술발표회 자료집.
황찬호, 1988, 「외국어식 구문」, 『국어생활』 14, 국어연구소.

국내 단행본

계몽사편집부 편, 1991, 『우리말 다듬기』, 계몽사.
고종석, 1999, 『국어의 풍경들―고종석의 우리말 강좌』, 문학과지성사.
권재일, 1994, 『한국어 통사론』, 민음사.
기본, 탈미T. Givon, 1981, 『문법이해론』, 이기동 옮김, 범한서적.
김광해, 1993, 『국어 어휘론 개설』, 집문당.
김경원·김철호, 2006, 『국어 실력이 밥 먹여준다 낱말편 1』, 유토피아.
김문오, 2002, 『법령문의 국어학적 검토』, 국립국어원.
김문오·홍사만, 2003, 『쉽게 고쳐 쓴 우리 민법』, 국립국어원.
김세중 외, 2004, 『말이 올라야 나라가 오른다 1』, 한겨레신문사.
김용운, 1998, 『문화로 배우는 이야기 日本語』, 디자인하우스.
김춘미 외, 2008, 『번역과 일본문학』, 도서출판 문.
김한배, 2006, 『우리말을 좀먹는 우리말 속의 일본말』, 동언미디어.
마루야마 마사오丸山眞男·가토 슈이치加藤周一, 2000, 『번역과 일본의 근대』, 도서출판 이산.
박경자 외, 1994, 『언어 교수학』, 박영사.
박숙희, 1996, 『반드시 바꿔써야할 우리말 속의 일본말』, 한울림.
배상복, 2004, 『문장기술』, 랜덤하우스중앙.
복거일, 1998, 『국제어 시대의 민족어』, 문학과지성사.
서정수, 1994, 『국어 문법』, 도서출판 한세본.
안정효, 1996, 『번역의 테크닉』, 현암사.

안정효, 2006, 『글쓰기 만보』, 모멘토.
안효경, 2001, 『현대국어의 의존명사 연구』, 도서출판 역락.
열린책들 편집부, 1999, 『미메시스 번역서 가이드북』 창간호, 열린책들.
이오덕, 2004, 『우리말 살려 쓰기 하나』, 아리랑나라.
이익섭·채완, 2002, 『국어 문법론 강의』, 학연사.
이재성, 2006, 『글쓰기를 위한 4천만의 국어책』, 도서출판 들녘.
이재호, 2005, 『문화의 오역』, 동인.
이희재, 2009, 『번역의 탄생』, 교양인.
이타사카 겐板坂元, 1996, 『일본인의 논리구조』(한림신서 일본학총서 21), 정형 옮김, 도서출판 소화.
전성기, 2002, 『의미 번역 문법: 불한번역과 한불번역』, 고려대학교 출판부.
정희모 외, 2005, 『글쓰기의 전략』, 도서출판 들녘.
중앙일보 어문연구소 '우리말 바루기' 팀, 2005a, 『한국어가 있다 1』, 커뮤니케이션북스.
중앙일보 어문연구소 '우리말 바루기' 팀, 2005b, 『한국어가 있다 2』, 커뮤니케이션북스.
중앙일보 어문연구소 '우리말 바루기' 팀, 2005c, 『한국어가 있다 3』, 커뮤니케이션북스.
최현배, 1983, 『우리말본』, 정음문화사.
한국일어일문학회, 2003, 『높임말이 욕이 되었다』, 글로세움.
한동완, 1996, 『국어의 시제연구』, 태학사.
황찬호 外, 1988, 『韓日語 對照分析』, 明志出版社.

일본어 논문
柏崎秀子, 1993, 「話しかけ行動の談話分析―依頼・要求表現の実際を中心に」, 『日本語教育』79号, 日本語教育学会.
川村よし子, 1991, 「日本人の言語行動の特性」, 『日本語学』10巻5号, 明治書院.
砂川有里子, 2004, 「わたし的にはOKです」北原保雄 編, 『問題な日本語』, 大修館書店.
村上春樹, 2002, 「翻訳を語る―訳すること、翻訳されること」, 『カチの声』, 国際交流基金 ソウル文化センター.
杉戸清樹, 1993, 「言語行動における省略」, 『日本語学』12巻 9月号, 明治書院.
杉戸清樹, 1996, 「メタ言語行動の視野―言語行動の構えを探る視点―」, 『日本語学』15巻 10号, 明治書院.
塚本秀樹, 1997, 「語彙的な語形成と統語的な語形成―日本語と朝鮮語の対照研究」, 『日本語と朝鮮語』下巻 研究論文編, 国立国語研究所.
生越直樹, 1997, 「朝鮮語と日本語の過去形の使い方について―結果状態との関係を中

心に一」,『日本語と朝鮮語』下巻 研究論文編, 国立国語研究所.
奥津敬一郎, 1979, 「日本語の授受表現構文 — 英語・朝鮮語と比較して」, 『人文学報』 32, 東京都立大学.
奥津敬一郎, 1983, 「授受表現の対照研究—日・朝・中・英の比較」, 『日本語学』2巻 4号, 明治書院.
奥津敬一郎・徐唱華, 1982, 「「~てもらう」とそれに対応する中国語表現—"請"を中心に」, 『日本語教育』46号, 日本語教育学会.
遠藤織枝, 1984, 「接尾辞「的」の意味と用法」, 『日本語教育』53号, 日本語教育学会.
王淑琴, 2000, 「接尾辞'的'の意味と'的'が付く 語基との関係について」, 『日本語教育』104号, 日本語教育学会.
林八竜, 1979, 「日本語・韓国語の授受表現の対照研究」, 『日本語教育』40号, 日本語教育学会.
林八竜, 1995, 「日本語と韓国語における表現構造の対照考察－日本語の名詞表現と韓国語の動詞表現を中心として」, 『宮地裕・敦子先生古希記念論集 日本語の研究』, 明治書院.
浜之上幸, 1997, 「現代朝鮮語における動作の複数性について」, 『日本語と朝鮮語』下巻研究論文編, 国立国語研究所.

일본어 단행본

唐沢明, 2003, 『敬語すらすらBOOK』, 成甲書房.
蒲谷 宏・川口義一・坂本 恵, 1988, 『敬語表現』, 大修館書店.
国立国語研究所, 1997a, 『日本語と朝鮮語 日本語と外国語との対照研究Ⅳ』上券回顧と展望編, くろしお出版.
国立国語研究所, 1997b, 『日本語と朝鮮語 日本語と外国語との対照研究Ⅳ』下券研究論文編, くろしお出版.
W・A・グロータースGrootaers, 1967, 『誤訳－翻訳文化論－』柴田武 訳, 三省堂.
金田一春彦, 1975, 『日本人の言語表現』, 講談社.
金田一春彦 編, 1976, 『日本語動詞のアスペクト』, むぎ書房.
金水敏 外2人, 2001, 『時否定を取り立て』, 岩波書店.
野崎孝訳, 1964, 『ライ麦畑でつかまえて』(J.D.サリンジャー), 白水社.
鳥飼玖美子, 2005, 『歴史をかえた誤訳』, 新潮文庫, 新潮社.
森岡健二, 1991a, 『近代語の成立: 文体編』, 明治書院.
森岡健二, 1991b, 『近代語の成立: 語彙編』, 明治書院.

森田良行, 1988, 『日本語の類意表現』, 創拓社.
森田良行, 1995, 『日本語の視点』, 創拓社.
森田良行, 1998, 『日本人の発想、日本語の表現』, 中公新書.
森田良行, 2006, 『日本語文法の発想』, ひつじ書房.
村上春樹・柴田元幸, 2003, 『翻訳夜話2 サリンジャー戦記』, 文芸春秋.
牧野十寸穂 編, 2004, 『国文学 特集：翻訳』, 9月号, 学灯社.
佐藤喜代治 編者, 1977, 『国語学研究事典』, 明治書院.
佐藤喜代治 編, 1988, 『漢字講座1：漢字とは』, 明治書院.
佐藤喜代治 編, 1987, 『漢字と日本語』, 明治書院.
ジェローム・デイヴィッド・サリンジャー, 2003, 『キャッチャー・イン・ザ・ライ』, 村上春樹 訳, 白水社.
鈴木重幸, 1978, 『日本語文法：形態論』, 麦書房.
柳父章, 1977, 『翻訳の思想』, 平凡社.
柳父章, 1978, 『翻訳文化を考える』, 法政大学出版局.
柳父章, 1998, 『翻訳語を読む―異文化コミュニケーションの明暗』, 光芒社.
柳父章, 2001, 『翻訳語成立事情』, 岩波新書.
山田巖, 1961, 「発生期における的ということば」, 『言語生活』120号, 筑摩書房.
大野 晋, 1999, 『日本語練習帳』, 岩波新書.
井上史雄, 1999, 『敬語はこわくない』, 講談社現代新書.
横井忠夫, 1971, 『誤訳悪訳の病理・ミスを防ぐためのaからwまで』, 現代ジャーナリズム出版会.
石黒圭, 2005, 『文章表現の技術Ⅲ―文法編』, 明治書院.
石黒圭, 2006, 『文章表現の技術Ⅳ―発想編』, 明治書院.
陳力衛, 2001, 『和製漢語の形成とその展開』, 汲古書院.
芳賀徹, 2000, 『翻訳と日本文化』, 山川出版社.
深谷昌広・田中茂範, 1996, 『コトバの意味づけ論』, 紀伊国屋書店.
藤岡啓介, 2000, 『翻訳は文化である』, 丸善ライブラリ326, 丸善.
飛田良文・佐藤武義 編, 2001, 『現代日本語講座(表現)第2巻』, 明治書院.
広田栄太郎, 1969, 「的という語の発生」, 『近代訳語考』, 東京堂出版.
久野暲, 1973, 『日本文法研究』, 大修館書店.

영어 논문

Gutt, Ernst-August, 1998, "Pragmatic aspects of translation: Some relevance-Theory observations" in L. Hickey(ed.), *The pragmatics of translation*, Clevedon: Multilingual Matters.

Holmes, James. S., 1972, "The Names & Nature of Translation Studies" in L. Venuti(ed.), 2000, *The Translation Studies Reader,* London & New York: Routledge.

Jakobson, Roman, 1959, "On Linguistic Aspects of Translation" in L. Venuti(ed.), 2000, *The Translation Studies Reader,* London & New York: Routledge.

Lowendowski, B. P., 1978, "On Semantic Aspects of Translation" in Thomas A. Sebeok(ed.), *Sight, Sound and Sense*, Bloomington: Indiana University Press.

Puurtinen, Tiina, 2003, "Genre-specific Features of Translationese? Linguistic Differences between Translated and Non-translated Finnish Children's Literature" in *Literary and Linguistic Computing* 18(4).

Reynolds, Matthew, 2003, "Browning and Translationese" in *Essay in Criticism* 53(2), Oxford University Press.

Spivak, Gayatri Chakravorty, 2000[1993], "The politics of translation" in L. Venuti(ed.), 2000, *The Translation Studies Reader,* London & New York: Routledge.

Tsai, Frederick, 1995, "Europeanized-Structure in English-Chinese Translation", in *An Encyclopaedia of Translation: Chinese-English · English-Chinese*, Sin-Wai Chan & David Pollard(eds.).

Tirkkonen-Condit, Sonja, 2002, "Translationese—a myth or an empirical fact?: A study into the linguistic identifiability of translated language" in *Target* 14(2), John Benjamins Publishing co.

영어 단행본

Bassnett, Susan, 1991, *Translation Studies*, London and New York: Routledge.

de Beaugrande, R., 1978, *Factors in a Theory of Translating*, Assen and Amsterdam.

Catford, J. C., 1965, *A Linguistic Theory of Translation*, London: Oxford University Press.

Givon, T., 1979, *On Understanding Grammar*, London: Academic Press.

Kade, Otto, 1968, *Zufall und Gesetzmässigkeit in der Übersetzung*. VEB Verlag Enzyklopä die. Leipzig.

Koller, Werner, 1989, *Equivalence in Translation Theory*(translated by A. Chesterman), in A. Chesterman(ed.).

Munday, Jeremy, 2001, *Introducing Translation Studies: Theories and Applications*, London & New York: Routledge.

Newmark, Peter, 1981, *Approaches to Translation*, Oxford and New York: Pergamon.

Nida, Eugene A., 1964, *Toward a Science of Translating: with special reference to principles and procedures involved in bible translating*, Leiden: E. J. Brill.

Nida, Eugene A. & C. Taber, 1982[1969], *The theory and practice of translation*, Leiden: E. J. Brill.

Pym, Anthony, 1998, *Method in Translation History*, Manchester: St. Jerome Publishing.

Reiss, Katharina, 2000[1971], *Möglichkeiten und Grenzen der Übersetzungskritik*, Munich: Max Hueber, translated by Rhodes, 2000, *Translation Criticism: Potential and Limitations*, Manchester: St. Jerome and Bible Society.

Robinson, Douglas, 1997, *Becoming a Translator: An Accelerated Course*, London & New York: Routledge.

Sager, Juan C., 1994, *Language Engineering and Translation: Consequences of Automation*, Amsterdam & Philadelphia: John Benjamins Publishing co.

Salinger, J. D., 2003, *The Catcher in the Rye*, Tokyo: Kodansha.

Shuttleworth, Mark & Moira Cowie(eds.), 1999[1997], *Dictionary of Translation Studies*, Manchester: St. Jerome Publishing.

Steiner, George, 1998[1975], *After Babel: Aspects of Language & Translation*, Oxford & New York: Oxford University Press.

Venuti, Lawrence, 1995, *The Translator's Invisibility: A History of Translation*, London and New York: Routledge.

Wilss, Wolfram, 1996, *Knowledge and skills in translation behavior*, Amsterdam & Philadelphia: John Benjamins.

사전류·자료집

『국어대사전』(이희승 편저, 민중서관, 1961).
『국어대사전』(韓國辭典編纂會 編, 삼성문화사, 1992).
『국어학·언어학 용어사전』(이은정 편, 국어문화사, 1994).

『동아새국어사전』(이기문, 두산동아, 2004).
『번역 용어집Translation Terminology』(존 험블리 외 2인, 이연향 옮김, 한국문화사, 2005).
『新生中等 英韓辭典』(류형기, 崇文社, 1949).
『연세한국어사전』(연세대학교언어정보개발연구원 편, 두산동아, 1998).
『英韓大辭典』(시사영어사 편집부 편, 시사영어사, 1992).
「우리말 우리글 속 일본식 용어 999가지」(김성동, 『新東亞』 8월호, 東亞日報社, 1998).
『응용언어학 사전』(박경자 외 7인 지음, 경진문화사, 2001).
『일본어투 생활용어 순화 자료집』(국어심의회 편, 문화체육부, 1995).
『일본어투 용어 순화 자료집』(국립국어원 편, 국립국어원, 2005).
『표준국어대사전』(국립국어원 편, 두산동아, 1999).
『한국어문규정집』(국립국어원 편, 국립국어원, 1995).
『漢韓大字典』(民衆書林 編輯局 編, 民衆書林, 1997).

『国語学大辞典』(国語学会 編, 東京堂書店, 1980).
『国語学研究事典』(佐藤喜代治 編, 明治書店, 1977).
『敬語の指針(答申)』(文化審議会, 文部科学省, 2007).
『講談社和英辞典: The Kodansha Japanese-English Dictionary』(清水護・成田成寿 編, 講談社, 1976).
『広辞苑』(新村出 編, 岩波書店, 1987).
『日本語教育事典』(日本語教育学会 編, 大修館書店, 1997).
『日本国語大辞典』(日本国語大辞典編集委員会, 小学館, 2003).
『例解慣用句辞典』(井上宗雄 監修, 創拓社出版, 1992).
『明治のことば辞典』(飛田良文 編, 東京堂出版, 1986).
『新クラウン和英辞典: The New Crown Japanese-English Dictionary』(山田和男 編, 三省堂, 1972).
『新明解国語辞典』(金田一京助 編, 三省堂, 1997).

참고 사이트
국립국어원: http://www.korean.go.kr/
대한출판문화협회: http://www.kpa21.or.kr/
동아일보의 우리말다듬기: http://www.malteo.net/
우리말 배움터: http://urimal.cs.pusan.ac.kr/
韓日竝列Corpus檢索: http://www.transkj.com/

용례 출전

『GO』(가네시로 가즈키金城一紀, 김난주 옮김, 북폴리오, 2000).
『극한의 고통이 피워 낸 생명의 꽃』(호시노 도미히로星野富広, 김유곤 옮김, 문학사상사, 2001).
『金東仁全集 6 젊은 그들(下)』(金東仁, 朝鮮日報社 出版局, 1987).
『'나의 나무' 아래서』(오에겐자부로大江健三郎, 송현아 옮김, 까치, 2001).
『내일의 기억』(오기와라 히로시荻原浩, 신유희 옮김, 위즈덤하우스, 2006).
『냉정과 열정사이 Blu』(츠지 히토나리, 양억관 옮김, 소담출판사, 2000).
『러브레터』(이와이 슌지岩井俊二, 권남희 옮김, 집사재, 1998).
『빠꾸와 오라이』(황대권, 도솔오두막, 2007).
『상실의 시대』(무라카미 하루키村上春樹, 유유정 옮김, 문학사상사, 1989).
「손목시계에 관한 명상」(박양호, 『'93 現代文學賞 受賞小說集』, 現代文學, 1993).
『생명』(유미리柳美里, 김유곤 옮김, 문학사상사, 2000).
『신의 아이들은 모두 춤춘다』(무라카미 하루키村上春樹, 김유곤 옮김, 문학사상사, 2002).
『실락원 1』(와타나베 준이치, 홍영의 옮김, 도서출판 창해, 1997).
『약한 자의 슬픔(외)』(김동인, 종합출판범우, 2004).
『완장』(윤흥길, 현대문학, 2002).
『중년이후』(소노 아야코曾野綾子, 오경순 옮김, 리수, 2002).
『지금 만나러 갑니다』(이치가와 다쿠치市川拓司, 양윤옥 옮김, 랜덤하우스중앙, 2005).
『창가의 토토』(구로야나기 데쓰코黒柳徹子, 김난주 옮김, 프로메테우스 출판사, 2000).
『清貧의 思想』(나카노 고지中野孝次, 서석연 옮김, 自由文学社, 1993).
『키친』(요시모토 바나나吉本ばなな, 김난주 옮김, 민음사, 1999).
『토지』 1부 1권(박경리, 나남출판, 2002).
『토지』 1부 2권(박경리, 나남출판, 2002).

『기다리는 남자待っている男』(阿刀田高, 다락원 日韓대역문고 중급 8, 다락원 출판부, 2003).
『라쇼몽羅生門』(芥川龍之介, 다락원 日韓대역문고 중급 2, 다락원 출판부, 2000).
『모모타로桃太郎』(佐藤春夫 編, 다락원 日韓대역문고 중급 6, 다락원 출판부, 2003).
『부부가 있는 정경夫婦の情景』(曾野綾子, 다락원 日韓대역문고 중급 19, 다락원 출판부, 2001).
『북국일기北国日記』(三浦綾子, 다락원 日韓대역문고 중급 12, 다락원 출판부, 2001).

『설국雪国(上)』(川端康成, 다락원 日韓대역문고 중급 15, 다락원 출판부, 2004).
『설국雪国(下)』(川端康成, 다락원 日韓대역문고 중급 16, 다락원 출판부, 2001).
『열대수熱帶樹』(三島由紀夫, 다락원 日韓대역문고 중급 10, 다락원 출판부, 2002).
『예약석予約席』(赤川次郎, 다락원 日韓대역문고 중급 20, 다락원 출판부, 2004).
『오 헨리 걸작선オー・ヘンリ傑作選』(大久保康雄 일역, 송현아 옮김, 다락원 일한대역 문고 고급 10, 다락원 출판부, 2007).
『유머 걸작선ユーモア傑作選』(遠藤周作, 다락원 日韓대역문고 중급 13, 다락원 출판부, 2002).
『이즈의 무희伊豆の踊子』(川端康成, 다락원 日韓대역문고 중급 1, 다락원 출판부, 2001).
『일본 명수필선日本の名隨筆』(立原正秋, 다락원 日韓대역문고 중급 11, 다락원 출판부, 2002).
『잃어버린 과거失われた過去』(高木彬光, 다락원 日韓대역문고 중급 14, 다락원 출판부, 2002).
『중요한 부분重要な部分』(星新一 外, 다락원 日韓대역문고 중급 5, 다락원 출판부, 2003).

『戒老錄』(曾野綾子, 祥伝社, 1996).
『神の子ともたちはみんな踊る』(村上春樹, 新潮文庫, 2002).
『原点を見つめて』(曾野綾子, 祥伝社, 2002).
『GO』(金城一紀, 講談社[講談社文庫], 2003).
『今日をありがとう』(曾野綾子, 德間書店, 2000).
『キッチン』(吉本ばなな, ベネッセコーポレーション[福武文庫], 1991).
『日本の文学を考える』(角川選書 255, 鈴木貞美, 角川書店, 1994).
『ノルウェイの森(下)』(村上春樹, 講談社[講談社文庫], 1991).
『ラブレター』(岩井俊二, 角川書店, 1998).
『冷靜と情熱のあいだ. Blu』(辻仁成, 角川書店, 1999).
『窓ぎわのトットちゃん』(黒柳徹子, 講談社[講談社文庫], 1984).
『緑の指』(曾野綾子, PHP研究所, 2002).
『清貧の思想』(中野孝次, 文芸春秋, 1996).
『失楽園(上)』(渡辺淳一, 講談社, 1997).
『明日の記憶』(荻原浩, 光文社, 2003).
『愛、深き淵より』(星野富広, 立風書房, 2000).
『生きていてよかった』(相田みつを, ダイヤモンド社, 1998).

『オールインで始める韓国語シナリオ対訳集』(安岡明子訳, キネマ旬報社, 2003).
『命』(柳美里, 小学館, 2000).
『いま、会いにゆきます』(市川拓司, 小学館, 2003).
『いい人をやめると楽になる』(曾野綾子, 祥伝社, 1999).
『中年以後』(曾野綾子, 光文社, 2000).
『「自分の木」の下で』(大江健三郎, 朝日新聞社[朝日文庫], 2005).
『冬のソナタで始める韓国語〜シナリオ対訳集』(安岡明子訳, キネマ旬報社, 2004).